TPPの期待と課題

アジア太平洋の新通商秩序

馬田啓一・浦田秀次郎・木村福成

［編著］

文眞堂

はしがき

　環太平洋パートナーシップ（TPP）を軸としたアジア太平洋の新通商秩序の構築に向けた動きが，いよいよ重要な局面を迎えている。TPP の発効は難産になりそうだ。

　TPP は，関税・非関税障壁の撤廃や新たな通商ルールづくりにつながる高水準で包括的な協定である。域内貿易・投資の拡大によって，TPP 参加国には大きな経済効果がもたらされるだろう。TPP への期待は大きいが，課題も多い。

　TPP は昨年 10 月に大筋合意，今年 2 月に署名が行われたが，実際に発効するのは，参加国が国内手続きを経て批准した後になる。その TPP の発効に暗雲が拡がっている。米大統領選の影響で，TPP 協定案が米議会の承認を得ることが非常に難しくなっているからだ。TPP 協定案の批准は 11 月の大統領選後になる可能性が高く，新政権に先送りされるリスクもある。

　オバマ大統領は次の政権に持ち越さず，大統領選および議会選後から新しい議会が招集される来年 1 月初めまでの「レームダック会期」での承認を目指している。しかし，TPP 協定案を提出しても，議会で賛成多数を得られる見通しは立っていない。

　米大統領選において，ポピュリズム（大衆迎合主義）や保護主義の台頭で TPP 反対論が勢いづいていることは憂慮すべき事態だ。年内に批准できなければ次期政権に委ねられ，米議会の承認がいつになるのか見通せなくなる。共和党候補のドナルド・トランプ氏の反 TPP 論に煽られて，民主党候補のヒラリー・クリントン氏も，TPP の合意内容の見直しを主張している。だが，参加 12 カ国によるガラス細工のような TPP 合意を修正する再交渉は現実的ではない。

　日本は米国の再交渉要求には応じない考えだ。TPP 再交渉の余地がないことを米国に認識させるためにも，日本は率先して TPP 協定案を承認すべきで

ある。それが米議会にTPP協定案の承認を促すことにつながるであろう。日本から米国への外圧が望まれる。米国のTPP批准を後押しするために，日本は今年秋の臨時国会でTPPの承認を得る必要がある。

　一方，メガFTA（自由貿易協定）交渉が深刻な「負の連鎖」に陥ってしまう事態を阻止しなければならない。先行するTPP合意を弾みにして，東アジア地域包括的経済連携（RCEP），日中韓FTA，日EU（欧州連合）・FTAの交渉を妥結させるのが，日本の通商戦略のシナリオであった。しかし，TPP承認の遅れによって，他のメガFTAの交渉もスピードが鈍くなっている。

　TPP大筋合意で加速するかに見えたASEAN（東南アジア諸国連合）+6によるRCEP交渉は，目標とする今年中の大筋合意が危ぶまれている。参加国の思惑が交錯し，TPPをテコにして高い水準の自由化を目指す日本，豪州などと，急速な自由化に慎重な姿勢を見せる中国，インドなどが激しく対立しているからだ。ASEANも，関税撤廃については「+6」の帰結に任せつつ，サービス自由化などでは二の足を踏んでいて，ASEAN中心性を発揮できていない。

　アジア太平洋自由貿易圏（FTAAP）への道筋としてTPPとRCEPをめぐり米中の角逐が見られるなか，TPPの足踏みが中国に「付け入る隙」を与えてしまっている。中国はTPPが停滞している間に，緩やかに自由化を進める枠組みでRCEPと日中韓FTAの妥結をはかりたい考えだ。それだけに，TPPの承認は，RCEPや日中韓FTAの交渉の潮目を変えるためにも重要である。

　これまでのような受動的な「様子見」の姿勢は，今や日本には許されない。アジア太平洋の新通商秩序の基盤と位置付けられるTPPの発効に向け，日本が主導的な役割を果たすことができるか，「ルール・メーカー」を目指す日本の新たな通商戦略にとってまさに正念場といえよう。

　さて，以上のような問題意識を共有しつつ，本書では，難航したTPP交渉が妥結したことを受けて，これまでTPP推進論を唱えてきた「TPP論客」を中心に，気鋭の学者・研究者21名からなる重厚な執筆陣を編成し，公開された最新の資料と情報にもとづき，TPPに関する総括的な分析を試みた。

　4部21章の構成から明らかなように，本書の論点は大きく4つに分かれる。各章の概要についてはその序文をご覧いただくとして，以下，各部で取り上げ

た主要な論点を簡単に挙げておこう。

　第1部は，TPPの意義と課題を取り上げている。世界貿易機関（WTO）のドーハ・ラウンドが失速するなか，新たな通商ルールづくりの主役はWTOでなく，メガFTAとなった。メガFTAの間で先行するTPPが「ひな形」となる可能性はあるのだろうか。TPPが拡大すればFTAAP構築の道筋も見えてくる。

　東アジアの新興国・途上国が先進国とメガFTAを締結する誘因は何か。企業による国際生産ネットワークの拡大とサプライチェーンのグローバル化が，その背景にある。その意味でTPPが東アジア諸国の開発戦略に及ぼす影響は大きい。

　農業の視点からTPP合意をどう見るべきか。聖域5項目の交渉を頑張りすぎて，農業改革のチャンスを逸したか。TPPによって日本農業の将来はどう変わるのか。輸出がカギを握っている。中長期的に人口減少により日本の国内市場が縮小傾向にあるなか，活路は海外市場に見出すしかない。TPPはアベノミクスの成長戦略の重要な柱だ。TPPが日本経済再生の切り札となるためには何が必要か。言うまでもなく大胆な規制緩和と構造改革である。

　第2部は，TPP交渉で難航した分野（関税撤廃，投資，サービス，政府調達，国有企業，知的財産，環境）を取り上げ，その主な争点を検証している。TPPによって参加国の物品市場へのアクセスがどう変化するか。サービス貿易はTPPでどの程度自由化されるのか。

　新興国から強硬な反対論が出たISDS（投資家対国家の紛争解決）条項や政府調達条項，国有企業規律の意義はどこにあるのか。最も難航したのが知的財産権保護であるが，医薬品のデータ保護期間の問題が紛糾した背景に何があるのか。これら「WTOプラス」のTPPルールをめぐっては，結局，最終的には一部例外を認め玉虫色の柔軟な措置を取ることで，土壇場の大筋合意にこぎつけた。

　第3部は，域外国（ASEANの一部，韓国，中国，EU）の視点からTPPの影響と対応を取り上げている。TPP参加組と非参加組に分かれ，求心力の低下を恐れるASEANはどのような対応を図るだろうか。ASEAN経済共同体（AEC）を背景にRCEPを主導したいASEANを，TPPに取り込もうとする

米国の狙いは功を奏するか。

　米韓FTAなど二国間FTAを数多く締結している韓国が，なぜTPP参加を焦るのか。米国が主導するTPPに警戒を強める中国が，将来TPPに参加する可能性はあるのか。TPP交渉に刺激されて日EUのFTA，米欧間の環大西洋貿易投資パートナーシップ（TTIP）の交渉を開始したEUの思惑はどこにあるのか。域外国がいずれも，FTA競争の後手が通商上の不利益につながることを最も恐れているのは確かだ。

　第4部は，ポストTPP，すなわちTPP発効後の通商秩序を取り上げている。TPPとそれに続くTTIPの発効は，米国の通商戦略の2大目標ではないか。米大統領選の影響で自由貿易が批判されるなか，楽観論から次第に悲観論に変わっている米議会におけるTPP法案審議の行方をどのように見るべきか。

　現代版シルクロードとも呼ばれる「一帯一路」の構想は，今や中国の最優先の外交戦略となった。アジアインフラ投資銀行（AIIB）とも連携したこの構想は，何を狙った戦略なのか，成功する可能性はあるのか。

　アジア太平洋におけるメガFTAの潮流をどう読み解くか。TPPとRCEPは将来，どのような道筋を辿ってFTAAPに収斂するのか。日本は「アジア太平洋の懸け橋」となれるか。さらに，TPPルールがアジア太平洋の枠を超えて，もっとグローバルなWTOルールに進化する可能性はあるのか。TPPルールをWTOに移植し，WTOを再活性化する，それが日本の「ポストTPPの新通商戦略」が目指すべき目標ではないか。

　以上のように，本書では，TPPの意義と課題，TPP交渉の主要な争点の検証，域外国への影響と対応，ポストTPPの通商秩序の展望など，様々な視点からTPPとアジア太平洋の新通商秩序について検討した。読者の方々が，TPPと通商秩序の将来，日本の新通商戦略の課題などについて考える上で，本書が些かなりとも寄与することができれば，誠に幸甚である。

　最後に，本書の刊行を快諾され編集の労をとられた文眞堂の前野弘氏と前野隆氏ほか編集部の方々に，心から御礼を申し上げたい。

2016年8月

編著者

目　次

はしがき………………………………………………………………… i

第 1 部
TPP の意義と課題

第 1 章　メガ FTA の潮流と TPP ……………………………… 3
　はじめに ………………………………………………………………… 3
　第 1 節　メガ FTA の「ひな形」を目指した TPP ……………… 4
　第 2 節　「妥協の産物」としての TPP……………………………… 6
　　1．物品貿易市場アクセス ……………………………………… 7
　　2．政府調達市場の開放 ………………………………………… 8
　　3．ルール面での「原則の緩和」……………………………… 9
　第 3 節　「ひな形」としての可能性高めた TPP………………… 10

第 2 章　TPP と東アジア開発戦略 …………………………… 13
　はじめに ………………………………………………………………… 13
　第 1 節　GVCs 利用のティア構造……………………………… 14
　第 2 節　高レベルの自由化……………………………………… 16
　　1．モノの貿易 ………………………………………………… 16
　　2．サービス貿易と投資 ……………………………………… 18
　第 3 節　国際ルール作り………………………………………… 20
　　1．政府調達 …………………………………………………… 20
　　2．国有企業等 ………………………………………………… 21
　　3．知財保護 …………………………………………………… 22
　むすび …………………………………………………………………… 23

第3章　TPP諸国の貿易構造と生産ネットワーク……25
はじめに……25
第1節　TPP諸国の貿易構造……26
第2節　TPP諸国の制度的インフラ整備の状況……44
むすび……46

第4章　TPPと日本農業の将来……49
はじめに……49
第1節　TPP合意をどう見るか……50
第2節　農産物についてのTPP合意内容……51
第3節　TPP合意内容の評価……54
第4節　日本農業の将来……57
　1．海外に市場を求める……57
　2．国内農業の成長戦略……59

第5章　TPPの経済効果……62
はじめに……62
第1節　構造改革による持続的成長……63
第2節　より大きな非関税措置削減の効果……65
第3節　重要な第三国への波及効果……67
第4節　FTAAPへのステップ……68
第5節　より大きな経済効果の実現に向けて……70

第6章　TPPと日本経済の再生……73
はじめに……73
第1節　日本経済の再生を阻む構造問題……74
第2節　急増するFTAとTPPの出現……80
第3節　TPPと日本経済再生……82
第4節　TPPによる日本経済再生に向けて……87

第2部
検証・TPP交渉の争点

第7章　TPPと物品市場アクセス（関税撤廃）……93
　はじめに ……93
　第1節　高い自由化率を達成したTPP ……94
　　1．TPPへの関税支払額はRCEPの3分の1 ……94
　　2．TPPは工業製品の関税をほぼ撤廃 ……95
　第2節　TPPの関税削減効果 ……97
　　1．日中韓FTA，RCEPよりも低いTPPの関税率 ……97
　　2．最も低いTPPの関税削減メリット ……99
　第3節　TPPは輸出を促進するか ……100
　　1．TPPは乗用車の輸出にどのような影響を与えるか ……100
　　2．TPPは機械・衣類の輸出に追い風 ……106

第8章　TPPと投資 ……112
　はじめに ……112
　第1節　定義規定 ……112
　第2節　実体規定 ……114
　　1．最低基準待遇（公正衡平待遇） ……114
　　2．収用 ……115
　第3節　手続規定 ……118
　おわりに：TPP投資章の意義 ……120

第9章　TPPとサービス ……124
　はじめに ……124
　第1節　サービス部門の拡大とTPPの可能性 ……124
　第2節　TPPにおけるサービス関連の条文 ……126
　　1．「附属書Ⅰ」の概要 ……126
　　2．「附属書Ⅱ」の概要 ……129

第3節　TPPの附属表Ⅰ，Ⅱおよび金融サービス章とGATS約束表
　　　　との対比 …………………………………………………………… 130
　第4節　TPPにおけるサービス貿易自由化の可能性 ………………… 133

第10章　TPP協定における政府調達規定 …………………………… 135

　はじめに ……………………………………………………………………… 135
　第1節　WTO政府調達協定とTPP ……………………………………… 135
　第2節　TPP政府調達章の主要な規定 ………………………………… 137
　　1．適用範囲 ……………………………………………………………… 137
　　2．中核となる原則 ……………………………………………………… 138
　　3．途上国に対する特別待遇 …………………………………………… 138
　　4．調達の手続き ………………………………………………………… 138
　　5．透明性 ………………………………………………………………… 139
　　6．中小企業の参加の促進 ……………………………………………… 140
　　7．追加的な交渉 ………………………………………………………… 140
　第3節　対象機関と基準額および米国などの約束 …………………… 141
　　1．対象機関と基準額の概要 …………………………………………… 141
　　2．米国，マレーシア，ベトナムの約束 ……………………………… 142
　第4節　日本への影響 …………………………………………………… 145
　　1．日本の政府調達での約束 …………………………………………… 145
　　2．日本への影響 ………………………………………………………… 146

第11章　TPP協定における国有企業規律
　　　　　―概要と評価― ……………………………………………… 148

　はじめに ……………………………………………………………………… 148
　第1節　SOE規律の国際経済ルールとその限界 ……………………… 149
　第2節　TPP協定第17章の概要 ………………………………………… 150
　　1．定義と規律の範囲 …………………………………………………… 150
　　2．商業的考慮および無差別待遇 ……………………………………… 151
　　3．非商業的援助の規制 ………………………………………………… 152

4．透明性の確保 ………………………………………… 155
第3節　評価と課題 ……………………………………………… 155
　　1．規律の拡大 …………………………………………… 155
　　2．問題点および残された課題 ………………………… 156
　　3．結びに代えて ………………………………………… 159

第12章　TPP交渉と知的財産権
―医薬品をめぐる問題― …………………………………… 162

はじめに ……………………………………………………………… 162
第1節　TPP交渉における医薬品の知的財産権保護 ………… 163
　　1．バイオ医薬品とは何か ……………………………… 164
　　2．新薬のデータ保護期間に係るルールの構築 ……… 164
　　3．各国の状況 …………………………………………… 166
　　4．健康保険制度等医薬品の関連事項 ………………… 168
第2節　医薬品をめぐる問題～「データ保護」期間が紛糾した背景 ………… 169
　　1．「医薬品」問題の特徴的側面 ……………………… 169
　　2．創薬開発の中心はバイオ医薬品 …………………… 171
　　3．高額なバイオ医薬品と高騰する医療支出 ………… 172
まとめにかえて …………………………………………………… 173

第13章　TPPと環境 ……………………………………………… 176

はじめに ……………………………………………………………… 176
第1節　TPP交渉と環境 ………………………………………… 177
第2節　WTOドーハ・ラウンドでの漁業補助金の議論 …… 178
第3節　TPP協定の環境章 ……………………………………… 179
第4節　「環境」ルールから見たTPPとP4の違い ………… 180
第5節　当初の米国提案との比較 ……………………………… 181
第6節　米国のFTAとTPP環境章 …………………………… 182
　　1．TPP6カ国とのFTA ………………………………… 182
　　2．米韓FTAの環境章 ………………………………… 183

第7節　今後の課題 … 185

第3部
域外国の影響と対応

第14章　TPPとASEAN
―TPP合意のAECと各国へのインパクト― … 191

はじめに … 191
第1節　ASEAN経済統合とTPP交渉 … 192
　1．ASEAN経済統合の展開とAEC … 192
　2．世界金融危機後の変化とTPP … 193
第2節　TPP大筋合意とAEC創設 … 195
　1．TPP大筋合意 … 195
　2．AECの創設 … 196
第3節　TPPとASEAN経済統合 … 197
　1．TPPのASEAN経済統合への影響 … 197
　2．TPPが与えるASEAN経済統合への緊張 … 199
第4節　TPPとASEAN各国 … 200
　1．TPPが参加各国へ与える影響 … 200
　2．TPPが不参加各国へ与える影響 … 202
おわりに … 204

第15章　TPPと韓国の対応 … 207

はじめに … 207
第1節　韓国ですでに発効しているFTAとTPPとの関係 … 208
第2節　韓国政府のTPPに対する立場 … 212
第3節　日本との貿易自由化の影響 … 215
まとめ … 217

第16章　TPPと中国の対応 … 219

はじめに …………………………………………………………… 219
　第1節　中国のFTA政策の概要 ………………………………… 219
　　1．中国のFTA締結状況 ………………………………………… 219
　　2．主要FTAの事例分析 ………………………………………… 220
　　3．香港・マカオおよび台湾とのFTA ………………………… 223
　　4．FTA政策の方向 ……………………………………………… 223
　第2節　TPPの影響とその対応 ………………………………… 224
　　1．中国への経済的影響 ………………………………………… 224
　　2．これまでの中国の対応 ……………………………………… 226
　　3．今後の展望 …………………………………………………… 227
　おわりに …………………………………………………………… 227

第17章　TPPとEU（欧州連合）の対応
　　　　　―TPPはEUにどのようなインパクトを及ぼすのか― ……… 230

　はじめに …………………………………………………………… 230
　第1節　TPP合意の意義―EUとの関係を中心に― …………… 230
　第2節　TPP合意に対するEUの反応 …………………………… 236
　　1．市場アクセスにおけるEUの競争力低下 ………………… 236
　　2．新たな通商ルール作りにおける「劣勢」懸念 …………… 237
　第3節　TPPと日EUEPA交渉 …………………………………… 239
　第4節　結びにかえて―TPP，TTIP，日EUEPAを成功させてWTOマルチ
　　　　体制の再興につなげよう― …………………………………… 241

第4部
ポストTPPの通商秩序

第18章　米国のポストTPP戦略 ………………………………… 245

　はじめに …………………………………………………………… 245
　第1節　ポストTPP戦略の展開条件 …………………………… 246
　　1．2015年の歴史的成果 ………………………………………… 246

2．次期大統領と新政権，新議会 ……………………………… *247*
　第2節　TPP 実施法案審議の行方 ………………………………… *248*
　　1．TPP 実施法案の審議 ………………………………………… *248*
　　2．為替操作国問題 ……………………………………………… *249*
　　3．TPP の協定内容に対する批判 ……………………………… *251*
　第3節　TPP 発効後の貿易政策展開 ……………………………… *253*
　　1．最大の目標は TTIP の締結 ………………………………… *253*
　　2．TPP の拡大と深化による FTAAP の実現 ………………… *254*

第19章　中国の一帯一路戦略の行方 ……………………………… *257*

　はじめに ………………………………………………………………… *257*
　第1節　習近平国家主席の中東3国訪問が意味するもの ……… *258*
　第2節　一帯一路 FTA の構築 ……………………………………… *261*
　第3節　一帯一路沿線国・地区との伙伴関係の構築 …………… *263*
　第4節　伙伴関係は FTA 構築への入り口 ………………………… *266*
　第5節　一帯一路沿線の地域協力の枠組み ……………………… *268*
　第6節　一帯一路戦略は奇貨か …………………………………… *269*

第20章　ポスト TPP とアジア太平洋の FTA ……………………… *274*

　はじめに ………………………………………………………………… *274*
　第1節　メガ FTA の潮流と TPP …………………………………… *274*
　第2節　土壇場の TPP 交渉妥結 …………………………………… *276*
　第3節　中国は TPP に参加するか ………………………………… *277*
　第4節　TPP と RCEP をめぐる米中の角逐 ……………………… *278*
　第5節　ASEAN の憂鬱：TPP は危険な誘惑か ………………… *280*
　第6節　APEC の新たな争点：FTAAP への道筋 ……………… *281*
　第7節　一帯一路構想と AIIB：中国のもう一つの狙い ………… *282*
　第8節　日本の役割：アジア太平洋の懸け橋 …………………… *283*

第21章　TPP ルールと WTO ………………………………………… *287*

はじめに	287
第1節　WTOの機能不全	288
第2節　FTAとBITの急増	290
第3節　サプライチェーン（供給網）のグローバル化	292
第4節　TPPの可能性	293
第5節　WTO再活性化の方策と課題	295
おわりに	297

索引 …………………………………………………………………… 300

第1部

TPPの意義と課題

第 1 章

メガ FTA の潮流と TPP

はじめに

　関税および貿易に関する一般協定（General Agreement on Tariffs and Trade：GATT）の下でのウルグアイ・ラウンドが終結し，世界貿易機関（World Trade Organization：WTO）が発足した1990年代までをGATT・WTOの時代とするならば，2000年代は二国間自由貿易協定（Free Trade Agreement：FTA）の時代と言えるだろう。特にアジア太平洋地域では，それまでFTAを有していなかった日本，中国，韓国がFTA締結を積極化し，多くのFTAを締結した。そして，2010年代になり，企業の工程間分業による地域大のサプライチェーン構築に遅ればせながら対応する形で，メガFTAの時代が幕を開けた。メガFTAはその経済規模や人口の大きさ，あるいは参加する国の数の多さや地理的広がり（広域性）などから，域内外諸国の経済や社会，また，地域やグローバルな貿易秩序にもたらす影響がこれまでのFTAに比べてはるかに大きい。WTOドーハ・ラウンド交渉が漂流を続けている以上，世界の通商秩序形成の主役は当面メガFTAが担うことになる。

　このメガFTAの潮流において，環太平洋パートナーシップ（Trans-Pacific Partnership：TPP）協定は先頭走者としての役割を担っている。TPP交渉が他のメガFTAに先駆けて合意したことにより，東アジア地域包括的経済連携（Regional Comprehensive Economic Partnership：RCEP）や環大西洋貿易投資パートナーシップ（Transatlantic Trade and Investment Partnership：TTIP）など他のメガFTA交渉が加速することが期待されている（第1-1図）。また，TPPにおける市場アクセスやルールの水準が他のメガFTA交渉における参照基準となり，TPPが他のメガFTAの「ひな形」としての役割

第1-1図　世界のメガFTA構想

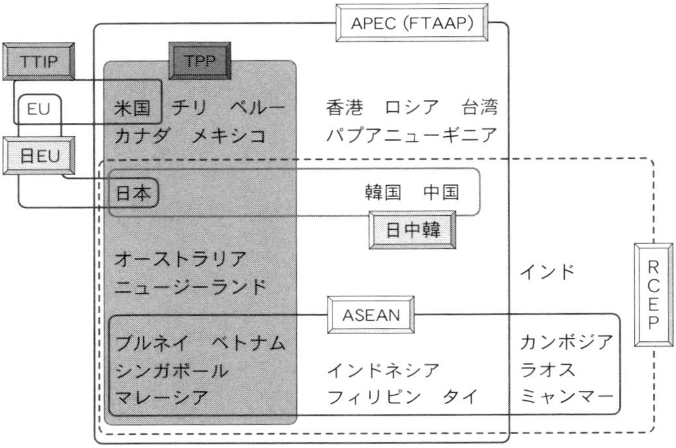

(資料) 筆者作成。

を果たすことも考えられる。メガFTA間でこの「ひな形」が共有されれば，TPPがグローバルなルール形成における「ひな形」となる可能性も十分にある[1]。

そこで本章では，メガFTA交渉の参照基準，あるいは「ひな形」としてのTPPという視点から，TPPの合意内容を概観し，メガFTAの潮流におけるTPPの位置付けを検討したい。

第1節　メガFTAの「ひな形」を目指したTPP

TPPは「21世紀型FTAのモデル」と呼ばれている。TPPでは，知的財産権保護や電子商取引，環境，労働，国有企業規律，国内規制の整合性といった，WTO協定やこれまでのFTAの規定を大きく上回る高水準の内容や，これまでの貿易協定では規定されていない新しい要素を含む21分野が30章にまとめられ，合意された（第1-2図）。

RCEPやTTIP，日本と欧州連合（European Union：EU）の経済連携協定（Economic Partnership Agreement：EPA）などのメガFTA交渉は，いずれ

第 1-2 図　TPP 協定の構成

0. 前文	8. 技術的障害（TBT）	16. 競争政策	
1. 冒頭規定・一般的定義	9. 投資	17. 国有企業	24. 中小企業
2. 物品貿易	10. 越境サービス貿易	18. 知的財産	25. 規制の整合性
3. 原産地規則	11. 金融サービス	19. 労働	26. 透明性・腐敗防止
4. 繊維・繊維製品	12. 一時的入国	20. 環境	27. 運用・制度
5. 税関手続・貿易円滑化	13. 電気通信	21. 協力・能力構築	28. 紛争解決
6. 貿易救済	14. 電子商取引	22. 競争力・ビジネス円滑化	29. 例外
7. 衛生植物検疫（SPS）	15. 政府調達	23. 開発	30. 最終規定

（資料）内閣官房 TPP 政府対策本部資料より筆者作成。

も 2013 年に開始されており，2010 年 3 月に交渉が開始された TPP は，メガ FTA の先頭を走ってきた。TPP 交渉がいつ，どのような内容で合意されるかが他のメガ FTA 交渉に大きな影響を及ぼすことは，TPP 交渉参加国によって常に意識されていた。アジア太平洋地域においては，アジア太平洋経済協力（Asia-Pacific Economic Cooperation：APEC）参加 21 カ国・地域を包含するアジア太平洋自由貿易圏（Free Trade Area of the Asia-Pacific：FTAAP）構築に向け，TPP と RCEP のどちらがその「土台」となるかを巡る綱引きも活発化している[2]。

　この点を特に強く意識していたのが米国である。オバマ政権は，TPP 交渉参加の議会への通知において，TPP は「アジア太平洋地域における経済統合の潜在的なプラットフォームを形成する」ものと位置付け，これを「高水準の，21 世紀型の協定」とすることを明らかにしていた[3]。さらに，オバマ大統領は，TPP によって，中国ではなく，米国がアジア太平洋地域のルールを作り上げることができる，という趣旨の発言を繰り返しており，TPP ルールのアジア太平洋全域への拡大を念頭に置いている[4]。

　日本においても，安倍晋三首相は TPP 交渉への参加表明において，「日本と米国という二つの経済大国が参画してつくられる新たな経済秩序は，単に TPP の中だけのルールにはとどまらないでしょう。その先にある東アジア地域包括的経済連携／RCEP や，もっと大きな構想であるアジア太平洋自由貿易圏／FTAAP において，ルールづくりのたたき台となるはずです」と述べている[5]。また，TPP 交渉大筋合意に関する日本政府資料には，TPP の意義と

して「今後の世界の貿易・投資ルールの新たなスタンダードを提供」するものであると明記されている[6]。

日米両国をはじめとするTPP交渉参加国が，TPPをそれに続くメガFTA，あるいはグローバルな「21世紀型」の貿易投資ルールの「ひな形」とすることを念頭に置いて交渉し，合意に至ったことは明らかだと言えるだろう。

第2節 「妥協の産物」としてのTPP

TPPは，交渉参加各国が目指したように，「高水準の，21世紀型の協定」となったと評価することができる。しかし，交渉を主導する米国が目指していたとされ，当初想定されていた水準に比べると，市場アクセス面でも，ルール面でも，低い水準に留まった部分が少なくない。

米国は，米韓FTAなど，これまでのFTAにおいてもWTO協定の内容を大きく上回る「ゴールド・スタンダード」の採用を図ってきた。しかし，米国内にはこれに満足しない勢力があり，これに応えるため，TPPにおいてはこれまでのFTAをさらに上回る「プラチナ・スタンダード」の採用を求めているとされていた[7]。しかし，実際に合意された内容は，これまでのFTAを上回る高水準の自由化やルールを一部含むものの，必ずしも「プラチナ」の輝きを放っているとは言い難い[8]。これは，日本を含む他の交渉参加国が米国と厳しい交渉を繰り返し，互いに歩み寄ることで合意に至った証左でもある。TPPの合意は，他の国際合意と同様に「妥協の産物」として成立したと言える。

この「妥協」には，大別すると，原則・ルールそのものをより緩やかにしたもの（「原則の緩和」）と，原則・ルールの水準は維持しつつ，国ごとに猶予や例外を認めたもの（「例外」）がみられる。以下では，交渉において大きな争点となったものを中心に，具体的にどのような「原則の緩和」や「例外」が合意されたのかをいくつか例示したい。

1. 物品貿易市場アクセス

物品貿易市場アクセス（TPP協定第2章）においては，原則自由化という旗が降ろされることはなかったが，多くの国に「例外」が認められた。なかでも，最も多くの例外を認められたのが日本である。

最終的な関税撤廃率をみると，ほとんどの国がほぼ全品目（100％）の関税撤廃を約束したのに対し，日本は95％に留まった（第1-1表）。TPPよりも前に合意した日本のEPAにおける日本の関税撤廃率は，日豪EPAにおける89％が最高であった。したがって，TPPにおける日本の約束は，日本にとっては前例のない高さの関税撤廃率となっている。しかし，ベトナムやマレーシアなどの新興国も含めた他の11カ国がほぼ全品目の関税撤廃を約束した中では，日本の自由化水準の低さが目立つ。これは，日本の農林水産品の2割弱の品目が，関税維持・部分的自由化（輸入枠の設定・拡大等）に留まったことによる。

日本以外の国では，センシティブ品目につき　最終的な関税撤廃を約束するものの，撤廃までの期間を10年超の長期としたケースが少なからずみられる。米国が対日関税を乗用車では協定発効25年目，トラックでは同30年目に撤廃すると約束したのが典型例である。乗用車の一部については，ベトナムやマレーシアが協定発効13年目での関税撤廃を約束するなど，関税撤廃までに10年超を要する品目を有する国が少なくない。

第1-1表　TPPにおける関税撤廃率

	日本	米国	カナダ	ニュージーランド	オーストラリア
全品目	95%	100%	99%	100%	100%
農林水産品	82.3%	98.8%	94.1%	100.0%	100.0%
工業製品	100%	100%	100%	100%	99.8%

シンガポール	マレーシア	ベトナム	ブルネイ	メキシコ	チリ	ペルー
100%	100%	100%	100%	99%	100%	99%
100.0%	99.6%	99.4%	100.0%	96.4%	99.5%	96.0%
100%	100%	100%	100%	99.6%	100%	100%

（注）日本については，HS2012に基づく数値。
（資料）内閣官房TPP政府対策本部および農林水産省資料より筆者作成。

2. 政府調達市場の開放

　TPP交渉参加国のうち，WTO政府調達協定締約国は，日本，米国，カナダ，シンガポール，ニュージーランド[9]の5カ国のみである。残る7カ国のうち，オーストラリア，チリ，メキシコ，ペルーは日本との二国間FTAで政府調達に関して約束しているため，TPPによってブルネイ，マレーシア，ベトナムの3カ国が日本に対して新たに政府調達市場を開放することになる。

　政府調達市場の開放（TPP協定第15章）については，各国が附属書において対象となる機関を列挙し，物品やサービスごとの基準額等を定めるとともに，適用除外となる調達の内容や機関を注釈として明記している。

　政府調達に関する大きな「例外」は，地方政府機関の扱いである。地方政府機関が存在しないブルネイ，シンガポールを除く10カ国のうち，地方政府機関について約束したのは日本，オーストラリア，カナダ，チリ，ペルーであり，米国，マレーシア，メキシコ，ニュージーランド，ベトナムの5カ国は地方政府機関については何ら約束していない[10]。

　例えば，米国の場合，WTO政府調達協定では地方政府機関として37州を適用対象としているため，TPPにおける約束はこれを下回るものとなっている。なお，政府調達市場の開放においては相互主義がとられており，日本は地方政府機関として47都道府県・20政令指定都市を適用対象としているが，地方政府機関について約束していない米国等5カ国に対しては適用除外としている。

　国別の約束では，各国の事情に配慮して，広範な「例外」が認められている。例えば，ベトナムの場合，協定上対象となる調達である「建設・運営・移転に係る契約および公共事業に関する特別の許可に係る契約」をすべて適用除外としている。また，運輸省が調達する建設サービスを適用除外とするなど，個別の対象機関についても適用除外とする調達を規定している。中央政府の物品・サービスの調達の基準額は，協定発効時に200万SDRとし，その後段階的に引き下げ，協定発効26年目に他の締約国と同水準の13万SDRとすると約束している。

　政府調達では，市場アクセスだけでなく，ルールにおいても「例外」が認められている。例えば，ベトナムには，協定発効後5年間は政府調達章を紛争解

決手続の対象としないことが認められている。

　また，マレーシアには，特定の調達の適用除外や基準額の長期段階的引き下げなど，ベトナムと同様の「例外」が認められているほか，ブミプトラ企業を一定程度優遇することなどが認められている。

3．ルール面での「原則の緩和」

　TPPには，各国の事情に応じて「例外」を認めるのではなく，ルールの水準そのものを当初想定されていた水準よりも緩やかにしたものもある[11]。その代表的な例は，生物製剤のデータ保護期間に関する規定（TPP協定第18章「知的財産」第18.51条）である。この問題は，交渉の最終局面において，交渉の帰趨を決するほどの大きな争点となった。

　交渉では，米国は同期間を米国内法と同様に12年とすることを主張していたが，オーストラリアや新興諸国がより短期間に留めることを求め，これに強く反対していたとされる。最終的には，同期間に「少なくとも8年間」とされるとともに，「少なくとも5年間，および他の措置による同等の保護」とすることも認められた。これにより，日本やオーストラリア，マレーシアなどの国は関連する現行国内法を維持することが可能となった。

　規制の整合性（TPP協定第25章）については，交渉過程では規制そのもの，もしくは規制策定手続の調和・統一が求められるのではないかとの見方もあったが，実際の合意では，締約国に規制策定に際して規制影響評価の実施，他の締約国の規制措置の検討などを奨励しているが，いずれも義務ではなく，同章には紛争解決手続も適用されないこととなっている。

　以上，TPPにみられる「原則の緩和」と「例外」の例を挙げた。この他にも，国有企業規律における適用範囲の限定や多くの「例外」[12]など，交渉で大きな争点となった分野では多くの「原則の緩和」と「例外」がみられる。上記の例で明らかなように，日本の農林水産物市場の部分的開放，米国の州政府調達の適用除外，マレーシアのブミプトラ政策の制限付き維持など，TPPは参加各国の事情に配慮した合意となっている。

　他方，TPPは「生きている協定（living agreement）」と言われるように，

一定期間経過後の約束の実施や再交渉などが規定されている。現実的な妥協によって合意した上で，参加各国の事情に配慮しながら，その内容を進化させていくことが想定されている。

第3節 「ひな形」としての可能性高めたTPP

　TPPが「妥協の産物」となったことは，TPPの価値を損なうものではない。域内の人口は8億人超，経済規模は世界の4割弱を占める「高水準の，21世紀型の協定」が合意されたことは，高く評価すべきである。合意に至る過程での妥協は，高すぎた米国等の野心の水準の，他国にも受け入れられる水準への調整であったとみるべきだろう。

　前節で例示したような「原則の緩和」や「例外」が認められたことは，TPPの「ひな形」としての価値をむしろ高めたと評価できる。日米両国やブルネイ，ベトナムなど，経済発展水準や人口・経済規模，経済構造，政治体制，文化などが多様な12カ国で合意されたTPPは，多くの国が受け入れられる内容となったと言えるだろう。TPPは「妥協の産物」となったことにより，その拡大可能性や他のメガFTAへのTPPルールの移植可能性を高めたとみることができる。

　特に，マレーシアやベトナムが受け入れ可能な内容となったことは，他のアジア諸国のTPP参加意欲を刺激するだろう。すでに，韓国，インドネシア，フィリピン，タイなどがTPPへの参加の意思や関心を示している。これら諸国が現実にTPPに参加し，さらにTPP拡大の動きが進めば，TPPを「ひな形」とするFTAAP構築の道筋もみえてくる。しかし，そのためには，インドネシア等新興諸国によるTPPルールへの対応のための国内改革の実行，中国のTPPルールの受容などが必要であり，その道程は決して平坦ではない。

　アジア太平洋地域外へのTPPルールの移植・拡大も容易ではない。難航しているTTIP交渉をみれば，EUがTPPルールとは異なるルール，あるいはTPPルールを上回る水準のルールを求めていることがわかる。

　このように，TPPルールの拡大には越えなければならないハードルがまだ

いくつもあり，他のメガFTAへとそのまま移植されることは困難だろう。しかし，TPPが合意に至った今，他のメガFTA交渉は自らの自由化水準やルールをTPPのそれと比較して考えざるを得なくなったことは間違いない。

これまでのFTA交渉において参照基準とされたのはWTOルールであった。WTOルールは，情報技術協定の対象品目拡大や貿易円滑化協定の合意など，部分的な修正は施されているものの，ドーハ・ラウンド交渉が長期停滞を続けているため，基本的には1990年代前半に明らかになっていた貿易・投資上の課題にしか対応できていない。そのため，2000年代に活発化したFTA交渉では，WTOルールの高度化（「WTOプラス」）や，WTOルールが包摂できていない経済領域でのルール策定（「WTOエクストラ」）が目指された。TPPは，その水準においても領域の包括性においても，2000年代に積み上げられた「WTOプラス」・「WTOエクストラ」ルールの一つの集大成である。今後は，TPPルールを部分的に採用する，あるいは一部緩和して取り入れる「TPPマイナス」や，TPPルールをさらに高度化した「TPPプラス」のFTAなども現れるだろう[13]。

現在のメガFTAの潮流において先頭走者となったTPPは，その合意により，今後は他のメガFTAの参照基準，あるいは「ひな形」としての役割を果たしていくことが想定される。TPP合意によって，メガFTAの潮流，あるいは世界の通商秩序形成の動きは新たな段階を迎えたと言えるだろう。

[注]
1）これらの点については，菅原（2015a）参照。
2）この点については，例えば，菅原（2015b）参照。
3）カーク通商代表発下院議長並びに上院仮議長宛書簡，2009年12月14日。
4）例えば，The White House, "Remarks of President Barack Obama—State of the Union Address As Delivered," January 13, 2016 および "Statement by the President on the Signing of the Trans-Pacific Partnership," February 03, 2016。
5）首相官邸「安倍内閣総理大臣記者会見（平成25年3月15日）」。
6）内閣官房TPP政府対策本部（2015a）。
7）ソーリス（2012），Bergsten and Schott（2010）参照。
8）川瀬（2016）は，「TPPの体系や項目は，米国の最近のFTA（特に米豪，米韓，米星）および投資条約を単に12カ国に拡大したに過ぎない印象を受ける。もちろんこれらの協定自体がある程度高水準であり，TPPがそれ以上を達成している部分もあるが，ルールの基本的な枠組みは既存のものである」と評価している。
9）ニュージーランドは，2015年8月12日にWTO政府調達協定（および改正議定書）に加入した。

10) 地方政府機関については，締約国は追加的に適用対象とすることが可能であり，協定発効後3年以内に，地方政府機関を含む適用範囲の拡大を目的に交渉を開始することが規定されている（TPP協定第15.24条2項）。
11) ここでいう「当初想定されていた水準」とは，米国等の一部交渉参加国が目指していたとされる水準，もしくはすでに他の通商協定で合意されている水準を指す。
12) 川瀬・川島（2016）による。同稿は，適用範囲の限定と膨大な「例外」により，TPPにおける国有企業規律の「実効性に課題を残した」と評価している。
13) これは，TPPルールがWTOルールに代替することを意味しない。TPPルール自体がWTOルールに基づいて成り立っており，WTOルールのFTA等の通商ルールの基盤としての役割は今後も不変である。

[参考文献]

川瀬剛志（2016），「国際経済ルールとしてのTPP」2015年10月22日，独立行政法人経済産業研究所。
川瀬剛志・川島富士雄（2016），「17 国有企業及び指定独占企業・17.1 本則（ver.2（2016/3/28））」『Web解説TPP協定』独立行政法人経済産業研究所。
菅原淳一（2012），「アジア太平洋地域における地域経済統合と日本の戦略」『みずほ総研論集』II号，みずほ総合研究所。
――（2015a），「メガFTA時代を先導するTPP」石川幸一・馬田啓一・国際貿易投資研究会編著『FTA戦略の潮流』文眞堂。
――（2015b），「TPP対RCEP　米中の経済ルール主導権争いで日本が取るべき道」2015年12月9日，ダイヤモンド・オンライン。
内閣官房TPP政府対策本部（2015a），「環太平洋パートナーシップ協定（TPP協定）の概要」2015年10月5日。
――（2015b），「環太平洋パートナーシップ協定（TPP協定）の全章概要」および「環太平洋パートナーシップ協定（TPP協定）の全章概要（別添・附属書等）」2015年11月5日。
ミレヤ・ソーリス（2012），「米国のアジア太平洋地域統合モデル」吉野孝監修，蟻川靖浩・浦田秀次郎・谷内正太郎・柳井俊二編著『変容するアジアと日米関係』東洋経済新報社。
山澤逸平・馬田啓一・国際貿易投資研究会編著（2013），『アジア太平洋の新通商秩序―TPPと東アジアの経済連携』勁草書房。
Bergsten, C. Fred and Jeffrey J. Schott (2010), Submission to the USTR in Support of a Trans-Pacific Partnership Agreement, January 25.
Petri, Peter A. and Michael G. Plummer (2012), "The Trans-Pacific Partnership and Asia-Pacific Integration: Policy Implications," Policy Brief, Number PB12-16, June, Peterson Institute for International Economics.

（菅原淳一）

第 2 章

TPP と東アジア開発戦略

はじめに

　2015年10月のTPP交渉の大筋合意および翌16年2月の署名は，東アジア諸国に大きな反響をもって受け止められている。インドネシアと韓国は，15年10月，早速TPPへの参加希望を表明した。フィリピンやタイも関心を示している。2016年5月には，親TPPと伝えられる蔡英文が台湾の総統に就任した。これらの動きはまさにドミノ効果と呼ぶべきものである。TPPが実際に発効するためには日米の批准等が必要であり，本稿の執筆時点ではまだ不確実性が存在する。しかしTPPはすでに，東アジア諸国等に大きな影響をもたらしつつある。協定の全文は2015年11月以降，ウェブページに公開されており，各国は詳細な検討にはいっている。

　自由貿易協定（FTAs）等がドミノ効果を生む理由としてしばしば挙げられるのが，貿易転換がもたらす負の経済効果に対する恐れである。貿易転換とは，特恵関税が設けられることによって，FTA当事国のある品目の輸入元がFTA域外国から域内国へと切り替わってしまうことである。貿易転換によってFTA域内国の厚生でさえ低下しうるというのが有名なViner（1950）の関税同盟の理論である。このような域内国の厚生低下が現実にどのくらい起こりうるのかについては疑問がある。しかし，貿易転換によって輸出が減少する域外国の厚生に関しては，低下する可能性は大いにある。実際，CGE（computable general equilibrium）モデル等に基づく政策シミュレーションにおいても，FTA域外国が負の経済効果をこうむるとの結果が一般的である。もっとも，負の経済効果といってもごく小さなものであることは強調しておきたい。ただしそうであっても，かなりの確度で負の影響があるということ自

体，政治指導者としては看過できないものであるのかも知れない。TPPの場合にも，貿易転換の回避が周辺諸国を参加検討へと駆り立てている一因であることは間違いない。

しかしTPPにおいては，ドミノ効果の原因は単なる貿易転換に対する恐れにとどまらない。実は，関税を除けば，TPP参加国と非参加国の間で差別的に適用される条項はそれほど多くない。むしろ，TPPによる高いレベルの自由化と国際ルール作りがTPP参加国にもたらすであろう国内経済改革の加速と投資環境の改善こそが，非参加国にとって大きな脅威である。非参加国の投資先としての魅力の相対的減退は，対内直接投資の動向に大きく影響し，多少の貿易費用の変化以上の負の効果をもたらしうる。中国やタイ，韓国などがベトナムのTPP参加に強く刺激されているのには，このような事情がある。

TPPをめぐっては，米中の地政学的文脈で語られることもあり，それもまたTPPの一側面ではある。しかしそれ以上に，TPPが内容的に大きな経済効果をもたらしうるものであること，特にグローバル・ヴァリュー・チェーン（GVCs）の高度利用を開発戦略の中心に据えてきた東アジアの新興国・発展途上国，とりわけ東南アジア諸国連合（ASEAN）諸国において意義深いものであることを，本章では明らかにしていきたい。

第1節　GVCs利用のティア構造

ASEANおよびそれを含む東アジアの新興国・発展途上国は，GVCsの有効利用を経済開発戦略の中心に据え，持続的経済成長を実現してきた。筆者は，東アジア・ASEAN経済研究センター（ERIA）の活動の一環としてアジア総合開発計画2.0（ERIA 2015）を執筆し，GVCs有効利用のティア構造を提案した。そこではハード・ソフトのインフラストラクチャー整備を主眼に議論したが，この分析枠組みはASEAN経済統合の評価（木村 2016）など様々な開発戦略上の問題を考える上でも大いに役立つことがわかってきた。

第2-1図はそのティア構造を図示したものである。ゆっくりとしたGVCsに接続されるティア3から，足の速い生産ネットワークへの参加が試みられる

ティア2へとステップアップするには，生産ブロックを受け入れるための立地の優位性の向上，生産ブロック間をつなぐサービス・リンクのコスト削減が必要となる。さらに，太い生産ネットワークで外とつながりながら産業集積を形成するティア1aでは，近距離で密度の濃い企業間分業網の発達，地場系企業の生産ネットワークへの参加と技術移転・漏出の活性化が課題となる。最後のステップ，イノヴェーション・ハブの創出が求められるティア1bにおいては，ナショナル・イノヴェーション・システムの構築とともに，内外の高度人材を惹き付ける都市アメニティの提供が必要となってくる。

ASEAN諸国は，ティア3からティア2への移行という面では，メキシコ，コスタリカや中東欧諸国とともに，大きな成功を収めてきた。さらに，シンガポール，マレーシア，タイは中国とともに世界に先駆けてティア1aの産業集積形成を成し遂げ，インドネシア，フィリピン，ベトナムもそれに続いている。これまでASEAN経済共同体（AEC）構築は，コネクティヴィティ（接続性）向上のための努力とともに，ティア3，ティア2の諸課題の克服，ティア1aの入口までの開発戦略の遂行に貢献してきた[1]。2016年からの後継AECの課題は，引き続きティア3，ティア2でなすべきことをフォローしながら，新しい課題，ティア1aとティア1bに取り組んでいくことである。

第2-1図　GVCsの有効利用と開発戦略

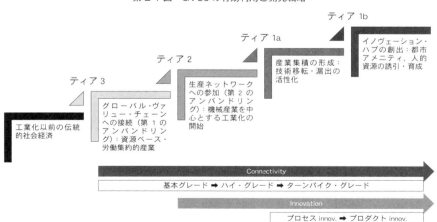

（出所）ERIA（2015）．若干の改変を加えた。

AEC ブループリント 2016-2025（ASEAN 2015b）においても GVCs の高度利用が強調されている。しかし，具体的な方策はまだ十分に書き込まれていない。

TPP の高レベルの自由化と国際ルール作りは，ASEAN および東アジアの新興国・発展途上国の経済開発戦略に対し大きな影響を与えていく可能性がある。この点について，この GVCs 有効利用のティア構造を用いながら，議論していく。

第 2 節　高レベルの自由化

1．モノの貿易

まずは関税撤廃について見てみよう。TPP における関税撤廃率（最終的に関税がゼロとなる品目数の比率）は，突出して低い日本（95％）を除くすべての交渉参加国について 99％から 100％に達している。品目によってはかなり長い経過期間が設定されているが，交渉時から関税は原則すべて撤廃と謳っていた TPP の看板に，日本を除けば，偽りはない。

なお，ASEAN 経済共同体（AEC）の枠組みでも，先行 6 カ国についてすでに 99％以上の品目について関税ゼロとなっており，後発 4 カ国も 2018 年に向けて順調に関税撤廃を進めている。その意味では，ASEAN 諸国にとっては，99％，100％と言っても，経験のない自由化度ではない。しかし，言うまでもなく，ASEAN 域内向け自由化と域外の先進国を含む自由化とでは，話が違ってくる。ASEAN とその FTA パートナー 6 カ国との間の ASEAN+1 FTAs における関税撤廃率は，協定・国によってかなりのばらつきがあるが，シンガポールとブルネイを除けば，おおよそ 90％台前半にとどまっている[2]。タイ，フィリピン，インドネシアなどにとって，TPP レベルの関税撤廃はそう容易ではない。なお，ベトナムは，2015 年 12 月に EU との間の FTA 交渉を終了しているが，そこでも 99％の品目についての関税撤廃を約束しており，近隣諸国を刺激するものとなっている。

その他の ASEAN+6 諸国を見ると，韓国は韓米 FTA で 99％，韓 EU FTA

で98％の関税撤廃を約束しており，TPPレベルの貿易自由化は経験済みである。しかし，中国は，これまで90％前半の関税撤廃しか約束したことがなく，TPPの関税撤廃率は衝撃的な高さだろう。ましてや，遅々とした貿易自由化しかしたことのないインドなどは，自らがいかに取り残されているのか，自覚してもらいたいものである。

　GVCsの有効活用という面から見て，関税撤廃はどこまで必要なのだろうか。足の速い生産ネットワークへの参加を目指すティア2では，基本的には，GVCsの主体となる品目について，関税撤廃が実現していればよい。しかし，次の産業集積を形成するティア1aでは，外と太いパイプでつながった産業連関が必要となるため，生産に関わる広範な産業・業種についての関税撤廃が望まれる。さらに，イノヴェーション・ハブの創出が必要となるティア1bでは，都市アメニティの一部である消費の多様性を確保するため，農産品・食品加工など消費財をも含む全面的関税撤廃が求められる。ほぼ例外のないクリーンな関税撤廃というのは，これらすべてのティアにおける要求を前倒しに実現するものと解釈できる。

　一方，TPPにおける原産地規則は，AECやASEAN+1 FTAsのco-equal systemを中心とする原産地規則よりも，むしろ厳格である場合が多い。しかし，日本と北米3国にまたがる累積ルールが使えるようになるなど，運用上の利点は大きいかも知れない。

　TPPの税関当局と貿易円滑化に関する章も興味深い。そこでは，税関相互の協力，輸入に先立つ関税分類・関税評価基準・原産地認定等に関する事前教示，自動化・電子化などを規定し，通関手続きの透明性確保と迅速化が意図されている。衛生植物検疫（SPS）措置と貿易の技術的障害（TBT）についても，きめ細かい規定が置かれている。SPS措置については，世界貿易機関（WTO）ベースの政策規律に加え，輸出国の検査能力等に関する輸入国の監査を認めている。また，SPS措置，TBTの両方について，実際の運用における透明性や対応の迅速化を強調している。

　これらの規定は，これまでのAECやASEAN+1 FTAsでは十分に取り上げられてこなかったものであり，単に関税を撤廃しただけでは実現しないモノの貿易の自由化を実質的に担保するものとして機能するであろう。税関回り

の話はもちろん，SPS 措置，TBT などのいわゆる非関税措置は，意図的に貿易障壁として用いられることもあるが，新興国・発展途上国においては政府規制の効率性や行政能力によるところも大きい[3]。TPP が求める透明性と効率化，他国からクレームがついた場合の対応の迅速化などの要求は，それらの国の行政効率の大幅な向上に役立つであろう。

なお，日本についても，ビジネスを支える行政の効率という意味では他国と比較して多くの問題が残っており[4]，TPP を各種手続きの見直し等に結びつけてもらいたいものである。

2．サービス貿易と投資

サービス貿易と投資についての自由化度の高さも TPP の特徴の一つである。

TPP では，WTO のサービス貿易に関する一般協定（GATS）のいうところのモード 1，2，4 は「国境を越えるサービスの貿易章」，モード 3 はサービス以外の投資と合わせて「投資章」，さらに金融サービス，ビジネス関係者の一時的な入国，電気通信，電子商取引はそれぞれ独立の章で，取り扱われている。

サービス貿易と投資の部分に共通しているのは，自由化義務が適用されない措置や分野を列挙するネガティヴ・リスト方式が採用されている点である。TPP の協定文にどの程度の留保が書き込まれているのかについては，詳しく検証する必要がある。しかし，これまで東アジアにおける FTAs で標準となっていたポジティヴ・リスト方式（自由化義務が適用される措置や分野を列挙する方式）の下での自由化に比べると，格段に高いレベルのものとなっていることは，間違いない。AEC および ASEAN+1 FTAs におけるサービス貿易の自由化度は低いと言わざるを得ない。

ASEAN 諸国のサービス貿易自由化に対する姿勢を見ていると，国内企業保護のために自由化に後ろ向きとなっているというよりは，通商当局とサービスを司る諸官庁との間のコーディネーションの難しさ，外国のサービス供給者のみならず国内企業をも対象とする規制体系全体の効率向上の困難さに，主な原因があるように思われる。そして何より，GVCs の高度利用のためにサービス貿易の自由化あるいはもっと一般的に良質なサービスの供給が必要であるとの

認識が，十分に共有されていないところに，問題がある。

　ティア3，ティア2の段階までは，良質なサービスの供給の必要性はそれほど感じられないであろう。しかし，産業集積を形成するティア1aでは，まず，製造業を中心とするGVCsを分厚くサポートする一連のサービスが必要となる。製造業関連サービスとしてしばしば挙げられるのが，金融，電気通信，輸送，流通，専門家サービスである。これらのサービスについては，外国のサービス供給者の参入を制限して自国企業を育てたいとの誘惑も生ずるであろう。しかし，良質なサービスの速やかな供給，自国企業への経営ノウハウの漏出の可能性などを考えると，健全な競争を確保しつつ外資系企業をも受け入れた方が，賢い選択である場合が多い。またその段階では，自国企業も含め，自らティア2を展開するサービス供給者も現れる。このような企業家精神の萌芽を大切にしていくことも求められる。

　さらに，イノヴェーション・ハブの創出を目指すティア1bでは，多様なB to Cサービス，例えば建設・都市開発，流通特に小売，レストラン，教育，医療，文化・芸術その他のサービスも必要となる。ASEANの人々は，もともと消費が大好きであり，また人を楽しませる伝統がある。電子商取引の多くも一種のB to Cサービスと考えるのであれば，外国のサービス供給者もどんどん引き込んで，自国の企業家を育てていけばよい。TPPは，サービス貿易自由化に対するASEANあるいは東アジアの人々の認識を大きく変えるきっかけとなるかも知れない。

　もう一つ，今後の推移を注目したいのが，TPPに含まれている投資家対国の紛争解決（ISDS）の含意である。ISDSは，ある意味，投資ホスト国内の行政・司法制度への不信から生まれた紛争解決方法と考えることもでき，新興国・発展途上国としては受け入れがたいと感じることもあるかも知れない。しかし，投資家の立場からすれば，あまりに唐突な政策変更によって理不尽な被害を被るということもあり，また，地方政府の政策変更について中央政府が適切に対処してくれないといったことも起こる。問題を国と国の間の紛争解決という形にエスカレートさせることが適切でないケースもある。そういった配慮から普及してきた制度であり，すでに数多くのFTAsや二国間投資協定（BITs）の下で判例も積み上がってきた。国連貿易開発会議（UNCTAD）に

よれば，これまでに696の調停案件があり，444件が解決済み，そのうち投資家に有利な決定があったものは117件とのことである[5]。

　ISDS条項自体は，日本が過去に締結してきたFTAsやBITsの多くにも含まれていたものであり，それほど珍しくはない。しかし，米国も含まれるTPPにおいてISDSを受け入れれば，実際に紛争案件が出てくることも覚悟しなくてはならない。それは，新興国・発展途上国としてはなかなか辛いことだろう。しかし逆に言えば，TPPを契機に投資環境を一気に改善するとの決意を表明していることにもなる。そして，それをうまく乗り切れば，良好な投資環境をアピールできる。

第3節　国際ルール作り

1．政府調達

　TPPは，国際ルール作りという面でも，これまでのASEANあるいは東アジアにはなかった新しい要素を多数持ち込んできている。その一つが政府調達である。

　各国の中央政府および地方政府の機関によるモノやサービスの購入のことを政府調達と言う。WTOによれば，その規模は各国の国内総生産（GDP）の10～15％程度に達しており，それが外国の財・サービス供給者に無差別に開放されるかどうかは貿易自由化の大事な一要素となっている。

　WTOベースでは政府調達協定（GPA）が締結されているが，この協定は参加国のみに有効な多数国間（プルリ）協定となっている。GPA加盟国はほぼ先進国に限られている。欧州連合（EU）の28カ国を個別に数えても45カ国・地域にとどまっており，ニュージーランドも昨年加盟したばかり，オーストラリアは加盟交渉中となっている。TPPは政府調達についての政策規律をより多くの国に広げる役割を果たすことになる。

　TPPの「政府調達章」では，入札における無差別原則，調達過程の公正性・公平性，適用範囲が規定されている。中央・地方政府などの機関の調達について，対象となる物品およびサービス，建設事業の適用基準額が定められ，また

適用除外となる調達がリストアップされている。多くの例外が書き込まれているため，TPPの直接的効果がどの程度のものになるのかについては，注意深く見ていく必要がある。

しかしそれでも，政策規律の大原則が書き込まれたことの意義は大きい。政府調達における自国企業優先は，幼稚産業保護との建前を掲げながらも，実際には官民癒着の温床となり，ひいては行政効率の低下を招いていることも多い。大きなプロジェクトであっても透明性が確保された入札制度に基づき業者選定が行われていないケースが多々見られる。当面例外は認めるにしても，本来はどうあるべきなのかを示すことができるのであれば，一歩前進である。この政府調達規定は，TPPの参加国であるかどうかにかかわらず，各国の今後の経済改革の方向付けに影響を与えていくことだろう。

2．国有企業等

TPPの「国有企業および指定独占企業章」は　初めて国有企業等と民間企業との間の競争条件平準化を政策規律として書き込んだものとして，大きな意義を有する。

TPPは，国有企業等の存在そのものを否定するものではない。しかし，国有企業等が一つの市場に入り，民間企業と競争する状況となった場合には，直接・間接の補助金，緩い財政規律，非商業的考慮によって競争条件を歪めてしまうことのないよう，必要な手当てをする，というのが，TPPの基本的なスタンスである。

TPPによって導入される政策規律の詳細については他章に譲るが，おおよそ次の三つの規律を設けている。第1は，国有企業などが物品やサービスを購入・販売する際には商業的考慮に従って行動し，また他の締約国の企業，物品，サービスに無差別原則を適用することである。第2は，自国の国有企業に提供する非商業的な援助によって他の締約国の利益に悪影響を及ぼさないことである。これは国有企業が，物品を生産・販売する場合，自国から他の締約国にサービスを提供する場合，対外直接投資などを通じて他の締約国の領域内でサービスを提供する場合に適用される。第3は，自国の国有企業の一覧を公開し，一定要件の下で他国から要請があれば特定企業に関する情報を提供するこ

とである。

　この章の本文には多くの適用除外が書き込まれている。例えば，中央銀行，金融規制機関および破綻処理機関，ソブリン・ウェルス・ファンド，独立年金基金などは，適用範囲外とされている。また，上の「第2」のように，国有企業が自国でサービスを提供する場合は除外されている。さらに，附属書に長大な国別の適用留保が記載されている。したがって，TPPに基づく義務によって各国がどれだけ変わらねばならないのかについては，詳細な検討が必要である。

　とは言え，ここでも大原則が打ち出されたことの意味は大きい。先進国側も，政府の市場への関与の仕方については，もっと身ぎれいにしなければならない部分も多い。ましてや新興国・発展途上国，とりわけ社会主義的経済体制を残している国にとっては，課題は山積みとなっている。TPPが打ち出した競争条件の平準化という哲学は，各国の国有企業改革の方向付けに大きな影響を与えるものとなっていくはずである。

3．知財保護

　知財保護をめぐる政策規律については，とかく先進国対新興国・発展途上国の対立軸で語られることが多い。確かに現状を見れば，知財のほとんどは先進国が保有しており，一方，新興国・発展途上国は緩い知財保護体制の下でフリーライドしている。したがって，現状を出発点として知財保護体制を強化すれば，少なくとも短期的には新興国・発展途上国から先進国への富の移転が起きてしまう。

　また，TPPが設定する著作権の保護期間，医薬品の特許期間等が適切なのかについても，議論がある。これも，著者・発明者に与えるべき先行者利益とスピルオーバーの利益のバランスの問題であり，経済モデルで明確に適切な年限を計算することができないだけに，先進国と新興国・発展途上国の間の富の再分配の問題と捉えられがちである。

　しかし，細かい規定の当否はともかく，TPPが要求するような知財保護強化に踏み切ること自体は，新興国・発展途上国が自らの開発モデルを遂行する上でも必要である。生産ネットワークに参加するティア2では，比較的単純な

オフショアリングを行うだけなので，あまり関係してこないかも知れない。しかし，産業集積を形成するティア1aの段階に差しかかると知財保護体制の整備は重要度を増してくる。生産ブロックとともに高い技術を持ち込んでもらうためには特許制度が不可欠であるし，安定した事業環境提供の一環として商標制度の整備も必要である。さらに，イノヴェーション・ハブの創出を試みるティア1bでは，知財保護制度全体の充実は何を持っても実現しなければならないものとなる。これは，自らの生み出す知財を保護するということにとどまらない。企業も高度人材も国境を越えて盛んに移動する中，GVCsを有効に活用するには，イノヴェーションのための物的・人的資源を惹き付ける事業環境，生活環境が必要であり，知財保護はその大切な一部となる。

　TPPに参加するということは，知財保護体制の整備に本腰を入れるとのメッセージを明確にすることでもある。WTOの下には知的財産権の貿易関連の側面に関する協定（TRIPS）が設けられているが，これは最低限の知財保護体制の構築を促すものである。TPPでは，TRIPSと同じく，商標，地理的表示，特許，意匠，著作権などの知的財産権を対象としつつ，それぞれについてより詳細な規定を設けている。そこでは，知的財産権の行使に関する民事上・刑事上の手続き，国境措置など，執行に関する具体的な規定も含まれている。これらの規定に対してコミットメントを明確にするということは，良好な事業・投資環境を示す一つの要素となる。TPPは，参加国のみならず非参加国の知財保護体制にも，一つの標準を示すものとなる。

むすび

　本章では，ASEANおよび東アジアの新興国・発展途上国の開発戦略という文脈でTPPがいかなる意味を持ちうるのかについて，議論してきた。
　TPPをめぐっては，地政学的な含意もこれあり，また関税等における選別的規定が非参加国に与える圧力も確かに存在する。しかしそれ以上に重要なのは，TPPが高いレベルの自由化と国際ルール作りに真剣に取り組んでいること，またそれが参加国の開発戦略という文脈でも重要な役割を果たしてい

くであろうことである。特にASEANおよび東アジアの新興国・発展途上国は，国内経済改革においても，AEC2025あるいは東アジア地域包括的経済連携（RCEP）の交渉という文脈でも，TPPの内容を参照していくことになる。その意味で，TPPは，発効以前から各国に大きな影響を与えつつある。

[注]
1）ASEAN（2015a）はここまでのAEC構築の到達点について詳細な評価を下している。
2）Fukunaga and Kuno（2012）参照。
3）Ing, Fernandez de Cordoba, and Cadot（2016）参照。
4）Haider and Hoshi（2015）は，世界銀行のDoing Businessのデータを用いて，日本のビジネス環境の評価を行っている。
5）http://investmentpolicyhub.unctad.org/ISDS 参照。

[参考文献]
木村福成（2016），「生産ネットワークとメガFTAs」木村福成・大久保敏弘・安藤光代・松浦寿幸・早川和伸共著『東アジア生産ネットワークと経済統合』慶應義塾大学出版会，177-207頁。
Association of Southeast Asia Nations（ASEAN）(2015a), *ASEAN Integration Report 2015*, Jakarta: The ASEAN Secretariat.
Association of Southeast Asia Nations（ASEAN）(2015b), *ASEAN Economic Community Blueprint 2025*, Jakarta: The ASEAN Secretariat.
Economic Research Institute for ASEAN and East Asia（ERIA）(2015), *Comprehensive Asia Development Plan 2.0（CADP2.0）: Infrastructure for Connectivity and Innovation*, Jakarta: ERIA.（http://www.eria.org/publications/key_reports/FY2014/No.04.html）
Fukunaga, Yoshifumi and Kuno, Arata (2012), "Toward a Consolidated Preferential Tariff Structure in East Asia: Going beyond ASEAN+1 FTAs," ERIA Policy Brief, No. 2012-03 (May).（www.eria.org/ERIA-PB-2012-03.pdf）
Haidar, Jamal Ibrahim and Hoshi, Takeo (2015), "Implementing Structural Reforms in Abenomics: How to Reduce the Cost of Doing Business in Japan," NBER Working Paper 21507 (August).（http://www.nber.org/papers/w21507）
Ing, Lili Yan; Fernandez de Cordoba, Santiago and Cadot, Olivier (2016), *Non-Tariff Measures in ASEAN*, Jakarta: ERIA and UNCTAD.（http://www.eria.org/publications/key_reports/FY2015/No.01.html）
Viner, J. (1950), *The Customs Unions Issue*, Washington, DC: Carnegie Endowment for International Peace.

（木村福成）

第3章

TPP諸国の貿易構造と生産ネットワーク

はじめに

　TPPに関する交渉は2006年から段階的に行われてきた。TPPは2006年の4カ国（ニュージーランド，シンガポール，チリ，ブルネイ）による関税撤廃を原則とした自由貿易協定であるP4協定を原協定とし[1]，2008年にアメリカ，オーストラリア，ペルー，ベトナムがそのP4協定への参加表明をし，2010年にこれら8カ国でTPP協定の合意に向けた交渉が開始された。これら8カ国に続き，マレーシアが2010年に，カナダとメキシコが2012年に，そして，2013年に日本がTPP交渉に参加をしている。本格的にTPP交渉が開始された2010年は他の自由貿易協定も発効に至っており，ASEANの自由貿易協定であるAFTAが先行6カ国で完成し，さらにはASEAN地域と日本，中国，韓国の間でそれぞれ自由貿易協定を結ぶASEAN+1が完成している。その他にもASEAN+3やASEAN+6に関する構想もあるが，最終的にはアジア太平洋地域の経済統合であるFTAAP（アジア太平洋自由貿易圏）を目標として各国間や地域間での取り組みがなされてきている。その中で，交渉が比較的先行しているといわれているTPPに関する交渉はFTAAP実現のために重要な位置にある。

　本章では，はじめに，TPP諸国の貿易構造を概観する[2]。東アジア地域の生産ネットワークは市場メカニズムをベースに構築された。多国籍企業の直接投資により生産拠点は国際的には分散され，地域的には集積が促され，さらに生産拠点間を貿易で連結させるという経済現象がそれにあたる。この生産ネットワーク構築の背景には貿易コストが削減されてきたためであり，国際貿易の加速と貿易コストの変化に関する研究は多方面から行われてきた[3]。生産

ネットワークが構築されることにより，一つの財（最終財）を生産するにあたり，様々な国・地域から多様な部品やコンポーネント（中間財）が国境を越えて取引をされるようになった。つまり，国際的に生産拠点が立地分散されることにより，ある一つの製品を生産するために，関連する部品・加工品が複数回国境を越えて取引をされ，その国際取引の増加が東アジア地域での経済成長の原動力となった。

しかし，単に投資や貿易が活発に行われるだけでは持続的な経済成長を維持できるわけではない。TPPの目的は貿易や投資の自由化の度合いを上げるということだけではなく，貿易や投資といったグローバルな経済活動をより円滑に行うための環境づくりもその目的の一つである。国際的に調和のとれた制度構築は企業に貿易や投資の機会を与えることになる。具体的なものとしては，企業の国際的な経済活動を公平かつ競争的に実施することを手助けする法制度の整備がそれにあたる。法的整備を整えることは太平洋地域での生産ネットワークの構築・拡大を安定的なものにし，関連諸国に経済的恩恵をもたらす契機になるであろう。本章では，はじめにTPP諸国の貿易品目データから貿易構造を概観する。次に，TPP諸国の貿易や投資のさらなる拡大を後押しする法的な環境整備がどの程度整っているのかについて国際比較を行い，最後にむすびとする。

第1節　TPP諸国の貿易構造

本節ではTPP諸国の貿易構造を概観する。第3-1表はTPP諸国の輸出入シェアを地域別にまとめたものである。対象地域としてEA市場（東アジア地域），NAFTA市場（北米地域），EU市場（ヨーロッパ地域），MERCOSUR市場（南米地域），ROW（その他の地域）の5地域でそれぞれまとめてあり，貿易データは世界各国の輸入データをベースに集計している[4]。

第3-1表は一国全体の貿易がどの地域に依存した貿易構造を取っているのかを2004年，2009年，2014年ごとにまとめている。日本をはじめマレーシア，シンガポール，ベトナムといった東アジア諸国はEA市場に対するシェアが大

きく，輸出入ともに同様の傾向がみられる。東アジア諸国の貿易の域内依存は2004年以前から観察されており，中間財を中心とした双方向貿易の拡大による生産ネットワークが構築されていることからも，アジア諸国のアジア市場依存の程度の大きさは説明できる。この域内貿易という動きは北米諸国でもみてとれる。カナダやメキシコは輸入で約6割，輸出でも約8割近くNAFTA市場に依存している。アメリカは，2004年からの10年間の貿易シェアから判断すると，NAFTA市場，EA市場，EU市場に対してほぼ同様のシェアを維持している。オーストラリアとニュージーランドは2004年の段階では輸入面においてEU市場のシェアが相対的に高いが，2014年時点では両国ともにEA市場へのシェアが大きい。とりわけ，輸出ではオーストラリアは約8割，ニュージーランドでは約5割がアジア市場向けとなっており，地理的に隣接しているアジア市場への依存を高めている。そして，南米のチリとペルーであるが，両国は輸入ではMERCOSUR市場のシェアが相対的に高く，2014年にはEA市場のシェアが高くなっているものの，MERCOSUR市場に対するシェアも約2割を占めている。南米市場への依存が高い輸入と異なり，輸出先はEA市場へのシェアが高い。チリは約5割が，そして，ペルーは約3割がEA市場向けの輸出を行っている。以上の点から，北米の3カ国は北米のNAFTA域内市場に対する高い貿易シェアがうかがえるが，その他の地域は2014年時にはアジア市場に対する貿易シェアを高めており，供給面と需要面においてアジア市場との高い相互依存関係をもっているといえる。

次に産業別・市場別にTPP諸国の貿易構造を確認する。第3-2表と第3-3表はHS6桁の貿易品目データをもとにHS2桁ベースで産業ごとに輸入と輸出をそれぞれ集計したものである。その中の17産業を本章での考察対象とし，2004年と2014年の2時点についてそれぞれまとめている。産業の視点から貿易構造を把握するにあたり，第3-1表で見てきた市場シェアの差異を踏まえ，その高いシェアをもつ市場においてどの産業が特に高いシェアを持っているのかを確認し，さらに2時点間でそのシェアが逆転している産業があるかどうかを確認する。具体的には，アジア市場への貿易シェアが高まった背景には，どの産業の貿易の拡大によるものであるのかについて考察していく。

はじめにアジア諸国の産業別市場別貿易シェアを見ていく。日本，ブルネ

イ，マレーシア，シンガポール，ベトナムのすべての国において多くの産業がEA市場向けに高いシェアを示している。特に，マレーシアとシンガポールにおいてはEA市場依存が顕著に出ており，輸入シェアでは2004年の段階ですべての産業において高いEA市場シェアがみてとれる。これは輸出シェアからも類似した傾向がみてとれ，マレーシアは2004年時点で履物製品と一般機械の産業では最大の輸出先はそれぞれEU市場とNAFTA市場であったが，2014年ではすべての産業においてEA市場が最大の輸出相手先となっている。日本の産業別市場別貿易シェアをみてみると，2004年時点では4産業（農産物・食品，化学工業品，木材・パルプ製品，輸送機器）においてNAFTA市場が最大の輸入先であり，輸出先では輸送機器産業においてEU市場とNAFTA市場が最大の輸出先であったが，2014年では農産品・食品産業を除くすべての産業においてEA市場が最大の輸入先であり，輸出先でも輸送機器産業においてEA市場シェアがEU市場シェアを上回っており，EA市場依存をさらに促進させている。このEA市場シェアの増加はオーストラリアとニュージーランドの産業別輸入シェアにおいても同様の傾向がみてとれ，2004年時点ではEU市場を最大の輸入先とする産業が両国において複数存在していたが，2014年では化学工業品産業以外のすべての産業でEA市場が最大の輸入先となっている。輸出先市場ではその他の地域であるROW市場のシェアが比較的高い産業があるものの，全体的にEA市場シェアが高いという傾向に変わりはない。

次に，第3-1表でNAFTA市場向け貿易シェアが高かった北米3カ国の産業別市場別貿易シェアを確認する。産業別の輸入シェアを確認すると，カナダは2004年と2014年の両年において3産業（皮革製品，繊維製品，履物製品）は継続してEA市場からの輸入シェアが高いが，それ以外の産業はNAFTA市場からの輸入が高いシェアを示している。産業別輸出シェアでもこのNAFTA市場への依存関係がみてとれ，1産業（皮革製品）以外はNAFTA市場への輸出シェアが顕著に大きい。メキシコについてもNAFTA市場重視という同様の傾向がみてとれる。これら2カ国の産業別貿易構造は北米での自由貿易協定の影響が顕著にでているように思われ，地域貿易協定がNAFTA域内の貿易シェアを双方向に拡大させていることがうかがえる。しかし，一

般機械や電気機器などといった機械関連産業ではEA市場との貿易シェアが2004年と比べると2014年では高まってきている。これは上で見たアジア諸国の市場別産業別貿易シェアからもわかるように，EA市場の貿易シェアを高めている産業は一般機械，電気機器，輸送機器，精密機器といった機械関連産業である。これはチリやペルーの産業別市場別輸入シェアからも確認でき，2014年における機械関連産業のEA市場依存が相対的に高まっており，約3割から約6割程度という高いシェアを示している。さらに産業別市場別輸出シェアを同様の産業についてみてみると，MERCOSUR市場に対するそのシェアが高くなっている。これは輸入先であるEA市場から機械関連産業の投入財である部品などを輸入し，それら中間財をもとに最終財を生産しMERCOSUR域内に輸出をしているということが考えられる。この点に関するさらなる考察にはより詳細なデータ等を使用する分析が必要となるが，東アジア地域には中間財サプライヤーが地理的に集積しているという点から考えると，アジア域内市場だけではなく世界の市場に対して中間財を供給する生産ネットワークが構築されている可能性がうかがえる[5]。

　第3-1表から第3-3表ではTPP諸国の貿易構造について市場別シェアと産業別シェアの視点から概観した。そこでは各国の輸出と輸入がどの市場に依存している構造を持っているのか，そして，どの産業においてその傾向が強いのかを確認した。次の第3-4表ではTPP諸国の貿易構造を用途財別市場別にその特徴を追っていく。ここでの用途別の貿易データは国連のHS分類とBEC分類をコンバートしたものを使用する。BEC分類は貿易品目をその用途別に分類したものであり，原料・中間財・最終財などのように各貿易品目がどの生産工程で使用されるのかを明らかにしてくれる。ここではBEC-22：産業用加工品，BEC-42：資本財部品（輸送機器用は除く），BEC-53：輸送機器用部品，BEC-41：資本財（輸送機器用は除く），BEC-521：産業用輸送機器，BEC-51：乗用車，BEC-522：その他の非産業用輸送機器，BEC-61：耐久消費財，BEC-62：半耐久消費財，BEC-63：非耐久消費財の10分類を使用する。

　第3-4表は2014年におけるTPP各国の輸出入シェアをBEC分類ごとに集計したものであり，例えば日本であれば，BEC-22の輸入額を市場別に集計すると，EA市場から約51％，NFATA市場から約16％それぞれ輸入している，

ということを表している。アジア地域を中心に構築されている生産ネットワークの規模の大きさを図るためには，中間財がどの程度双方向で貿易されているかを確認することが一つの指標となる。第 3-4 表のアジア諸国の中間財輸出入シェアをみてみると，EA 市場での輸出入シェアの大きさがはっきりと見て取れ，いずれの国も約 60％以上の中間財貿易を EA 市場向けで行っている。特に資本財部品や最終資本財のシェアが大きく，生産に用いるための財の供給が他の市場よりも EA 市場でより活発に行われていることがわかる。中間財貿易の EA 市場への依存の度合いはオーストラリアやニュージーランドでも同様の傾向が見て取れ，対 EA 市場のシェアが輸出入ともに大きい。対照的に，カナダやメキシコの場合，中間財貿易のシェアは NAFTA 域内市場が最も大きい。これらの NAFTA 域内シェアの大きさはアジア諸国のアジア域内での中間財貿易シェアと同程度に大きく，NAFTA 市場への依存の大きさがうかがえる。また，アメリカの中間財貿易は EA 市場のシェアが若干大きいものの，NFATA 市場や EU 市場とのシェアも大きいのが特徴である。最後にチリとペルーの用途別市場別貿易シェアを見ていく。第 3-2 表と第 3-3 表でも確認したように，チリとペルーは輸入では MERCOSUR 市場域外への依存が高く，輸出では MERCOSUR 市場域内への依存が高い貿易構造をもっており，特に，機械関連産業ではその傾向が強い。用途別にその傾向を確認すると，中間財および最終資本財の輸入シェアは EA 市場が相対的に大きく，最終資本財および最終財の輸出は MERCOSUR 域内市場のシェアが大きい。また，消費財についても EA 市場から輸入シェアを高めている。これは産業別市場別輸入シェアを表している第 3-2 表からも分かるように，チリとペルーは多くの産業において EA 市場依存を高めており，中間財や最終財を問わず EA 市場との関連性を高めてきているといえる。しかし，ここでのアジア諸国の対 MERCOSUR 市場シェアをみると，輸出入ともに 5％以下であり，第 3-3 表の産業別市場別輸出シェアからも同様のことがみてとれる。これはチリやペルーは鉱物生産品などの資源に依存した産業に依存しており，機械関連産業を中心に世界的に展開されている生産ネットワークに組み込まれていないことを示唆している。

　TPP 交渉で取り組まれているような多分野での国際的ルールの制定は企業の経済活動をより円滑にするべきものであり，阻害する要因になるべきではな

第 3 章 TPP 諸国の貿易構造と生産ネットワーク

第 3-1 表 TPP 諸国の市場別輸出入シェア（輸入）①

Import

Year	Australia					Brunei Darussalam					Canada				
	EA	NAFTA	EU	MERCOSUR	ROW	EA	NAFTA	EU	MERCOSUR	ROW	EA	NAFTA	EU	MERCOSUR	ROW
2004	45.60%	17.06%	24.31%	0.71%	12.32%	71.27%	12.23%	12.27%	0.07%	4.16%	15.18%	64.25%	12.01%	1.83%	6.72%
2009	51.63%	13.83%	20.92%	1.01%	12.61%	n.a.	n.a.	n.a.	n.a.	n.a.	18.82%	57.09%	12.53%	2.74%	8.82%
2014	53.03%	12.77%	18.61%	1.09%	14.51%	74.56%	10.29%	11.62%	0.14%	3.38%	18.27%	61.28%	11.39%	2.32%	6.74%

Year	Chile					Japan					Malaysia				
	EA	NAFTA	EU	MERCOSUR	ROW	EA	NAFTA	EU	MERCOSUR	ROW	EA	NAFTA	EU	MERCOSUR	ROW
2004	21.13%	19.58%	15.58%	36.51%	7.20%	42.02%	16.94%	13.23%	2.24%	25.56%	62.49%	15.97%	12.69%	0.91%	7.93%
2009	27.12%	24.45%	16.81%	27.78%	3.84%	41.29%	13.60%	11.08%	2.79%	31.24%	61.84%	12.60%	12.28%	1.57%	11.72%
2014	31.74%	25.99%	15.01%	21.40%	5.86%	41.09%	11.24%	9.79%	2.96%	34.91%	60.01%	8.81%	11.04%	2.25%	17.90%

Year	Mexico					New Zealand					Peru				
	EA	NAFTA	EU	MERCOSUR	ROW	EA	NAFTA	EU	MERCOSUR	ROW	EA	NAFTA	EU	MERCOSUR	ROW
2004	20.60%	60.36%	11.24%	4.66%	3.14%	35.06%	13.71%	20.37%	0.72%	30.15%	17.63%	24.72%	12.28%	41.31%	4.06%
2009	28.59%	52.28%	11.89%	3.53%	3.72%	40.71%	12.84%	17.61%	0.79%	28.05%	25.98%	25.35%	11.40%	29.40%	7.88%
2014	29.76%	52.32%	11.31%	2.48%	4.13%	44.84%	13.30%	17.72%	1.10%	23.04%	32.16%	27.77%	11.83%	20.34%	7.90%

Year	Singapore					USA					Viet Nam				
	EA	NAFTA	EU	MERCOSUR	ROW	EA	NAFTA	EU	MERCOSUR	ROW	EA	NAFTA	EU	MERCOSUR	ROW
2004	57.88%	13.33%	13.57%	0.52%	14.69%	33.88%	28.04%	19.63%	5.09%	13.35%	74.10%	4.41%	9.54%	1.03%	10.92%
2009	53.38%	13.28%	14.66%	1.73%	16.95%	35.40%	25.81%	18.23%	5.30%	15.26%	74.66%	5.49%	9.19%	1.97%	8.70%
2014	50.55%	12.46%	13.02%	2.23%	21.74%	35.91%	27.80%	18.11%	4.87%	13.31%	77.76%	5.12%	6.52%	3.13%	7.46%

（出所）UN COMTRADE をもとに著者により作成。

第 3-1 表　TPP 諸国の市場別輸出入シェア（輸出）②

Export

		Australia						Brunei Darussalam						Canada			
Year	EA	NAFTA	EU	MERCOSUR	ROW		EA	NAFTA	EU	MERCOSUR	ROW		EA	NAFTA	EU	MERCOSUR	ROW
2004	59.43%	10.92%	13.83%	0.80%	15.01%		75.20%	8.79%	1.45%	0.00%	14.55%		6.95%	83.19%	6.49%	0.79%	2.57%
2009	73.37%	6.50%	9.07%	0.90%	10.15%		85.42%	0.63%	0.57%	0.00%	13.37%		9.96%	74.53%	9.63%	1.40%	4.47%
2014	82.37%	4.89%	4.92%	0.70%	7.13%		83.97%	0.39%	1.33%	0.01%	14.30%		11.50%	75.92%	7.72%	1.49%	3.37%

		Chile						Japan						Malaysia			
Year	EA	NAFTA	EU	MERCOSUR	ROW		EA	NAFTA	EU	MERCOSUR	ROW		EA	NAFTA	EU	MERCOSUR	ROW
2004	33.16%	24.13%	28.26%	10.46%	4.00%		43.33%	26.84%	19.54%	1.16%	9.13%		54.53%	22.80%	14.16%	0.68%	7.83%
2009	44.09%	18.48%	19.90%	12.63%	4.90%		49.22%	20.27%	16.47%	1.94%	12.11%		60.32%	15.70%	11.86%	1.08%	11.04%
2014	50.91%	16.41%	15.32%	10.99%	6.36%		50.75%	23.01%	12.70%	1.97%	11.58%		65.10%	13.65%	10.37%	1.09%	9.78%

		Mexico						New Zealand						Peru			
Year	EA	NAFTA	EU	MERCOSUR	ROW		EA	NAFTA	EU	MERCOSUR	ROW		EA	NAFTA	EU	MERCOSUR	ROW
2004	3.01%	87.88%	4.70%	2.31%	2.09%		32.37%	19.16%	19.12%	0.71%	28.64%		21.24%	36.26%	24.85%	14.42%	3.23%
2009	4.36%	81.21%	6.45%	4.42%	3.55%		34.36%	13.84%	16.81%	1.07%	33.91%		30.56%	30.79%	19.43%	14.52%	4.71%
2014	6.71%	79.05%	6.16%	4.59%	3.50%		46.16%	11.99%	12.14%	1.10%	28.61%		31.15%	24.94%	17.17%	15.55%	11.19%

		Singapore						USA						Viet Nam			
Year	EA	NAFTA	EU	MERCOSUR	ROW		EA	NAFTA	EU	MERCOSUR	ROW		EA	NAFTA	EU	MERCOSUR	ROW
2004	54.24%	14.95%	18.82%	0.51%	11.48%		26.04%	33.27%	26.25%	3.89%	10.55%		39.34%	22.35%	26.80%	0.35%	11.16%
2009	58.73%	10.75%	13.87%	0.61%	16.04%		26.48%	27.55%	25.65%	6.28%	14.04%		39.66%	24.02%	21.86%	1.02%	13.43%
2014	65.91%	7.85%	10.95%	0.62%	14.66%		28.58%	30.68%	21.26%	6.61%	12.87%		43.37%	22.43%	21.87%	1.93%	10.40%

（出所）UN COMTRADE をもとに著者により作成。

第3章 TPP諸国の貿易構造と生産ネットワーク

第3-2表 市場別産業別貿易シェア（輸入）①

Australia

産業	2004年					2014年				
	EA	NAFTA	EU	MERC.	ROW	EA	NAFTA	EU	MERC.	ROW
農産物・食品	23.5%	14.0%	29.9%	4.2%	28.5%	28.0%	13.6%	23.8%	5.8%	28.8%
鉱物生産品	59.4%	3.2%	0.6%	0.3%	36.5%	64.5%	1.9%	0.3%	0.3%	32.9%
化学工業品	15.4%	25.1%	48.4%	0.6%	10.6%	25.1%	19.8%	42.2%	0.9%	11.9%
プラスチック・ゴム製品	47.1%	19.1%	23.6%	0.5%	9.7%	61.5%	14.1%	15.6%	0.3%	8.5%
皮革製品	68.3%	2.9%	15.2%	5.1%	8.6%	69.1%	2.0%	18.6%	3.4%	6.9%
木材とその製品	36.7%	8.1%	22.8%	1.5%	30.9%	48.6%	9.7%	15.4%	5.1%	22.2%
木材・パルプ製品	29.7%	17.8%	35.3%	2.0%	15.0%	47.4%	12.2%	28.5%	2.0%	9.9%
繊維製品	71.2%	3.9%	10.5%	0.2%	14.0%	75.3%	2.9%	6.2%	0.2%	15.2%
履物製品	75.9%	1.9%	12.6%	1.6%	7.9%	74.7%	1.5%	10.6%	1.7%	11.4%
窯・陶磁製品	45.7%	7.2%	35.5%	1.5%	10.2%	58.5%	6.5%	21.5%	0.3%	13.1%
貴金属等製品	41.5%	5.6%	7.8%	0.1%	45.1%	24.4%	10.7%	6.6%	0.0%	58.3%
卑金属製品	52.6%	11.0%	23.5%	0.8%	12.1%	64.3%	7.7%	14.6%	5.0%	8.4%
一般機械	43.6%	25.5%	25.8%	0.4%	4.8%	53.0%	19.5%	23.2%	0.3%	3.9%
電気機器	60.1%	14.5%	21.0%	0.2%	4.2%	64.9%	13.0%	15.2%	0.1%	6.8%
輸送機器	49.5%	19.4%	26.9%	0.6%	3.6%	54.1%	14.8%	27.5%	0.8%	2.8%
精密機器	24.0%	35.9%	31.3%	0.1%	8.8%	24.8%	34.3%	28.8%	0.1%	11.9%
雑品	68.2%	9.2%	15.5%	0.2%	6.9%	76.9%	6.2%	11.6%	0.1%	5.2%

Brunei Darussalam

産業	2004年					2014年				
	EA	NAFTA	EU	MERC.	ROW	EA	NAFTA	EU	MERC.	ROW
農産物・食品	80.0%	2.9%	3.2%	0.2%	13.7%	84.3%	2.4%	2.8%	0.7%	9.8%
鉱物生産品	82.1%	14.4%	3.1%	0.0%	0.4%	98.6%	0.2%	0.8%	0.0%	0.4%
化学工業品	80.5%	5.9%	9.9%	0.0%	3.6%	84.5%	6.3%	6.7%	0.0%	2.5%
プラスチック・ゴム製品	80.5%	5.2%	10.7%	0.0%	3.6%	83.8%	5.1%	5.8%	0.0%	2.3%
皮革製品	89.9%	2.3%	3.8%	0.0%	4.0%	80.4%	2.7%	13.3%	0.0%	3.6%
木材とその製品	89.2%	1.2%	8.9%	0.1%	0.6%	95.5%	1.1%	2.5%	0.0%	0.8%
木材・パルプ製品	76.6%	13.2%	8.6%	0.0%	1.7%	48.5%	0.6%	50.5%	0.1%	0.4%
繊維製品	97.0%	0.4%	1.5%	0.0%	1.1%	87.0%	4.1%	4.2%	0.0%	4.7%
履物製品	80.7%	12.5%	5.5%	0.1%	1.2%	86.2%	2.1%	6.6%	1.8%	3.4%
窯・陶磁製品	86.6%	1.5%	8.1%	0.1%	3.8%	84.4%	1.9%	5.6%	0.0%	8.0%
貴金属等製品	88.3%	1.4%	1.6%	0.0%	8.7%	68.5%	2.7%	5.7%	0.0%	23.1%
卑金属製品	70.5%	18.5%	8.9%	0.3%	1.8%	78.1%	12.3%	6.9%	0.2%	2.6%
一般機械	40.1%	29.1%	29.3%	0.0%	1.6%	54.5%	20.8%	22.4%	0.0%	2.2%
電気機器	67.0%	12.9%	16.3%	0.0%	3.9%	60.3%	22.6%	15.3%	0.0%	1.9%
輸送機器	62.0%	19.2%	17.9%	0.0%	0.8%	70.2%	13.2%	15.9%	0.0%	0.6%
精密機器	58.4%	16.2%	17.6%	0.0%	7.8%	35.2%	33.0%	20.3%	0.0%	11.5%
雑品	74.7%	10.0%	13.5%	0.0%	1.8%	78.4%	3.9%	14.1%	0.0%	3.7%

Canada

産業	2004年					2014年				
	EA	NAFTA	EU	MERC.	ROW	EA	NAFTA	EU	MERC.	ROW
農産物・食品	7.4%	61.4%	12.9%	7.2%	11.0%	8.0%	64.0%	10.9%	7.4%	9.6%
鉱物生産品	0.9%	32.4%	16.3%	5.8%	44.6%	0.9%	69.2%	7.6%	2.8%	19.5%
化学工業品	4.8%	60.7%	25.3%	0.9%	8.2%	5.0%	57.0%	23.6%	2.6%	9.8%
プラスチック・ゴム製品	11.7%	80.4%	6.6%	0.4%	0.9%	18.8%	71.8%	6.7%	0.4%	2.2%
皮革製品	52.6%	18.3%	18.3%	7.0%	3.8%	51.6%	17.9%	24.3%	1.0%	5.2%
木材とその製品	13.6%	69.0%	9.3%	6.4%	1.6%	20.9%	66.7%	6.1%	3.8%	2.5%
木材・パルプ製品	5.1%	84.5%	9.5%	0.5%	0.4%	9.5%	82.2%	7.1%	0.9%	0.4%
繊維製品	39.3%	37.5%	8.8%	1.0%	13.4%	51.8%	21.9%	5.8%	0.4%	20.2%
履物製品	65.1%	6.2%	15.1%	5.1%	8.6%	70.9%	4.6%	11.0%	0.6%	12.9%
窯・陶磁製品	14.8%	65.7%	15.0%	2.0%	2.5%	22.5%	60.3%	11.8%	1.3%	4.0%
貴金属等製品	11.6%	53.6%	8.3%	6.9%	19.6%	7.1%	26.3%	11.4%	30.0%	25.2%
卑金属製品	13.0%	66.0%	11.1%	5.5%	4.5%	21.0%	62.1%	10.0%	2.1%	4.8%
一般機械	18.0%	67.3%	13.2%	0.4%	1.1%	24.2%	58.4%	15.3%	0.4%	1.7%
電気機器	30.8%	59.6%	7.7%	0.3%	1.6%	41.5%	48.7%	8.0%	0.2%	2.1%
輸送機器	11.4%	79.6%	8.3%	0.3%	0.4%	11.8%	78.0%	9.6%	0.1%	0.6%
精密機器	18.4%	62.7%	15.5%	0.1%	3.3%	18.6%	55.5%	18.8%	0.1%	7.0%
雑品	41.4%	49.0%	7.6%	0.5%	1.6%	47.2%	43.0%	6.7%	0.2%	2.8%

第 3-2 表　市場別産業別貿易シェア（輸入）②

Chile

産業	2004年					2014年				
	EA	NAFTA	EU	MERC.	ROW	EA	NAFTA	EU	MERC.	ROW
農産物・食品	3.2%	9.7%	7.5%	76.2%	3.4%	5.3%	22.1%	10.2%	56.7%	5.7%
鉱物生産品	2.8%	8.6%	1.3%	67.4%	19.9%	2.3%	40.9%	2.7%	42.9%	11.1%
化学工業品	8.3%	29.5%	27.2%	29.6%	5.3%	16.6%	32.2%	23.4%	20.1%	7.8%
プラスチック・ゴム製品	23.3%	22.9%	17.6%	34.7%	1.5%	35.5%	26.7%	16.2%	17.6%	4.1%
皮革製品	78.5%	3.5%	3.6%	12.0%	2.4%	81.4%	3.3%	3.8%	6.7%	4.8%
木材とその製品	9.6%	6.7%	57.6%	24.9%	1.2%	28.9%	8.4%	45.4%	15.0%	2.4%
木材・パルプ製品	2.7%	22.4%	27.6%	45.2%	2.1%	11.6%	25.1%	30.8%	28.6%	3.9%
繊維製品	65.1%	7.3%	7.6%	15.6%	4.4%	80.7%	4.6%	4.0%	4.8%	6.0%
履物製品	77.2%	1.3%	2.1%	14.8%	4.6%	79.3%	2.4%	2.5%	4.5%	11.4%
窯・陶磁製品	24.5%	13.0%	19.7%	39.4%	3.5%	42.3%	12.6%	19.4%	23.8%	2.0%
貴金属等製品	34.6%	13.8%	22.1%	26.0%	3.4%	37.6%	8.7%	36.9%	14.3%	2.5%
卑金属製品	13.5%	12.7%	22.2%	41.2%	10.3%	52.4%	12.4%	16.1%	12.8%	6.3%
一般機械	16.5%	40.1%	28.8%	10.8%	3.8%	32.2%	28.5%	30.5%	5.2%	3.7%
電気機器	37.6%	29.2%	21.7%	9.9%	1.6%	57.7%	21.9%	15.1%	3.2%	2.1%
輸送機器	39.1%	17.5%	13.4%	28.5%	1.5%	46.4%	22.3%	21.5%	8.6%	1.2%
精密機器	29.3%	33.3%	25.8%	5.5%	6.0%	25.8%	34.3%	28.8%	3.5%	7.6%
雑品	61.3%	10.2%	10.1%	16.4%	1.9%	75.8%	8.5%	8.5%	5.0%	2.1%

Japan

産業	2004年					2014年				
	EA	NAFTA	EU	MERC.	ROW	EA	NAFTA	EU	MERC.	ROW
農産物・食品	28.4%	34.0%	11.7%	6.6%	19.3%	29.9%	30.3%	12.8%	9.2%	17.8%
鉱物生産品	22.6%	2.8%	0.3%	3.4%	70.9%	16.2%	2.7%	0.4%	4.6%	76.1%
化学工業品	20.1%	27.4%	42.1%	1.0%	9.5%	29.3%	23.7%	36.1%	0.8%	10.1%
プラスチック・ゴム製品	62.4%	19.1%	15.9%	0.3%	2.5%	71.7%	12.3%	10.2%	0.3%	5.5%
皮革製品	50.3%	4.7%	40.5%	0.8%	3.7%	57.1%	2.1%	31.0%	0.8%	9.1%
木材とその製品	40.0%	21.4%	11.5%	4.2%	22.8%	44.7%	18.2%	12.2%	6.3%	18.7%
木材・パルプ製品	32.3%	42.1%	18.3%	4.2%	3.1%	48.9%	28.5%	14.7%	3.4%	4.6%
繊維製品	83.1%	2.7%	9.0%	0.4%	4.8%	81.0%	1.5%	5.4%	0.2%	11.9%
履物製品	80.4%	1.2%	13.6%	0.5%	4.4%	77.0%	1.2%	9.4%	0.2%	12.1%
窯・陶磁製品	58.7%	15.4%	22.9%	0.2%	2.7%	69.3%	11.8%	13.3%	0.2%	5.4%
貴金属等製品	24.2%	12.1%	18.1%	1.5%	44.1%	31.9%	16.6%	15.3%	0.2%	36.0%
卑金属製品	48.1%	9.3%	9.1%	5.3%	28.2%	58.5%	6.9%	6.8%	4.2%	23.6%
一般機械	59.2%	23.5%	14.8%	0.1%	2.4%	68.8%	14.3%	13.6%	0.1%	3.1%
電気機器	73.9%	16.3%	7.5%	0.0%	2.3%	81.9%	8.8%	4.9%	0.1%	4.3%
輸送機器	13.3%	32.7%	48.3%	0.1%	5.5%	28.0%	24.0%	42.8%	0.3%	4.8%
精密機器	30.0%	34.3%	24.5%	0.0%	11.2%	32.6%	31.5%	23.7%	0.1%	12.1%
雑品	74.0%	9.2%	13.0%	0.3%	3.5%	82.7%	4.0%	7.0%	0.0%	6.3%

Malaysia

産業	2004年					2014年				
	EA	NAFTA	EU	MERC.	ROW	EA	NAFTA	EU	MERC.	ROW
農産物・食品	53.9%	8.3%	7.3%	8.4%	22.2%	45.2%	6.8%	8.6%	15.8%	23.6%
鉱物生産品	54.9%	2.4%	1.5%	1.7%	39.6%	55.0%	1.9%	3.2%	4.1%	35.8%
化学工業品	56.2%	13.4%	19.5%	0.2%	10.7%	57.4%	11.0%	16.6%	0.3%	14.7%
プラスチック・ゴム製品	76.2%	9.6%	10.0%	0.1%	4.2%	69.0%	5.4%	7.1%	0.1%	18.3%
皮革製品	47.3%	1.3%	18.1%	26.5%	6.8%	59.7%	3.8%	28.1%	3.6%	4.8%
木材とその製品	66.9%	14.4%	10.8%	1.5%	6.4%	62.3%	8.0%	6.7%	0.8%	22.2%
木材・パルプ製品	54.0%	12.1%	27.1%	0.6%	6.2%	63.3%	9.8%	18.6%	0.9%	7.4%
繊維製品	75.6%	3.4%	9.8%	0.2%	11.0%	69.4%	2.6%	5.3%	1.5%	21.2%
履物製品	89.2%	0.8%	3.3%	0.7%	6.1%	71.2%	1.1%	8.5%	1.1%	18.1%
窯・陶磁製品	81.1%	6.5%	10.8%	0.1%	1.5%	68.1%	10.2%	9.4%	0.0%	12.2%
貴金属等製品	48.4%	1.9%	9.4%	0.0%	40.3%	44.9%	2.3%	2.2%	0.0%	50.5%
卑金属製品	64.2%	7.4%	12.0%	2.1%	14.4%	64.9%	3.7%	8.8%	0.9%	21.8%
一般機械	71.2%	13.3%	13.4%	0.1%	1.9%	68.6%	10.0%	16.7%	0.1%	4.5%
電気機器	60.6%	24.3%	14.1%	0.0%	1.0%	64.8%	14.9%	9.5%	0.0%	10.7%
輸送機器	67.7%	16.5%	12.8%	0.6%	2.4%	48.0%	14.6%	35.0%	0.0%	2.4%
精密機器	58.2%	26.1%	12.9%	0.0%	2.8%	61.3%	17.0%	15.5%	0.0%	6.2%
雑品	61.9%	7.1%	25.9%	0.1%	5.0%	79.7%	5.1%	10.0%	0.1%	5.1%

第3章 TPP諸国の貿易構造と生産ネットワーク

第3-2表 市場別産業別貿易シェア（輸入）③

Mexico

産業	2004年					2014年				
	EA	NAFTA	EU	MERC.	ROW	EA	NAFTA	EU	MERC.	ROW
農産物・食品	2.0%	77.2%	6.0%	9.1%	5.8%	3.0%	80.1%	5.2%	5.9%	5.8%
鉱物生産品	2.6%	71.9%	3.5%	11.1%	10.9%	1.2%	79.9%	9.8%	2.8%	6.3%
化学工業品	7.2%	59.6%	24.4%	3.0%	5.8%	11.2%	56.7%	22.5%	3.7%	5.9%
プラスチック・ゴム製品	9.6%	81.3%	6.5%	1.7%	0.9%	19.0%	69.1%	8.4%	1.9%	1.6%
皮革製品	12.1%	63.8%	9.2%	10.5%	4.3%	27.5%	27.0%	11.8%	29.3%	4.4%
木材とその製品	12.5%	49.5%	5.1%	31.5%	1.4%	14.4%	47.5%	8.0%	28.6%	1.5%
木材・パルプ製品	3.4%	80.9%	10.9%	4.4%	0.4%	6.5%	76.4%	11.5%	4.5%	0.9%
繊維製品	12.9%	72.7%	7.1%	2.9%	4.3%	30.3%	49.2%	7.0%	2.1%	11.4%
履物製品	35.0%	10.0%	14.3%	18.5%	22.1%	56.5%	5.5%	11.0%	1.8%	25.2%
窯・陶磁製品	22.9%	54.1%	17.0%	4.9%	1.1%	28.5%	47.8%	17.9%	4.2%	1.7%
貴金属等製品	31.1%	58.0%	9.1%	0.6%	1.1%	22.1%	63.6%	10.5%	0.9%	2.9%
卑金属製品	11.2%	66.5%	10.7%	8.3%	3.2%	24.1%	60.0%	10.6%	2.1%	3.3%
一般機械	32.5%	49.9%	14.1%	1.9%	1.5%	37.9%	43.2%	15.4%	1.8%	1.7%
電気機器	39.5%	48.7%	8.7%	0.7%	2.5%	58.6%	28.6%	7.4%	0.3%	5.1%
輸送機器	9.8%	64.3%	13.2%	12.0%	0.6%	22.6%	61.0%	12.6%	3.0%	0.8%
精密機器	24.0%	56.7%	15.6%	0.7%	2.9%	40.4%	41.3%	13.3%	0.6%	4.3%
雑品	31.7%	51.2%	11.8%	2.4%	2.9%	47.8%	39.8%	10.1%	0.7%	1.7%

New Zealand

産業	2004年					2014年				
	EA	NAFTA	EU	MERC.	ROW	EA	NAFTA	EU	MERC.	ROW
農産物・食品	14.8%	12.5%	13.1%	5.1%	54.6%	25.9%	14.2%	14.4%	6.4%	38.2%
鉱物生産品	34.2%	2.9%	0.3%	0.3%	62.2%	55.2%	2.2%	0.3%	0.1%	42.1%
化学工業品	15.1%	18.4%	28.1%	0.5%	37.9%	25.8%	15.1%	26.0%	0.8%	32.4%
プラスチック・ゴム製品	38.4%	15.1%	20.4%	0.3%	25.8%	52.4%	10.4%	15.3%	0.2%	21.7%
皮革製品	50.5%	2.4%	13.9%	2.1%	31.0%	65.5%	2.7%	15.4%	4.4%	12.1%
木材とその製品	30.1%	18.3%	22.6%	2.5%	26.5%	33.9%	17.3%	18.0%	10.2%	20.5%
木材・パルプ製品	19.4%	8.8%	24.2%	0.2%	47.3%	33.2%	9.8%	19.3%	2.3%	35.5%
繊維製品	63.0%	4.0%	10.8%	0.2%	22.0%	72.9%	4.5%	5.9%	0.1%	16.5%
履物製品	74.5%	2.0%	11.7%	1.1%	10.6%	74.2%	1.2%	10.4%	0.9%	13.3%
窯・陶磁製品	32.5%	6.1%	27.7%	0.7%	33.0%	46.9%	6.7%	21.0%	0.3%	25.2%
貴金属等製品	37.2%	4.5%	19.9%	0.2%	38.2%	47.5%	4.9%	8.5%	0.2%	38.9%
卑金属製品	32.8%	6.8%	17.6%	0.7%	42.1%	50.2%	6.7%	16.3%	1.1%	25.7%
一般機械	36.7%	20.1%	26.8%	0.3%	16.1%	43.6%	19.7%	27.3%	0.1%	9.3%
電気機器	49.6%	13.9%	22.1%	0.2%	14.3%	50.9%	9.3%	15.6%	0.1%	14.1%
輸送機器	38.7%	17.9%	27.6%	0.2%	15.5%	39.4%	22.9%	29.9%	0.3%	7.5%
精密機器	27.9%	27.9%	26.7%	0.1%	17.4%	24.3%	33.0%	21.5%	0.0%	21.1%
雑品	58.0%	9.6%	13.6%	0.1%	18.7%	69.4%	6.5%	11.5%	0.1%	12.5%

Peru

産業	2004年					2014年				
	EA	NAFTA	EU	MERC.	ROW	EA	NAFTA	EU	MERC.	ROW
農産物・食品	0.8%	29.9%	4.6%	60.7%	4.0%	4.5%	34.3%	6.5%	49.1%	5.7%
鉱物生産品	2.3%	10.0%	0.9%	82.4%	4.3%	1.4%	45.6%	1.0%	29.7%	22.2%
化学工業品	10.0%	30.8%	22.4%	28.7%	8.1%	17.6%	37.8%	17.9%	27.6%	9.1%
プラスチック・ゴム製品	20.4%	31.9%	9.9%	35.4%	2.3%	36.0%	27.3%	8.8%	18.9%	9.0%
皮革製品	81.0%	2.5%	2.5%	12.3%	1.6%	83.4%	1.1%	3.6%	9.1%	2.9%
木材とその製品	3.9%	18.0%	9.7%	68.1%	0.2%	10.8%	7.6%	10.4%	69.5%	1.7%
木材・パルプ製品	4.6%	18.4%	22.0%	54.3%	0.8%	15.5%	26.6%	19.2%	37.3%	1.4%
繊維製品	39.8%	19.3%	6.8%	29.8%	4.3%	69.9%	12.5%	3.6%	8.6%	5.4%
履物製品	62.1%	1.5%	3.1%	26.7%	6.7%	73.2%	1.0%	1.2%	10.5%	14.1%
窯・陶磁製品	23.3%	12.9%	23.8%	38.7%	1.3%	55.9%	9.3%	14.6%	19.1%	1.1%
貴金属等製品	46.9%	8.8%	11.7%	31.9%	0.7%	52.0%	6.1%	13.8%	23.0%	5.2%
卑金属製品	12.0%	21.3%	17.1%	42.3%	7.3%	44.5%	20.9%	11.7%	12.9%	10.1%
一般機械	23.1%	35.5%	24.8%	12.9%	3.7%	32.5%	30.7%	24.8%	8.9%	3.2%
電気機器	45.7%	27.8%	14.3%	10.3%	1.9%	57.9%	19.8%	12.6%	5.2%	4.5%
輸送機器	43.6%	25.9%	6.7%	23.5%	0.3%	57.0%	20.3%	10.6%	11.8%	0.3%
精密機器	32.0%	35.7%	20.2%	8.4%	3.8%	35.0%	26.3%	26.6%	5.3%	6.8%
雑品	45.4%	21.8%	11.5%	17.7%	3.6%	60.4%	15.3%	10.7%	12.0%	1.7%

第1部　TPPの意義と課題

第3-2表　市場別産業別貿易シェア（輸入）④

Singapore

産業	2004年					2014年				
	EA	NAFTA	EU	MERC.	ROW	EA	NAFTA	EU	MERC.	ROW
農産物・食品	49.8%	8.1%	18.1%	4.5%	19.6%	45.1%	7.8%	22.9%	4.2%	19.9%
鉱物生産品	27.2%	1.8%	2.9%	1.3%	66.9%	40.2%	4.6%	4.0%	5.4%	45.9%
化学工業品	36.2%	20.7%	30.4%	0.4%	12.2%	35.9%	19.2%	27.5%	0.4%	16.9%
プラスチック・ゴム製品	59.0%	20.1%	18.1%	0.3%	2.6%	39.1%	16.4%	13.7%	0.8%	30.0%
皮革製品	44.9%	4.3%	39.7%	5.4%	5.7%	33.0%	3.0%	57.3%	0.7%	6.1%
木材とその製品	91.6%	1.9%	3.9%	0.3%	2.4%	87.6%	2.4%	3.6%	0.1%	6.4%
木材・パルプ製品	51.3%	15.2%	28.4%	0.4%	4.7%	67.7%	8.3%	16.1%	3.5%	4.4%
繊維製品	82.7%	2.5%	7.7%	0.1%	7.0%	66.8%	4.0%	16.8%	0.4%	12.0%
履物製品	68.9%	1.5%	11.8%	0.7%	17.1%	60.5%	2.7%	21.9%	1.4%	13.5%
窯・陶磁製品	71.6%	8.2%	17.9%	0.2%	2.1%	66.3%	6.7%	12.4%	0.1%	14.5%
貴金属等製品	69.8%	7.6%	8.0%	0.0%	14.5%	55.8%	10.7%	10.7%	0.0%	22.7%
卑金属製品	64.9%	6.9%	16.9%	1.3%	10.1%	61.3%	6.2%	14.2%	3.2%	15.1%
一般機械	61.9%	20.5%	15.2%	0.1%	2.3%	49.4%	26.8%	19.4%	0.1%	4.4%
電気機器	76.1%	10.7%	10.0%	0.0%	3.3%	76.5%	9.4%	10.5%	0.1%	3.6%
輸送機器	32.3%	34.7%	30.0%	0.7%	2.3%	30.1%	35.6%	31.4%	0.1%	2.8%
精密機器	44.6%	24.2%	20.7%	0.0%	10.5%	35.2%	29.3%	19.7%	0.1%	15.8%
雑品	69.8%	9.6%	15.5%	0.1%	5.0%	70.2%	8.5%	16.6%	0.1%	4.7%

USA

産業	2004年					2014年				
	EA	NAFTA	EU	MERC.	ROW	EA	NAFTA	EU	MERC.	ROW
農産物・食品	15.1%	32.5%	20.7%	12.9%	18.7%	17.1%	35.3%	16.5%	13.2%	17.8%
鉱物生産品	2.3%	32.4%	7.6%	16.3%	41.3%	3.0%	42.2%	6.0%	16.4%	32.4%
化学工業品	16.0%	13.0%	58.2%	2.0%	10.8%	21.8%	13.0%	47.4%	1.9%	15.8%
プラスチック・ゴム製品	41.4%	36.2%	16.8%	1.8%	3.8%	48.6%	28.7%	16.0%	1.8%	5.0%
皮革製品	72.6%	4.4%	14.5%	4.0%	4.6%	67.9%	4.5%	16.6%	2.0%	9.1%
木材とその製品	15.0%	59.7%	9.1%	12.4%	3.7%	27.8%	51.1%	6.8%	10.3%	3.9%
木材・パルプ製品	18.0%	58.6%	18.0%	3.3%	2.1%	27.3%	48.7%	15.2%	5.9%	2.9%
繊維製品	43.1%	13.7%	6.9%	2.3%	34.0%	55.7%	6.8%	5.1%	1.0%	31.5%
履物製品	77.2%	2.2%	10.1%	5.6%	5.0%	74.7%	2.2%	7.2%	0.7%	15.1%
窯・陶磁製品	33.4%	22.1%	32.5%	6.9%	5.1%	43.3%	21.4%	23.0%	6.1%	6.2%
貴金属等製品	26.8%	10.1%	17.1%	7.2%	38.8%	27.1%	17.8%	14.1%	10.0%	31.1%
卑金属製品	27.1%	32.4%	17.7%	8.9%	13.9%	34.3%	29.0%	17.1%	7.0%	12.6%
一般機械	54.3%	19.4%	23.0%	1.2%	2.1%	52.6%	21.0%	22.4%	0.7%	3.2%
電気機器	60.7%	26.6%	9.6%	0.6%	2.6%	64.6%	22.1%	8.0%	0.2%	5.1%
輸送機器	30.5%	43.4%	22.9%	1.9%	1.3%	29.0%	45.2%	23.0%	1.0%	1.8%
精密機器	34.0%	16.6%	37.4%	0.2%	11.8%	35.1%	17.0%	34.4%	0.2%	13.4%
雑品	68.3%	20.0%	8.2%	1.3%	2.3%	68.1%	19.1%	7.1%	0.3%	5.3%

Viet Nam

産業	2004年					2014年				
	EA	NAFTA	EU	MERC.	ROW	EA	NAFTA	EU	MERC.	ROW
農産物・食品	57.7%	5.2%	9.7%	9.5%	17.9%	36.0%	14.2%	8.5%	25.1%	16.2%
鉱物生産品	88.6%	0.1%	0.3%	0.0%	11.0%	79.0%	0.7%	0.5%	0.1%	19.7%
化学工業品	72.3%	3.8%	13.5%	0.1%	10.3%	67.6%	5.9%	19.2%	0.5%	6.9%
プラスチック・ゴム製品	86.7%	3.9%	4.5%	0.0%	4.8%	76.3%	3.6%	3.6%	0.2%	16.2%
皮革製品	75.8%	3.1%	9.7%	3.6%	7.8%	51.1%	9.2%	15.1%	15.7%	8.9%
木材とその製品	67.2%	6.4%	6.6%	5.5%	14.3%	61.4%	12.4%	6.1%	5.3%	14.8%
木材・パルプ製品	79.8%	7.7%	9.2%	0.3%	3.0%	83.5%	7.8%	5.2%	1.3%	2.2%
繊維製品	87.8%	3.8%	4.3%	0.1%	3.9%	86.7%	4.8%	2.0%	1.3%	5.2%
履物製品	86.8%	10.8%	2.0%	0.0%	0.5%	75.5%	18.7%	3.0%	0.3%	2.5%
窯・陶磁製品	87.7%	0.7%	10.4%	0.1%	1.1%	90.1%	3.6%	5.6%	0.0%	0.7%
貴金属等製品	12.7%	0.9%	6.9%	0.0%	79.6%	34.8%	17.4%	15.5%	0.0%	32.3%
卑金属製品	69.3%	1.0%	4.9%	0.8%	24.1%	84.7%	2.1%	3.3%	2.0%	8.0%
一般機械	75.0%	4.4%	17.7%	0.1%	2.9%	83.3%	3.3%	11.5%	0.1%	1.7%
電気機器	76.2%	3.8%	17.6%	0.2%	2.1%	91.6%	3.7%	2.7%	0.0%	2.0%
輸送機器	52.3%	21.6%	19.8%	0.8%	5.4%	79.8%	3.9%	15.3%	0.0%	0.9%
精密機器	67.1%	8.5%	20.8%	0.1%	3.6%	62.7%	15.4%	17.7%	0.1%	4.1%
雑品	88.9%	3.5%	6.0%	0.0%	1.6%	87.9%	2.4%	8.3%	0.1%	1.4%

第3章 TPP諸国の貿易構造と生産ネットワーク

第3-3表 市場別産業別貿易シェア（輸出）①

Australia

産業	2004年					2014年				
	EA	NAFTA	EU	MERC.	ROW	EA	NAFTA	EU	MERC.	ROW
農産物・食品	52.0%	16.3%	12.8%	0.4%	18.5%	58.6%	13.8%	7.9%	0.3%	19.4%
鉱物生産品	76.9%	4.0%	12.2%	1.3%	5.6%	94.9%	0.7%	2.7%	0.6%	1.1%
化学工業品	41.6%	20.6%	12.1%	0.6%	25.1%	50.0%	10.6%	7.8%	2.9%	28.8%
プラスチック・ゴム製品	38.6%	7.3%	6.8%	0.7%	46.6%	49.1%	9.1%	7.1%	0.9%	33.5%
皮革製品	60.2%	3.8%	23.4%	1.1%	11.6%	77.9%	1.2%	14.5%	0.2%	6.3%
木材とその製品	89.0%	3.5%	2.9%	0.1%	4.6%	96.1%	0.3%	0.5%	0.0%	3.1%
木材・パルプ製品	33.3%	7.8%	6.7%	0.3%	51.8%	41.2%	12.9%	6.5%	1.7%	37.8%
繊維製品	61.0%	8.9%	20.0%	0.2%	9.9%	82.7%	1.2%	7.0%	0.1%	9.1%
履物製品	14.1%	22.5%	27.9%	0.2%	35.4%	15.0%	15.3%	17.3%	0.1%	52.4%
窯・陶磁製品	37.0%	8.1%	7.1%	0.8%	47.0%	19.9%	33.5%	8.9%	0.3%	37.5%
貴金属等製品	78.7%	4.4%	11.0%	0.0%	5.9%	74.7%	6.4%	10.5%	0.0%	8.3%
卑金属製品	67.6%	8.1%	11.4%	0.4%	12.5%	80.7%	6.0%	4.4%	0.5%	8.4%
一般機械	36.6%	15.0%	14.1%	2.0%	32.3%	35.0%	17.7%	11.7%	3.7%	27.9%
電気機器	28.8%	12.8%	29.0%	0.6%	28.9%	40.6%	12.4%	17.9%	3.1%	25.9%
輸送機器	11.9%	28.8%	5.3%	0.6%	53.4%	15.5%	35.5%	9.7%	1.0%	38.4%
精密機器	20.2%	28.7%	32.2%	1.0%	17.9%	22.8%	30.8%	29.2%	3.1%	15.0%
雑品	17.4%	24.9%	16.6%	1.5%	39.6%	27.1%	13.3%	12.7%	0.6%	46.2%

Brunei Darussalam

産業	2004年					2014年				
	EA	NAFTA	EU	MERC.	ROW	EA	NAFTA	EU	MERC.	ROW
農産物・食品	46.2%	46.0%	1.2%	0.0%	6.7%	56.2%	26.4%	6.3%	0.0%	31.0%
鉱物生産品	79.5%	4.4%	0.0%	0.0%	16.1%	85.1%	0.0%	0.0%	0.0%	14.9%
化学工業品	74.8%	0.1%	1.7%	0.1%	23.3%	84.3%	10.7%	0.0%	0.0%	4.9%
プラスチック・ゴム製品	52.8%	34.1%	3.3%	0.7%	9.0%	64.4%	0.0%	11.3%	0.1%	24.2%
皮革製品	99.5%	0.0%	0.2%	0.0%	0.3%	39.9%	9.7%	0.2%	0.0%	0.2%
木材とその製品	39.2%	0.0%	58.2%	0.0%	2.6%	92.5%	0.0%	4.3%	0.0%	3.2%
木材・パルプ製品	84.4%	6.9%	1.8%	0.0%	6.9%	95.8%	0.0%	0.1%	0.2%	3.8%
繊維製品	38.0%	61.3%	0.5%	0.0%	0.1%	40.0%	43.9%	10.0%	0.1%	6.0%
履物製品	1.5%	25.4%	56.8%	0.0%	16.4%	79.6%	8.0%	8.1%	0.0%	4.3%
窯・陶磁製品	78.0%	1.4%	3.2%	0.0%	17.5%	99.5%	0.0%	0.0%	0.0%	0.5%
貴金属等製品	8.6%	0.0%	91.4%	0.0%	0.0%	6.5%	0.0%	91.8%	0.0%	1.7%
卑金属製品	96.1%	0.9%	1.9%	0.0%	1.1%	97.4%	0.1%	1.4%	0.2%	0.9%
一般機械	41.5%	0.4%	56.3%	0.0%	1.7%	81.5%	1.3%	10.5%	1.8%	4.9%
電気機器	52.9%	2.9%	41.3%	0.7%	2.2%	91.5%	0.6%	6.5%	0.5%	0.9%
輸送機器	95.6%	0.1%	1.3%	0.0%	2.9%	88.0%	0.6%	5.3%	0.2%	5.9%
精密機器	16.0%	2.9%	75.6%	0.0%	5.5%	28.4%	1.8%	67.0%	0.0%	2.8%
雑品	19.2%	0.6%	73.0%	0.0%	7.2%	81.3%	0.4%	16.8%	0.0%	1.5%

Canada

産業	2004年					2014年				
	EA	NAFTA	EU	MERC.	ROW	EA	NAFTA	EU	MERC.	ROW
農産物・食品	22.1%	61.0%	8.5%	2.3%	6.1%	25.3%	56.2%	7.5%	3.3%	7.7%
鉱物生産品	4.1%	91.1%	3.8%	0.4%	0.6%	7.4%	87.2%	4.4%	0.6%	0.4%
化学工業品	15.3%	69.8%	8.5%	2.5%	3.8%	15.8%	65.6%	10.3%	4.7%	3.7%
プラスチック・ゴム製品	3.5%	92.0%	2.5%	0.7%	1.3%	6.5%	87.8%	2.6%	1.7%	1.4%
皮革製品	47.3%	39.4%	10.8%	0.1%	2.4%	50.8%	32.4%	15.6%	0.1%	1.2%
木材とその製品	10.7%	85.7%	2.8%	0.0%	0.8%	28.8%	65.8%	3.9%	0.0%	1.5%
木材・パルプ製品	13.4%	72.8%	9.9%	1.3%	2.6%	27.3%	64.1%	3.8%	1.8%	3.0%
繊維製品	4.9%	86.3%	4.9%	0.6%	3.3%	5.2%	80.1%	5.8%	0.8%	8.1%
履物製品	5.3%	80.4%	9.6%	0.7%	3.9%	4.7%	75.1%	10.9%	1.2%	8.1%
窯・陶磁製品	1.9%	90.6%	5.1%	0.7%	1.6%	3.2%	89.5%	3.9%	1.4%	2.0%
貴金属等製品	0.8%	51.3%	47.2%	0.0%	0.7%	15.5%	29.5%	45.9%	0.0%	9.1%
卑金属製品	8.4%	79.7%	6.1%	0.5%	5.3%	6.2%	78.9%	6.5%	0.8%	7.7%
一般機械	5.2%	77.4%	10.8%	1.2%	5.4%	7.9%	72.0%	10.9%	3.0%	6.2%
電気機器	11.3%	71.8%	11.4%	1.4%	4.0%	15.1%	68.1%	10.0%	2.1%	4.7%
輸送機器	1.0%	95.5%	1.5%	0.3%	1.6%	2.2%	89.8%	4.8%	1.0%	2.2%
精密機器	12.0%	61.7%	18.8%	1.2%	6.3%	16.5%	55.3%	18.3%	2.9%	7.0%
雑品	2.3%	92.5%	3.7%	0.2%	1.3%	3.0%	90.4%	3.4%	0.8%	2.4%

38 第1部 TPPの意義と課題

第3-3表 市場別産業別貿易シェア（輸出）②

Chile

産業	2004年					2014年				
	EA	NAFTA	EU	MERC.	ROW	EA	NAFTA	EU	MERC.	ROW
農産物・食品	21.4%	37.9%	27.1%	7.9%	5.7%	26.2%	30.7%	20.4%	13.3%	9.4%
鉱物生産品	57.8%	8.1%	22.0%	9.0%	3.1%	80.2%	1.8%	11.0%	5.4%	1.6%
化学工業品	22.0%	24.0%	23.9%	25.6%	4.6%	19.6%	19.7%	19.9%	31.2%	9.6%
プラスチック・ゴム製品	1.4%	34.1%	1.8%	55.0%	7.7%	1.8%	53.2%	1.4%	41.2%	2.4%
皮革製品	16.1%	25.6%	20.9%	33.7%	3.7%	58.1%	3.3%	19.7%	14.3%	4.6%
木材とその製品	20.7%	67.1%	5.7%	1.8%	4.7%	37.4%	40.1%	4.9%	9.2%	8.4%
木材・パルプ製品	35.6%	5.4%	29.8%	25.1%	4.0%	51.1%	5.1%	23.0%	15.1%	5.7%
繊維製品	2.2%	41.5%	9.5%	43.6%	3.1%	12.3%	18.3%	19.8%	44.4%	5.2%
履物製品	0.9%	26.3%	4.8%	59.3%	8.7%	2.0%	7.4%	12.0%	70.5%	8.1%
窯・陶磁製品	2.5%	37.5%	4.6%	48.1%	7.3%	3.2%	14.9%	3.1%	75.3%	3.0%
貴金属等製品	3.3%	33.2%	59.3%	4.2%	0.0%	7.8%	34.0%	0.1%	0.1%	57.9%
卑金属製品	34.8%	16.7%	38.5%	6.9%	3.1%	58.9%	13.0%	14.7%	8.6%	4.8%
一般機械	0.7%	19.8%	47.8%	28.9%	2.9%	1.3%	31.6%	10.9%	50.0%	6.2%
電気機器	6.7%	18.5%	23.2%	44.6%	6.9%	17.4%	10.1%	12.0%	50.5%	10.0%
輸送機器	9.4%	33.6%	4.6%	50.0%	2.4%	1.2%	13.7%	3.5%	73.7%	8.0%
精密機器	0.8%	10.9%	57.3%	26.8%	4.2%	6.8%	11.8%	42.4%	29.8%	9.1%
雑品	0.3%	70.3%	7.9%	17.8%	3.7%	0.0%	24.1%	4.8%	65.3%	5.3%

Japan

産業	2004年					2014年				
	EA	NAFTA	EU	MERC.	ROW	EA	NAFTA	EU	MERC.	ROW
農産物・食品	58.3%	24.3%	7.8%	0.4%	9.3%	60.5%	20.7%	7.8%	0.7%	10.3%
鉱物生産品	73.9%	12.9%	3.4%	2.9%	6.9%	72.9%	4.2%	2.1%	1.7%	19.1%
化学工業品	50.5%	22.7%	20.1%	1.2%	5.4%	59.9%	16.0%	16.5%	1.5%	6.1%
プラスチック・ゴム製品	55.6%	19.6%	14.8%	1.5%	8.4%	60.6%	14.9%	10.9%	2.6%	11.0%
皮革製品	77.4%	7.0%	9.3%	0.2%	6.1%	79.8%	4.3%	8.0%	0.2%	7.8%
木材とその製品	63.1%	18.1%	8.8%	0.2%	9.7%	80.3%	7.1%	4.0%	0.1%	8.6%
木材・パルプ製品	61.2%	22.0%	9.4%	0.7%	6.8%	67.7%	9.8%	5.8%	0.8%	15.9%
繊維製品	70.1%	11.9%	9.4%	0.3%	8.3%	64.2%	9.0%	10.6%	0.4%	15.8%
履物製品	41.8%	17.4%	34.6%	0.2%	6.0%	44.0%	16.1%	27.0%	0.8%	12.1%
窯・陶磁製品	60.4%	19.6%	14.8%	0.6%	4.6%	67.5%	14.1%	11.9%	0.5%	5.8%
貴金属等製品	66.0%	10.7%	15.3%	0.2%	7.9%	71.9%	6.6%	7.5%	0.0%	14.0%
卑金属製品	71.3%	13.4%	6.2%	0.8%	8.3%	70.1%	13.0%	4.5%	1.8%	10.7%
一般機械	44.0%	27.6%	20.2%	1.3%	6.9%	46.0%	25.4%	16.8%	2.4%	9.4%
電気機器	55.5%	20.3%	19.8%	0.7%	3.8%	64.2%	17.6%	12.7%	0.9%	4.5%
輸送機器	12.1%	41.5%	25.1%	1.8%	19.5%	21.2%	39.9%	11.8%	3.3%	23.9%
精密機器	48.0%	23.7%	21.7%	0.8%	5.7%	55.6%	20.7%	17.1%	1.4%	5.1%
雑品	42.9%	30.9%	19.5%	0.6%	6.1%	52.8%	20.6%	15.1%	1.2%	10.2%

Malaysia

産業	2004年					2014年				
	EA	NAFTA	EU	MERC.	ROW	EA	NAFTA	EU	MERC.	ROW
農産物・食品	50.6%	7.1%	15.8%	0.5%	26.0%	56.8%	7.7%	11.8%	0.7%	23.1%
鉱物生産品	81.5%	4.8%	0.5%	0.0%	13.2%	86.8%	0.1%	0.4%	0.1%	12.5%
化学工業品	70.7%	6.7%	11.2%	0.7%	10.7%	66.0%	7.4%	13.9%	1.0%	11.8%
プラスチック・ゴム製品	53.3%	13.1%	19.5%	2.3%	11.8%	57.6%	12.2%	14.6%	3.0%	12.6%
皮革製品	58.2%	5.8%	28.6%	0.2%	7.2%	68.2%	2.3%	13.6%	0.7%	15.2%
木材とその製品	66.6%	10.4%	12.4%	0.0%	10.6%	68.7%	4.2%	9.8%	0.0%	17.3%
木材・パルプ製品	69.1%	5.6%	8.4%	0.1%	16.8%	63.7%	5.5%	7.9%	0.6%	22.3%
繊維製品	35.9%	29.0%	20.0%	1.4%	13.7%	45.5%	21.5%	12.0%	1.9%	19.1%
履物製品	19.5%	7.2%	56.4%	4.2%	12.6%	69.0%	5.9%	14.3%	1.2%	9.5%
窯・陶磁製品	51.5%	9.1%	22.6%	1.0%	15.8%	76.7%	5.8%	7.8%	1.0%	8.8%
貴金属等製品	82.2%	3.7%	9.5%	0.0%	4.6%	78.2%	0.4%	2.6%	0.0%	18.7%
卑金属製品	62.2%	12.3%	6.7%	0.1%	18.7%	74.4%	6.2%	4.6%	0.8%	14.0%
一般機械	37.2%	41.2%	15.7%	0.4%	5.5%	50.4%	16.2%	21.9%	2.6%	8.9%
電気機器	57.9%	22.9%	15.2%	0.9%	3.1%	61.4%	22.4%	11.0%	1.1%	4.2%
輸送機器	56.9%	10.1%	21.2%	0.3%	11.6%	66.2%	6.7%	16.0%	1.0%	10.2%
精密機器	51.7%	22.8%	20.7%	0.5%	4.3%	47.4%	24.8%	20.4%	1.6%	5.8%
雑品	23.4%	38.0%	22.4%	0.5%	15.7%	33.1%	29.9%	17.2%	2.2%	17.6%

第3章 TPP諸国の貿易構造と生産ネットワーク

第3-3表 市場別産業別貿易シェア（輸出）③

Mexico

産業	2004年					2014年				
	EA	NAFTA	EU	MERC.	ROW	EA	NAFTA	EU	MERC.	ROW
農産物・食品	5.7%	83.2%	5.2%	1.2%	4.6%	5.1%	81.0%	5.2%	2.0%	6.7%
鉱物生産品	2.4%	88.2%	8.6%	0.2%	0.7%	19.1%	63.2%	14.7%	1.1%	1.9%
化学工業品	7.3%	44.2%	13.1%	19.5%	16.0%	5.4%	38.2%	10.8%	24.2%	21.4%
プラスチック・ゴム製品	2.5%	76.8%	6.6%	7.2%	6.9%	5.1%	70.3%	8.3%	9.8%	6.6%
皮革製品	12.4%	77.4%	3.6%	1.5%	5.1%	19.8%	59.9%	9.7%	0.8%	9.9%
木材とその製品	0.2%	97.6%	0.5%	0.1%	1.5%	8.8%	85.6%	1.5%	0.8%	3.3%
木材・パルプ製品	1.0%	78.8%	2.4%	5.6%	12.1%	3.3%	70.3%	2.4%	6.6%	17.0%
繊維製品	1.8%	94.4%	1.5%	1.0%	1.3%	2.5%	87.3%	2.6%	3.9%	3.6%
履物製品	0.6%	94.6%	2.5%	0.3%	2.0%	4.0%	83.7%	4.0%	4.4%	3.9%
窯・陶磁製品	0.5%	91.9%	2.4%	2.0%	3.2%	1.7%	83.1%	4.1%	6.2%	4.8%
貴金属等製品	7.3%	86.1%	5.4%	0.4%	0.8%	2.8%	84.2%	2.7%	0.9%	9.5%
卑金属製品	5.9%	84.7%	2.4%	2.9%	4.2%	5.2%	75.0%	4.1%	9.7%	5.9%
一般機械	3.8%	86.3%	5.6%	2.6%	1.6%	4.1%	85.6%	4.5%	3.5%	2.3%
電気機器	3.4%	89.4%	3.2%	3.0%	1.1%	7.2%	80.8%	5.3%	4.3%	2.4%
輸送機器	1.0%	93.4%	3.3%	1.1%	1.1%	3.7%	85.9%	2.6%	6.0%	1.7%
精密機器	3.0%	84.7%	10.0%	0.6%	1.7%	9.5%	70.9%	13.8%	2.1%	3.7%
雑品	2.3%	95.3%	1.2%	0.4%	0.8%	2.1%	93.3%	1.7%	1.5%	1.5%

New Zealand

産業	2004年					2014年				
	EA	NAFTA	EU	MERC.	ROW	EA	NAFTA	EU	MERC.	ROW
農産物・食品	30.2%	21.3%	26.8%	0.7%	21.0%	47.4%	12.2%	13.7%	1.0%	25.6%
鉱物生産品	46.3%	0.5%	0.4%	2.7%	50.1%	30.7%	0.0%	0.2%	0.3%	68.6%
化学工業品	38.1%	22.3%	15.0%	1.4%	23.2%	45.8%	21.2%	14.8%	2.9%	15.3%
プラスチック・ゴム製品	13.4%	11.7%	5.2%	0.2%	69.5%	15.0%	9.9%	11.1%	1.2%	62.8%
皮革製品	49.1%	4.5%	36.9%	0.5%	8.9%	40.8%	1.3%	42.6%	0.6%	14.7%
木材とその製品	58.3%	19.8%	0.6%	0.0%	21.2%	82.7%	4.0%	1.0%	0.1%	12.1%
木材・パルプ製品	46.9%	2.9%	1.0%	0.5%	48.7%	60.6%	1.0%	0.8%	1.0%	36.6%
繊維製品	22.7%	7.9%	27.4%	0.4%	41.7%	46.5%	5.9%	21.0%	0.3%	26.3%
履物製品	4.7%	35.1%	12.0%	0.2%	47.9%	8.6%	14.5%	33.2%	0.5%	43.2%
窯・陶磁製品	7.7%	6.2%	20.7%	0.2%	65.2%	7.5%	12.2%	38.2%	0.1%	41.9%
貴金属等製品	1.0%	1.2%	0.8%	0.0%	97.0%	3.1%	0.4%	0.3%	0.0%	96.2%
卑金属製品	46.8%	17.3%	5.8%	0.2%	29.9%	48.0%	10.6%	7.8%	0.5%	33.1%
一般機械	14.5%	21.6%	9.5%	1.4%	53.0%	18.7%	23.4%	9.9%	4.0%	44.0%
電気機器	15.5%	23.3%	21.4%	1.3%	38.5%	20.1%	17.7%	17.1%	1.9%	43.2%
輸送機器	10.8%	31.8%	8.9%	2.6%	45.8%	11.0%	6.2%	32.6%	0.6%	49.5%
精密機器	11.3%	33.5%	27.0%	1.1%	27.1%	13.9%	36.8%	25.6%	2.5%	21.2%
雑品	6.3%	15.0%	11.1%	0.3%	67.4%	9.4%	10.8%	15.1%	0.4%	64.3%

Peru

産業	2004年					2014年				
	EA	NAFTA	EU	MERC.	ROW	EA	NAFTA	EU	MERC.	ROW
農産物・食品	29.5%	22.7%	32.7%	7.9%	7.2%	21.8%	24.8%	33.4%	10.8%	9.2%
鉱物生産品	42.8%	20.8%	15.5%	18.4%	2.5%	53.3%	17.4%	14.4%	13.0%	2.0%
化学工業品	4.7%	17.4%	19.0%	51.4%	7.4%	6.4%	8.9%	13.0%	64.3%	7.4%
プラスチック・ゴム製品	6.8%	7.2%	0.7%	68.6%	16.8%	1.4%	18.8%	1.2%	64.4%	14.1%
皮革製品	6.2%	23.7%	34.3%	23.3%	12.6%	19.0%	10.4%	36.9%	10.7%	22.9%
木材とその製品	10.2%	79.9%	4.8%	0.9%	4.1%	33.8%	41.6%	10.3%	4.6%	9.7%
木材・パルプ製品	0.1%	17.0%	1.3%	72.4%	9.1%	0.3%	3.1%	0.3%	83.3%	12.9%
繊維製品	4.2%	68.9%	11.8%	13.4%	1.6%	6.6%	45.4%	13.0%	30.9%	4.0%
履物製品	6.6%	29.7%	6.3%	53.9%	3.4%	1.4%	22.3%	5.6%	68.0%	2.6%
窯・陶磁製品	1.2%	63.7%	6.9%	24.0%	4.2%	0.8%	25.9%	1.7%	58.5%	13.1%
貴金属等製品	3.5%	55.4%	37.8%	3.3%	0.1%	2.8%	48.6%	1.0%	1.2%	46.4%
卑金属製品	12.7%	37.7%	27.0%	21.1%	1.4%	35.2%	16.1%	21.0%	24.9%	2.8%
一般機械	0.6%	33.5%	12.4%	35.2%	18.2%	1.4%	29.6%	9.5%	44.4%	15.1%
電気機器	1.1%	7.9%	5.7%	71.2%	14.1%	6.6%	5.5%	5.5%	64.0%	18.5%
輸送機器	3.1%	34.3%	6.4%	31.1%	25.1%	0.2%	3.9%	3.9%	77.7%	14.3%
精密機器	13.6%	12.7%	35.7%	26.8%	11.2%	4.2%	14.1%	25.2%	25.9%	30.6%
雑品	0.6%	51.6%	9.1%	32.7%	6.0%	0.7%	16.4%	6.6%	68.1%	8.3%

第 3-3 表　市場別産業別貿易シェア（輸出）④

Singapore

産業	2004年					2014年				
	EA	NAFTA	EU	MERC.	ROW	EA	NAFTA	EU	MERC.	ROW
農産物・食品	54.4%	6.8%	8.0%	0.2%	30.5%	60.4%	2.4%	3.5%	0.8%	32.9%
鉱物生産品	69.1%	0.5%	1.0%	0.1%	29.3%	67.7%	0.3%	2.0%	0.4%	29.6%
化学工業品	40.0%	14.4%	37.8%	0.2%	7.6%	43.8%	16.9%	29.8%	0.8%	8.7%
プラスチック・ゴム製品	75.9%	4.5%	7.0%	0.7%	11.9%	83.2%	3.2%	3.9%	0.6%	9.0%
皮革製品	77.5%	3.8%	9.8%	0.0%	8.9%	67.7%	2.5%	18.4%	0.0%	11.3%
木材とその製品	23.9%	4.5%	24.6%	0.1%	46.8%	44.0%	1.8%	15.5%	0.3%	38.3%
木材・パルプ製品	51.9%	12.4%	12.4%	0.1%	23.2%	75.4%	3.0%	3.7%	0.2%	17.7%
繊維製品	37.4%	32.4%	10.7%	1.7%	17.8%	67.8%	5.2%	7.7%	1.7%	17.6%
履物製品	49.7%	2.9%	29.7%	0.1%	17.6%	48.3%	1.9%	12.4%	0.2%	37.1%
窯・陶磁製品	78.6%	3.3%	7.9%	0.3%	9.9%	77.0%	6.2%	3.9%	1.2%	11.6%
貴金属等製品	61.1%	3.5%	3.4%	0.0%	31.9%	68.6%	6.4%	8.9%	0.0%	16.0%
卑金属製品	67.0%	3.2%	5.0%	0.3%	24.4%	79.7%	2.7%	4.8%	1.2%	11.5%
一般機械	36.4%	28.9%	26.8%	0.6%	7.3%	61.0%	11.4%	17.4%	1.1%	9.1%
電気機器	64.8%	10.8%	19.1%	0.8%	4.5%	81.6%	5.2%	5.7%	0.5%	6.9%
輸送機器	47.3%	8.4%	28.3%	0.4%	15.6%	47.1%	4.5%	22.1%	1.0%	25.2%
精密機器	46.1%	26.5%	16.2%	0.7%	10.6%	49.5%	24.2%	17.9%	1.0%	7.4%
雑品	44.4%	9.0%	20.2%	1.0%	25.4%	53.6%	10.0%	19.4%	1.9%	15.1%

USA

産業	2004年					2014年				
	EA	NAFTA	EU	MERC.	ROW	EA	NAFTA	EU	MERC.	ROW
農産物・食品	39.6%	28.0%	14.3%	2.7%	15.4%	42.5%	28.3%	10.6%	4.5%	14.1%
鉱物生産品	18.3%	47.5%	17.7%	5.5%	11.1%	11.8%	41.3%	16.1%	19.7%	11.0%
化学工業品	21.8%	21.5%	39.5%	6.8%	10.4%	23.3%	20.5%	36.6%	8.4%	11.2%
プラスチック・ゴム製品	18.5%	51.2%	16.8%	5.4%	8.2%	22.7%	44.3%	15.3%	8.0%	9.7%
皮革製品	53.4%	30.9%	10.3%	0.6%	4.8%	57.6%	18.7%	15.4%	0.5%	7.9%
木材とその製品	30.1%	41.7%	20.7%	0.6%	7.0%	43.7%	28.9%	16.1%	0.8%	10.5%
木材・パルプ製品	23.4%	45.7%	17.9%	3.3%	9.8%	30.3%	39.4%	14.7%	3.8%	11.8%
繊維製品	23.9%	47.6%	8.8%	3.7%	16.0%	24.1%	34.5%	10.6%	4.4%	26.4%
履物製品	30.7%	19.1%	19.4%	3.1%	27.7%	28.0%	16.1%	16.2%	3.9%	35.8%
窯・陶磁製品	20.6%	46.7%	21.7%	3.3%	7.7%	29.0%	35.6%	24.3%	3.4%	7.7%
貴金属等製品	31.7%	19.9%	26.8%	0.4%	21.2%	43.3%	8.9%	18.7%	0.2%	28.8%
卑金属製品	19.7%	54.9%	13.9%	3.2%	8.3%	22.3%	48.4%	13.8%	3.8%	11.8%
一般機械	24.3%	29.0%	31.2%	5.0%	10.4%	25.2%	29.0%	25.9%	7.2%	12.7%
電気機器	43.3%	26.5%	19.9%	2.8%	7.4%	44.7%	25.8%	16.2%	3.9%	9.4%
輸送機器	13.0%	46.5%	25.8%	2.8%	12.0%	25.1%	36.9%	19.0%	3.3%	15.7%
精密機器	30.9%	15.9%	39.4%	2.9%	10.9%	37.4%	12.4%	33.0%	4.3%	12.8%
雑品	14.2%	49.5%	21.0%	2.8%	12.5%	12.7%	50.1%	18.0%	4.8%	14.3%

Viet Nam

産業	2004年					2014年				
	EA	NAFTA	EU	MERC.	ROW	EA	NAFTA	EU	MERC.	ROW
農産物・食品	41.5%	23.7%	19.5%	0.3%	15.0%	42.3%	21.7%	22.1%	1.4%	12.5%
鉱物生産品	68.3%	6.1%	0.9%	0.1%	24.6%	71.7%	4.7%	0.4%	1.0%	22.2%
化学工業品	76.9%	4.4%	6.4%	0.1%	12.2%	72.1%	11.1%	8.0%	0.6%	8.2%
プラスチック・ゴム製品	55.2%	11.3%	23.4%	1.6%	8.6%	60.3%	9.7%	20.0%	2.4%	7.6%
皮革製品	19.4%	26.9%	47.3%	0.5%	6.0%	34.4%	31.6%	26.8%	1.0%	6.2%
木材とその製品	47.5%	12.4%	34.4%	0.3%	5.4%	84.5%	6.1%	6.1%	0.2%	3.1%
木材・パルプ製品	57.4%	10.7%	17.5%	0.7%	13.8%	55.0%	23.5%	5.2%	1.0%	15.4%
繊維製品	19.2%	56.3%	21.7%	0.3%	2.5%	35.1%	40.4%	16.9%	1.4%	6.2%
履物製品	6.5%	16.2%	71.2%	0.7%	5.3%	16.5%	29.8%	40.0%	5.1%	8.8%
窯・陶磁製品	15.0%	16.3%	54.3%	0.4%	14.0%	61.4%	10.2%	15.8%	1.9%	10.6%
貴金属等製品	26.1%	12.0%	53.1%	0.0%	8.8%	19.0%	28.8%	34.9%	0.4%	16.9%
卑金属製品	43.2%	10.5%	37.0%	0.3%	9.0%	54.6%	19.0%	17.2%	1.6%	7.6%
一般機械	67.2%	11.4%	13.5%	0.5%	7.3%	32.4%	25.5%	28.6%	2.8%	10.6%
電気機器	87.3%	4.7%	5.3%	0.4%	2.4%	50.6%	10.7%	24.5%	1.9%	12.2%
輸送機器	20.8%	12.5%	62.5%	0.2%	3.9%	36.5%	16.3%	18.1%	1.3%	10.8%
精密機器	77.3%	4.8%	8.9%	0.5%	8.6%	57.7%	18.4%	16.8%	0.9%	6.2%
雑品	17.5%	31.2%	44.4%	0.1%	6.8%	21.5%	51.3%	19.4%	0.8%	7.0%

第3章　TPP諸国の貿易構造と生産ネットワーク

第3-4表　市場別用途別貿易シェア①

Australia

BEC分類		EA		NAFTA		EU		MERCOSUR	
		IM	EX	IM	EX	IM	EX	IM	EX
【中間財】	BEC-22	48%	70%	13%	7%	18%	7%	3%	1%
	BEC-42	48%	41%	21%	17%	25%	14%	0%	4%
	BEC-53	46%	30%	28%	44%	23%	12%	0%	1%
【最終資本財】	BEC-41	54%	32%	19%	27%	21%	15%	0%	3%
	BEC-521	69%	13%	11%	10%	13%	4%	3%	2%
【最終財】	BEC-51	55%	1%	13%	24%	30%	1%	0%	0%
	BEC-522	42%	4%	28%	23%	22%	52%	1%	0%
	BEC-61	61%	23%	11%	20%	16%	30%	0%	2%
	BEC-62	78%	26%	4%	11%	9%	18%	0%	1%
	BEC-63	30%	44%	15%	11%	41%	13%	1%	2%

Brunei Darussalam

BEC分類		EA		NAFTA		EU		MERCOSUR	
		IM	EX	IM	EX	IM	EX	IM	EX
【中間財】	BEC-22	84%	58%	6%	7%	7%	32%	1%	0%
	BEC-42	41%	77%	34%	1%	23%	9%	0%	4%
	BEC-53	45%	71%	34%	0%	19%	23%	0%	0%
【最終資本財】	BEC-41	61%	89%	18%	2%	17%	7%	0%	0%
	BEC-521	88%	98%	11%	0	1%	0%	0	0
【最終財】	BEC-51	73%	24%	3%	0	23%	43%	0	0
	BEC-522	57%	100%	35%	0	7%	0	0%	0
	BEC-61	75%	41%	6%	0%	10%	48%	0%	0
	BEC-62	82%	8%	8%	26%	7%	63%	0%	0%
	BEC-63	68%	70%	3%	21%	27%	5%	0%	0%

Canada

BEC分類		EA		NAFTA		EU		MERCOSUR	
		IM	EX	IM	EX	IM	EX	IM	EX
【中間財】	BEC-22	14%	15%	62%	69%	11%	10%	6%	2%
	BEC-42	27%	13%	55%	70%	16%	9%	0%	3%
	BEC-53	15%	3%	74%	83%	10%	10%	0%	1%
【最終資本財】	BEC-41	34%	10%	51%	71%	12%	9%	0%	3%
	BEC-521	2%	4%	94%	68%	4%	20%	0%	3%
【最終財】	BEC-51	17%	2%	67%	97%	16%	0%	0%	0%
	BEC-522	14%	5%	79%	71%	6%	11%	0%	2%
	BEC-61	40%	7%	43%	79%	10%	9%	0%	1%
	BEC-62	60%	7%	21%	75%	7%	11%	0%	1%
	BEC-63	14%	7%	51%	66%	25%	19%	1%	3%

Chile

BEC分類		EA		NAFTA		EU		MERCOSUR	
		IM	EX	IM	EX	IM	EX	IM	EX
【中間財】	BEC-22	32%	49%	23%	16%	19%	15%	20%	12%
	BEC-42	28%	8%	32%	31%	31%	10%	6%	45%
	BEC-53	44%	0%	30%	75%	14%	2%	10%	21%
【最終資本財】	BEC-41	46%	4%	21%	18%	25%	14%	4%	56%
	BEC-521	31%	0%	27%	13%	25%	6%	16%	63%
【最終財】	BEC-51	64%	2%	17%	2%	19%	51%	1%	34%
	BEC-522	68%	10%	16%	47%	13%	8%	2%	26%
	BEC-61	53%	4%	33%	22%	7%	6%	3%	60%
	BEC-62	81%	3%	5%	19%	4%	4%	3%	67%
	BEC-63	33%	1%	19%	9%	21%	4%	23%	75%

第 3-4 表　市場別用途別貿易シェア②

Japan

BEC 分類		EA		NAFTA		EU		MERCOSUR	
		IM	EX	IM	EX	IM	EX	IM	EX
【中間財】	BEC-22	51%	67%	16%	13%	15%	10%	3%	1%
	BEC-42	72%	64%	14%	18%	9%	13%	0%	1%
	BEC-53	48%	32%	26%	38%	18%	15%	0%	4%
【最終資本財】	BEC-41	74%	51%	13%	23%	11%	15%	0%	2%
	BEC-521	14%	25%	55%	11%	29%	3%	1%	8%
【最終財】	BEC-51	4%	14%	10%	43%	79%	12%	0%	3%
	BEC-522	69%	7%	15%	38%	11%	35%	0%	3%
	BEC-61	66%	32%	9%	27%	11%	27%	0%	1%
	BEC-62	79%	46%	2%	25%	9%	21%	0%	1%
	BEC-63	36%	51%	16%	16%	39%	20%	0%	2%

Malaysia

BEC 分類		EA		NAFTA		EU		MERCOSUR	
		IM	EX	IM	EX	IM	EX	IM	EX
【中間財】	BEC-22	62%	68%	6%	7%	9%	10%	2%	1%
	BEC-42	62%	65%	16%	19%	11%	12%	0%	1%
	BEC-53	62%	60%	14%	10%	19%	18%	0%	1%
【最終資本財】	BEC-41	72%	43%	9%	29%	13%	18%	0%	2%
	BEC-521	30%	77%	19%	0%	48%	3%	0	0%
【最終財】	BEC-51	58%	94%	1%	0%	40%	0%	0%	0
	BEC-522	75%	36%	10%	49%	8%	3%	0%	0%
	BEC-61	73%	48%	4%	15%	9%	13%	0%	1%
	BEC-62	71%	56%	7%	25%	11%	11%	0%	1%
	BEC-63	56%	40%	9%	24%	25%	16%	1%	5%

Mexico

BEC 分類		EA		NAFTA		EU		MERCOSUR	
		IM	EX	IM	EX	IM	EX	IM	EX
【中間財】	BEC-22	18%	4%	64%	75%	12%	7%	3%	8%
	BEC-42	58%	13%	28%	75%	9%	6%	1%	3%
	BEC-53	19%	3%	66%	90%	10%	3%	2%	2%
【最終資本財】	BEC-41	50%	6%	33%	81%	14%	7%	1%	3%
	BEC-521	20%	0%	56%	95%	14%	0%	9%	4%
【最終財】	BEC-51	30%	7%	44%	75%	21%	5%	5%	10%
	BEC-522	63%	2%	23%	89%	13%	3%	1%	2%
	BEC-61	39%	1%	49%	85%	7%	3%	0%	9%
	BEC-62	50%	3%	31%	88%	9%	4%	1%	2%
	BEC-63	18%	2%	36%	50%	33%	4%	6%	17%

New Zealand

BEC 分類		EA		NAFTA		EU		MERCOSUR	
		IM	EX	IM	EX	IM	EX	IM	EX
【中間財】	BEC-22	43%	44%	11%	14%	16%	11%	3%	1%
	BEC-42	39%	18%	17%	22%	30%	17%	0%	2%
	BEC-53	31%	42%	34%	9%	26%	14%	0%	1%
【最終資本財】	BEC-41	49%	25%	15%	24%	24%	13%	0%	3%
	BEC-521	28%	18%	38%	1%	27%	2%	0%	1%
【最終財】	BEC-51	53%	14%	10%	2%	29%	1%	0%	0
	BEC-522	33%	4%	24%	7%	26%	52%	1%	0%
	BEC-61	59%	6%	11%	7%	12%	5%	0%	0%
	BEC-62	72%	10%	4%	17%	8%	20%	1%	1%
	BEC-63	31%	5%	13%	4%	27%	6%	1%	3%

第3章 TPP諸国の貿易構造と生産ネットワーク

第3-4表 市場別用途別貿易シェア③

Peru

BEC分類		EA		NAFTA		EU		MERCOSUR	
		IM	EX	IM	EX	IM	EX	IM	EX
【中間財】	BEC-22	33%	19%	22%	28%	12%	10%	24%	18%
	BEC-42	28%	4%	29%	32%	29%	13%	8%	39%
	BEC-53	43%	0%	30%	23%	14%	7%	12%	64%
【最終資本財】	BEC-41	47%	3%	22%	13%	20%	6%	8%	59%
	BEC-521	42%	0%	26%	0%	12%	0%	19%	84%
【最終財】	BEC-51	70%	16%	16%	53%	9%	19%	4%	9%
	BEC-522	92%	8%	3%	0	2%	5%	2%	55%
	BEC-61	48%	0%	36%	69%	5%	5%	9%	19%
	BEC-62	77%	3%	5%	53%	4%	11%	7%	28%
	BEC-63	23%	3%	20%	34%	16%	7%	38%	48%

Singapore

BEC分類		EA		NAFTA		EU		MERCOSUR	
		IM	EX	IM	EX	IM	EX	IM	EX
【中間財】	BEC-22	52%	61%	13%	10%	15%	19%	1%	0%
	BEC-42	69%	81%	13%	6%	14%	6%	0%	1%
	BEC-53	21%	51%	50%	9%	26%	32%	0%	1%
【最終資本財】	BEC-41	60%	57%	18%	16%	16%	15%	0%	1%
	BEC-521	35%	43%	30%	4%	34%	35%	0%	1%
【最終財】	BEC-51	30%	19%	8%	0	60%	1%	0	0%
	BEC-522	30%	69%	31%	9%	37%	11%	0%	0%
	BEC-61	61%	46%	8%	15%	10%	18%	0%	1%
	BEC-62	64%	81%	6%	3%	23%	6%	0%	0%
	BEC-63	44%	47%	13%	17%	34%	15%	0%	3%

USA

BEC分類		EA		NAFTA		EU		MERCOSUR	
		IM	EX	IM	EX	IM	EX	IM	EX
【中間財】	BEC-22	31%	26%	28%	33%	23%	22%	6%	7%
	BEC-42	54%	46%	19%	23%	19%	17%	1%	5%
	BEC-53	35%	20%	37%	39%	23%	29%	1%	4%
【最終資本財】	BEC-41	62%	29%	18%	25%	15%	23%	0%	7%
	BEC-521	3%	33%	68%	27%	22%	18%	4%	4%
【最終財】	BEC-51	32%	28%	42%	34%	26%	14%	0%	2%
	BEC-522	59%	12%	18%	42%	20%	24%	0%	5%
	BEC-61	54%	23%	21%	24%	15%	34%	0%	3%
	BEC-62	67%	22%	5%	33%	8%	24%	1%	4%
	BEC-63	29%	17%	11%	21%	38%	44%	1%	5%

Viet Nam

BEC分類		EA		NAFTA		EU		MERCOSUR	
		IM	EX	IM	EX	IM	EX	IM	EX
【中間財】	BEC-22	80%	66%	4%	12%	5%	11%	4%	2%
	BEC-42	90%	78%	4%	12%	3%	5%	0%	4%
	BEC-53	86%	64%	3%	22%	9%	9%	0%	3%
【最終資本財】	BEC-41	82%	28%	5%	16%	12%	38%	0%	1%
	BEC-521	78%	8%	4%	7%	17%	35%	0	4%
【最終財】	BEC-51	61%	28%	10%	55%	29%	8%	0	1%
	BEC-522	82%	60%	8%	4%	10%	26%	0%	0%
	BEC-61	91%	38%	2%	37%	5%	16%	0%	1%
	BEC-62	85%	23%	7%	38%	6%	29%	0%	3%
	BEC-63	61%	41%	4%	37%	29%	15%	1%	1%

い。1990年代以降生産ネットワークを構築することにより，東アジア地域は相互依存関係を深め経済的な恩恵を享受してきた。この生産ネットワークを太平洋地域で展開することはより広範な経済的恩恵を生むことにつながる。資源に依存した貿易構造をもつ諸国にとってはTPPを通じたアジア太平洋地域の市場へのアクセスをより容易なものとし，特に，成長著しいアジア諸国とのさらなる緊密化は自国の発展に非常に魅力的なものとなる。同様に，生産ネットワークを構築してきたアジア地域の国にとっても生産に必要な天然資源の安定供給網の確保や新たな生産拠点の確保につながり，潜在的な市場をもつTPP諸国との貿易の促進は必要である。TPPによる国際制度をもとに生産ネットワークを拡大および安定させていくことが，アジア太平洋地域の経済成長へつながる一つの重要な要素となるであろう。

第2節　TPP諸国の制度的インフラ整備の状況

　企業が保有する生産技術や経営ノウハウの円滑な国際移転は生産ネットワークの構築・拡大の重要な要因であり，そのための法制度などの環境を整備することが近年の通商交渉の重要なトピックの一つである。TPP協定では関税の削減・撤廃による貿易自由化の側面が大きく取り上げられているものの，国際的に調和された制度を構築することが協定の大きな目的の一つである。貿易・投資をより一層円滑に進めるためには，関税障壁の撤廃や輸送技術に伴う輸送費の低下などという貿易コストだけではなく，制度的な面での貿易コストにも着目する必要がある。本節では企業の経済活動に大きく寄与する経済自由度に関すデータから，TPP諸国市場での法制度環境の現状を確認する[6]。

　Gwartney, Lawson and Hall（2015）は複数分野にまたがって経済自由度の度合いを国ごとに指数化を行っており，本節ではその中の法制度および知的財産に関する数値データと貿易自由度に関する数値データを使用する。TPP諸国の2013年におけるそれらデータまとめたものが第3-5表である。第3-5表の，(1)経済自由度，はすべての分野の数値の平均値であり，一国全体の経済自由度を表している。この(1)を構成している各分野の一つが(2)法制度および

知的財産権と(3)貿易自由度である。ここでの各分野の数値は0から10の値を取り，この数値が高いほど各項目の自由度の度合いが高いことを意味しており，数値の横の括弧内は評価対象157カ国の中での世界ランクを表している。

(1)経済自由度からTPP各国の市場の評価をみていくと，ベトナムを除く11カ国は世界平均よりも高い値を取っており，シンガポール（8.52），ニュージーランド（8.19），カナダ（7.89），チリ（7.87）は157カ国上位10位に入っている。これは他の主要国であるドイツ（7.50）やフランス（7.12）と比べても高い値である。企業が国境を越えた経済活動を行う際の課題の一つに技術移転の問題がある。企業が技術移転を円滑に行うことを可能とするためには法制度を整備する必要がある。そのような制度的インフラの水準が諸国間で差が大きい場合，投資や貿易を阻害する要因となる可能性がある。第3-5表の(2)は法制

第3-5表　TPP諸国の制度的インフラの整備状況

国名	(1)経済自由度	(2)法制度および知的財産権	(3)貿易自由度
TPP諸国			
オーストラリア	7.83 (12)	7.87 (15)	7.57 (55)
ブルネイ	7.18 (63)	6.60 (36)	7.58 (53)
カナダ	7.89 (9)	7.99 (11)	7.54 (58)
チリ	7.87 (10)	7.01 (27)	8.11 (12)
日本	7.52 (26)	7.64 (20)	7.62 (48)
マレーシア	7.22 (58)	6.93 (31)	7.74 (38)
メキシコ	6.79 (93)	4.45 (115)	7.20 (82)
ニュージーランド	8.19 (3)	8.77 (2)	8.45 (7)
ペルー	7.34 (41)	4.70 (105)	7.73 (39)
シンガポール	8.52 (2)	8.25 (6)	8.84 (2)
アメリカ	7.73 (16)	6.97 (29)	7.36 (74)
ベトナム	6.46 (110)	5.40 (79)	6.46 (123)
他の主要諸国			
イギリス	7.87 (11)	7.81 (17)	8.09 (14)
ドイツ	7.50 (29)	7.76 (18)	7.65 (44)
フランス	7.12 (70)	7.03 (26)	7.83 (32)
イタリア	7.13 (69)	5.72 (65)	7.54 (60)
中国	6.44 (111)	5.86 (59)	6.73 (109)
韓国	7.38 (40)	6.22 (47)	7.36 (75)
世界平均	6.84	5.45	7.04

（出所）Economic Freedom of the World 2015 Annual Report（http://www.freetheworld.com/release.html）の数値を参考に筆者が作成。

度の整備と知的財産権の保護水準の評価を指数化したものである。TPP 諸国ではニュージーランド（8.77）とシンガポール（8.25）は高い値を取っているものの，世界ランクでは(1)経済自由度よりも低い国が目立ち，メキシコ，ペルー，ベトナムは世界平均よりも低い値である。制度的インフラの整備が企業の国際的な経済活動を促進する要因となり得る点を分析している研究は近年特に増えている。Sampath and Roffe（2012）は技術吸収能力および貿易開放度が高い国ほど貿易を通じた技術移転が行われることを分析しており，特に，途上国への技術移転はより高い知的財産権保護によって促進されることを明らかにしている。また，Yang and Maskus（2001）はアメリカ企業の海外子会社からの技術供与に伴うロイヤリティー受取額と市場を通じた現地の他社からの同様の受取額のデータをもとに，知的財産権保護の度合いの強い国へはライセンシングが活発に行われていることを分析している。以上の点からもわかるように，制度的インフラの整備は経済活動を促進するインセンティブを企業に与える。企業の国際競争力の源泉を国境を越えて円滑に移転させることは関連諸国における生産ネットワークの効率性を向上させることにつながると考えられ，そのためには国際的に調和のとれた法制度を整備する必要性がある。

むすび

　GATT/WTO 体制での多角的貿易交渉を目指していたのが従来の国際的な動きであったが，主要国間の対立や市民団体による反対運動など様々な原因により，WTO は実質的にその中心的機能の一部を失ってしまった。それ以後，多国間ではなく二国間による貿易交渉が主流になってきた。そして，現在は地域単位での FTA である TPP，RCEP（東アジア地域包括的経済連携），TTIP（環大西洋貿易投資パートナーシップ）といったメガ FTA が世界経済を牽引する原動力となりつつある。WTO を軸とした自由化交渉が頓挫している中，メガ FTA の中では TPP が最も早く実行できる可能性を帯びている。TPP は国際貿易だけではなく投資の促進や知的財産の保護など，企業のグローバルな経済活動を効率的・円滑的に機能させ，経済の効率性や制度の透明性を高める

ための新たな枠組みを構築するベンチマークとなる存在であるべきである。

　東アジア地域に経済成長をもたらした要因の一つである生産ネットワークをより重層的なものにすることは，それに参加する経済主体に経済的な恩恵をもたらすと期待できる。今後より安定した生産ネットワークを持続的に構築していくために，企業は既存の市場での活動だけではなく，世界各国の市場へ進出していくこととなる。その際に企業が新たな取引先の国や地域において大きく異なる規制や制度に直面することは，進出に伴う取引費用もまた無視できないものとなり，活発かつ円滑な経済活動の障害となりうる。生産ネットワークのさらなる円滑化・高度化を図るためにも，つまり，企業ができるだけ最適な国際分業を行うことを容易とするためにも，国際的な制度ができるだけ幅広い市場において適用されることが必要となる。

［注］
1）P4協定の署名は2005年であるが，協定発行は2006年である。
2）ここでのTPP諸国とはニュージーランド，シンガポール，チリ，ブルネイ，アメリカ，オーストラリア，ペルー，ベトナム，マレーシア，カナダ，メキシコ，日本の12カ国を指す。
3）Anderson and van Wincoop（2003），Hasegawa（2014），Hummels（2009），Kimura and Lee（2006），Pomfret and Sourdin（2010）などを参照。
4）各地域の対象国は以下のとおりである。EA市場は日本，中国，韓国，香港，ASEAN10，インドの15カ国，NAFTA市場はカナダ，アメリカ，メキシコの3カ国，EU市場はクロアチアを除く欧州連合に加盟している27カ国，そして，MERCOSUR市場はメルコスール加盟の10カ国である。また，貿易データはHS96の貿易品目データを使用している。
5）中間財供給者の地理的な集積に関する研究はAmiti（2005），Amiti and Javorcik（2008）などを参照。
6）ここでのデータはGwartney, Lawson and Hall（2015）を参照している。

［参考文献］
Amiti, M. (2005), "Location of vertically linked industries: agglomeration versus comparative advantage," *European Economic Review 49*, pp. 809-832.
Amiti, M. and B. S. Javorcik (2008), "Trade Costs and Location of Foreign Firms in China," *Journal of Development Economics*, Vol. 85 (1-2), pp. 129-149.
Anderson, J. E. and E. van Wincoop (2003), "Gravity with Gravitas: A solution to the border puzzle," *American Economic Review*, Vol. 93 (1), pp. 170-192.
Gwartney, J., Lawson, R. and Hall, J. (2015), *Economic Freedom of the World: 2015 Annual Report*, Fraser Institute.
Hasegawa, T. (2014), "Gravity Analysis of Regional Economic Interdependence: In case of Japan," in A. Baranov and V. Suslov (eds.), *Development of Macro and Interindustrial Methods of Economics Analyses*, Institute of Economics and Industrial Engineering of Siberian Brance of Russian Academy of Sciences.

Hummels, D. (2009), "Trends in Asian trade: implications for transport infrastructure and trade costs," in D. H. Brooks and D. Hummels (eds.), *Infrastructure's Role in Lowering Asia's Trade Costs*, ADB Institute and Edward Elgar Publishing.

Kimura, F. and H.-H. Lee (2006), "The Gravity Equation in International Trade in Services," *Review of World Economics*, Vol. 142 (1), pp. 92–121.

Pomfret, R. and P. Sourdin (2010), "Why do trade costs vary?," *Review of World Economics*, Vol. 146 (4), pp. 709–730.

Sampath, P. G. and P. Roffe (2012), "Unpacking the International Technology Transfer Debate—Fifty years and beyond," *ICTSD Working Paper* No. 36, International Centre for Trade and Sustainable Development.

Yang, G. and K. E. Maskus (2001), "Intellectual Property Rights, Licensing: An Econometric Investigation," *Review of World Economics*, Vol. 137 (1), pp. 58–79.

（前野高章）

第4章

TPPと日本農業の将来

はじめに

　TPP合意による農産物の関税撤廃は，重要5品目で3割，農林水産物で8割に過ぎず，また十分な時間をかけて削減・撤廃されるため，国内農業に大きな打撃を与えることはなかろう。今回の合意を受けて行った，農水省による影響評価も1300億円から2100億円の生産減少にとどまるとしている。

　しかし，TPPを契機に日本農業は今後国境措置にたよらず，グローバル化と整合的な構造に転換しなければならない。まずは，農産物市場を国内だけでなく，海外に求めることである。日本が相手とするTPP参加11カ国では98.5％の農産物の関税が撤廃される。海外での日本の農産物・食品に対する品質の評価は高い一方，価格の高さが市場拡大のネックとなっている。

　農産物の輸出に向けてコストダウンを実現するには，国内農業の構造改革が不可欠である。特に水田において農地の集積により規模拡大を実現し，生産を効率化しなければならない。日本農業の中でも稲作は最も構造改革が遅れている分野であるが，国際的にみれば輸出による成長可能性が最も高い。

　また，規模拡大による効率化の追求だけでなく，ICT等の技術を駆使したオランダ型農業や，中山間地農業でのサービス農業の展開といった様々なビジネスモデルを構築することが可能である。農業は多様性を持ち，国民の一人一人が何らかの形でかかわることのできる産業である。農業への参入を自由にし，農業資源を国民全体で活用し，農業を成長産業に育てていくことが望ましい。そういった視点でこれからの日本農業と農業政策を制度設計することが求められている。

第1節　TPP合意をどう見るか

　2016年2月に署名されたTPP（環太平洋パートナーシップ）は，これまで日本が締結してきたFTA（自由貿易協定）やEPA（経済連携協定）と異なり，貿易の自由化度が高く，かつ投資や金融など新たな経済のグローバル化に対応すべく，加盟国間における経済活動の新たなルール・制度作りを求めた連携協定である。TPP交渉が合意に至ったことは日本経済全体にとって大きな意義を持つ。一方，国内では農産物の関税削減・撤廃による国内農業への影響が懸念されている。

　日本はこれまでも貿易交渉の度に農産物の市場開放を求められ，その都度抵抗と妥協を繰り返し，徐々に輸入制限措置を解除してきた。日本は決して農産物市場を海外に閉ざしているわけではない。実際，カロリーベースでみて，食料供給の6割を海外に依存する農産物の輸入大国である。

　しかし，コメをはじめ，国内生産と競合する農産物の市場開放が遅れていた。TPPにおいても，コメ，麦，牛肉・豚肉，乳製品，砂糖などの甘味資源の5品目の扱いが問題とされた。日本はこれら5品目の関税維持を求めて交渉にあたったが，関税品目は細目では586品目にのぼり，これらをすべて除外すれば，全部で9018品目の6.5％を例外とすることになり，少なくとも95％の自由化率が求められていたTPP交渉で，重要5品目すべてを守ることは始めから無理があった。

　実際には，重要5品目にかかる関税は約3割が撤廃され，7割が関税撤廃を逃れることで決着した。農産物の関税撤廃率は81％にとどまったが，関税全体での撤廃率は95.1％となり，かろうじて最低の自由化ラインをクリアしたといったところであろうか。参加する他の11カ国の農産物の関税撤廃率は平均で98.5％であり，日本の撤廃率は突出して低い。

　この結果をどうみるか。国内的にみれば，日本の関税撤廃率の低さは他国から譲歩を勝ち取ったように見えるかもしれないが，実際は逆で，関税の完全撤廃を目指すTPPにあって，撤廃率の低さはその分ハンディを負っていると認

識すべきである。すなわち他の参加国に比べ自由化率が低く，今後再交渉等を通じて厳しい要求がつきつけられることを想定しておくべきであろう。また，日EUのFTA交渉等でも農産物の関税削減・撤廃は課題となり，TPPで守られた国境保護措置が永久に続くわけではない。

　日本農業は，TPPを契機に，本格的なグローバル化と整合した構造に転換を図るべきである。国境措置に依存した国内農業の保護は止めて，国内農業を助成する必要がある場合は貿易に影響しない国内対策で行うべきである。本来，GATT（関税貿易一般協定）のウルグアイ・ラウンドで農産物の国境措置は関税のみとされ，その関税も削減されることが決まった時点，すなわち1995年で舵をきるべきであった。今，TPP合意を受けてこの点を確認し，新たな日本農業の構築を目指さなくてはならない。

　安倍政権は「攻めの農業」の展開を打ち出し，TPPをチャンスとして日本農業の改革を図ろうとしている。それは，短期的な課題ではなく，20年後30年後の日本農業の在るべき姿を描くことでなければならない。以下では，TPPの大筋合意の評価と，それに照らして日本の農業の将来像をどう描けばいいのか，を論じてみよう。

第2節　農産物についてのTPP合意内容

　TPP合意における関税撤廃の品目数が第4-1表に示されている。農林水産物は2328品目のうち1885品目の関税が撤廃され，農林水産物の関税撤廃率は81％となる。重要5品目とされるコメ，小麦・大麦，牛肉・豚肉，乳製品，および砂糖・でん粉は，586品目中174品目の関税をいずれ撤廃することとしており，撤廃率は29.7％である。

　重要5品目以外の関税削減・撤廃では，例えば，オレンジ（生果）の夏期16％，冬期32％の関税がそれぞれ6年目，8年目に撤廃され，ぶどうは夏期17％，冬期7.8％が即時撤廃される。鶏肉は11.9％（骨なし），8.5％（骨付き）が11年目に撤廃され，天然はちみつの25.5％は8年目に撤廃される。

　重要品目のそれぞれについて，どのような合意内容となっているか，詳しく

第 4-1 表　TPP で関税を撤廃する農林水産物の品目数

項目	関税品目数	関税撤廃品目数	関税撤廃率
農林水産物	2,328	1,885	81.0%
重要5品目：コメ	58	15	25.9%
小麦・大麦	109	26	23.9%
牛肉・豚肉	100	70	70.0%
乳製品	188	31	16.5%
砂糖・でん粉	131	32	24.4%
重要5品目合計	586	174	29.7%
その他農林水産物	1,742	1,711	98.2%
全品目	9,018	8,575	95.1%

（資料）農林水産省（2015b）から作成。

みておこう。

＜コメ＞

　農水省が行っているコメの国家貿易制度は維持され，また民間輸入に適用される枠外税率（341円/kg）も削減することなく維持される。一方，TPP枠として，新たに国別輸入枠を設定し，米国に7万トン（当初5万トン），豪州に8千4百トン（当初6千トン）を割り当てる。この国別輸入枠によるコメはSBS（売買同時入札）方式で輸入され国内市場に流通することになるが，政府は同量の国内産米を備蓄用に買い上げて市場から隔離するので，価格には影響しないとしている。しかし，一定期間備蓄した後，安価で放出する方針なので，国民が負担する財政支出は増加し，また放出したコメは既存の加工用米等の価格を圧迫する。

＜小麦・大麦＞

　小麦・大麦とも国家貿易制度は維持され，枠外税率（小麦55円/kg，大麦39円/kg）も維持される。新たに国別輸入枠を設け，米国，豪州，カナダに合計で小麦25.3万トン（当初19.2万トン），大麦6.5万トン（当初2.5万トン）を割り当てる。これらはSBS方式で輸入される。既存の麦輸入（WTO枠）に対し政府が徴収しているマークアップを45％削減する。新設の国別枠内の

マークアップも同様の措置をする。ただし，小麦で主要5銘柄以外の国別枠の輸入のマークアップは50％削減される。

＜牛肉＞

現行38.5％の関税を協定発効時に27.5％に引き下げ，10年目に20％へ，16年目に9％まで段階的に削減する。また，一定の輸入量を超えれば関税を引き上げる「セーフガード」を導入する。協定発効1年目には最近の輸入実績から10％増えた場合に関税を38.5％まで戻し，その後セーフガード発動時関税は段階的に引き下げられ，15年目のセーフガード税率は18％とする。16年目以降のセーフガード税率は，毎年1％ずつ削減され（セーフガードが発動されれば次の年は削減されない），4年間発動がなければ廃止する。

＜豚肉＞

現在豚肉の関税は差額関税制度という複雑な仕組みの下で課されている。枝肉でみて1キログラム524円（分岐点価格）以上の輸入豚肉には一定の4.3％の従価税を課すが，この分岐点価格以下の豚肉には基準価格（546.53円/kg）と輸入価格の差額を関税として徴収する。ただし，輸入価格が64.53円/kg以下の豚肉に対しては482円/kgの従量税となる。要するに，輸入価格が1キログラム65円の豚肉も，500円の豚肉も，国内に入ってくるときはどちらも546.53円となるように課税するという仕組みである。

TPPでこの差額関税制度は維持され，かつ524円/kgの分岐点価格も維持される。分岐点価格以上の輸入豚肉に課される従価税は発行時に2.2％に削減され，10年目に撤廃される。低価格の輸入豚肉に適用されている従量税は発行時に125円/kgに削減し，10年目以後は50円/kgとする。これにより，差額関税が適用される輸入価格帯は10年目に474円/kgから524円/kgの範囲となり現行より大きく狭まる。474円/kg以下の輸入豚肉は50円/kgの従量税となる。また，輸入急増に対してはセーフガード措置を設ける。

＜乳製品＞

脱脂粉乳とバターについては，現在農畜産業振興機構（ALIC）が行っている国家貿易制度を維持し，枠外税率（脱脂粉乳21.3％＋396円/kg等，バター29.8％＋985円/kg等）を維持する。一方，TPP枠を設定し，脱脂粉乳とバターの合計で発効時6万トン，6年目以後7万トン（いずれも生乳換算）とす

る。また，ホエイについては，脱脂粉乳と競合する可能性が高いもの（タンパク質含量の多いもの）は21年目に，低いもの（少ないもの）は16年目に関税を撤廃するが，いずれについてもセーフガードを措置する。チーズについては，粉チーズとチェダー，ゴーダチーズは16年目に関税を撤廃し一方，モッツァレラチーズやカマンベールチーズは，現行関税が維持される。

<砂糖・でん粉>

粗糖・精製糖等については，現行の糖価調整制度を維持するが，高糖度の精製用原料糖に限り，関税を無税とし調整金を少額削減する。また，新商品開発用の試験輸入に限定して，無税・無調整金での輸入（粗糖・精製糖で500トン）を認める。でん粉については，現行の関税割当数量の範囲内で，7.5万トンのTPP枠を設定する。TPP参加国からの現行輸入量が少量のでん粉等については，国別枠（発行時2.7千トン，後に3.6千トン）を設定する。

第3節　TPP合意内容の評価

このように決着したTPP合意で日本農業にはどのような影響がでるのであろうか。農水省はかつて，全面的な関税撤廃により日本の農林水産業は約3兆円の生産額の減少が見込まれると推計したが，今回の決着を受けての影響評価は1300億円から2100億円の生産減少にとどまるとしている。これは，関税削減等の影響で価格低下による生産額の減少はあるものの，体質強化対策による生産コストの低減・品質向上や経営安定対策などの国内対策により，引き続き生産や農家所得が確保され，国内生産が維持されるものと見込んでいるからである。

貿易政策の変化が国内経済に与える影響を評価するのは簡単ではない。ある日突然関税が撤廃されて，国内産より安い輸入品が国内市場に流れ込めば，国内産は売れなくなる。国内産と輸入品が同質であれば，消費者はこぞって輸入品を求め，国内生産者は大きな打撃を受ける。しかし，通常国内産と輸入品は相互に完全代替的ではなく，それぞれに差別化された産品である。したがって，品目ごとに異なる国産品と輸入品の代替の弾力性を考慮した影響評価が必

要である。

　さらには，たとえ代替性が大きいとしても，売れなくなった国産品の生産をすぐにあきらめるわけではない。生産費の削減やさらなる差別化を図り，国内生産者は輸入品に対抗すべく策を練るはずである。また，非効率な生産者は市場から撤退し，一方，新たな環境の下で新規参入者があるかもしれない。このように，関税削減・撤廃を契機に構造変化が起き，調整が進展する。こうした経済のダイナミズムが TPP の影響として期待できる。

　今回の交渉結果から受ける印象は，農産物に関する関税の削減・撤廃は最小限にとどめ，削減するにしても，十分な時間をかけて実施することで決着した。その意味では，国内生産の影響もさほど大きいものになるとは思われない。

　コメは TPP 枠の設置にとどめ，輸入量の増大に相当する国内生産量を備蓄に回して国内価格を維持する。小麦・大麦にしても，わずかな TPP 枠の設定で済んだ。牛肉は十分な時間をかけて関税削減を行う。牛肉は 1991 年に自由化（関税化）した際に，国内和牛の差別化を図り，和牛生産は維持された。自由化とその後の関税削減によって，牛肉の輸入は増加し自給率は低下したが，消費者は安価な海外産牛肉と和牛の双方を享受することができた。TPP で牛肉の関税は 15 年をかけて約 30% 削減されるのであり，国内の生産性を年々 2% 向上させていけば関税率の低下に対抗できる。

　重要 5 品目の中では豚肉の関税削減幅が大きく見えるかもしれない。豚肉はモモや肩肉などハム・ソーセージの原料となる安い部位を，ヒレ，ロースといった高価格部位と併せてセットで輸入されることが多い。それにより平均単価を分岐点価格に近付ければ，低率の関税ですむ。このような手法はコンビネーション輸入と呼ばれるが，これを関税当局が容認する限り，従量税を払って安い部位を大量に輸入する業者が出てくるとは考えにくい。

　乳製品については，バターと脱脂粉乳は国家貿易制度の下で農畜産振興機構が一次枠を輸入し，それを超える二次関税は高率のまま維持するが，生乳換算で 7 万トンの TPP 枠が設定された。この 7 万トンという数字は，農畜産振興機構がバター不足で近年 WTO 枠に追加して 16〜19 万トン輸入したがその半分に満たない。なお，この TPP 枠は民間貿易により輸入される。

甘味資源作物の砂糖・でん粉についても，現行の糖価調整制度が維持され，精製糖の関税・調整金は変えず，高糖度の原料糖についてのみ関税は無税とし調整金を削減する。でん粉はWTO枠内でTPP枠を増やし，少量のTPP国別無税枠を設定する。これらが国内生産に打撃を与える恐れはない。

このように，TPPにおける重要5品目の市場開放は極めて限定的であり，国内農業への影響はさほど大きなものとはなるまい。しかし，日本の農産物の開放度が他のTPP参加国に比べて低いことに留意しておく必要がある。第4-2表に日本以外のTPP参加国の関税撤廃等の状況を掲げてあるが，撤廃しない品目の割合はカナダで5.9%と高めだが平均では1.5%あり，日本の19%が突出して高く，開放度が低いことがわかる。

今回の交渉では，日本は重要品目について当初想定されていた開放度よりかなり緩やかな関税削減で決着した。特にコメについては実質的には何も手つか

第4-2表 日本以外の国の関税撤廃等の状況（対日，農林水産品）[1]

	GDP[2] （十億ドル）	ライン数	即時撤廃[3]	2〜11年目 まで[4]撤廃	12年目以降撤廃	非撤廃 （TRQ・削減等）
米国	16,663	2,058	55.5%	37.8%	5.5%	1.2%
カナダ	1,839	1,566	86.2%	7.9%	0.0%	5.9%
豪州	1,497	941	99.5%	0.5%	0.0%	0.0%
メキシコ	1,262	1,387	74.1%	17.2%	5.1%	3.6%
マレーシア	323	3,324	96.7%	1.2%	1.7%	0.4%
シンガポール	302	1,400	100.0%	0.0%	0.0%	0.0%
チリ	277	1,634	96.3%	3.2%	0.0%	0.5%
ペルー	202	1,155	82.1%	11.9%	2.0%	4.0%
NZ	185	1,287	97.7%	2.3%	0.0%	0.0%
ベトナム	171	1,431	42.6%	52.3%	4.5%	0.6%
ブルネイ	18	1,400	98.6%	1.4%	0.0%	0.0%
11カ国平均	-	-	84.5%	12.3%	1.7%	1.5%
（参考）日本	4,920	2,328	51.3%	27.5%	2.2%	19.0%

※1：日本以外の国の農林水産品については，国際的な商品分類（HS2007）において1〜24, 44および46類に分類される農林水産物であって，農林水産省所管品目とは一致しない（日本のライン数に含まれていない財務省所管の酒・たばこ類が含まれる）。
※2：2013年（出典：IMF）
※3：即時撤廃には既に無税の物品を含む。
※4：我が国の既存EPAの自由化率は11年目までに撤廃されるライン数の割合とされているため，11年目までで区分。
（出所）農林水産省（2015b）。

ずのまま残された。しかし，この決着は果たして日本の水田農業にとって吉とすべき結果であろうか。日本農業の中でも稲作は構造改革が最も遅れている。農地の集積をはじめ様々な取り組みがなされているが，それらを加速しゴールを可視化するためにもTPPを活用する方法があったはずである。米国の乗用車の関税撤廃には25年かけ，トラックには30年かけるという。ならば，なぜ日本のコメの関税を同様に25ないし30年かけて撤廃すると提案できなかったのか。これだけの時間をかければ稲作の構造は十分変革できる。将来の日本の稲作の姿を描き，そこに至る工程表を掲げ，実行可能な改革への道を歩むせっかくのチャンスを日本は逃したことにならないか。

第4節　日本農業の将来

1．海外に市場を求める

　TPPを契機に日本農業はグローバル化と整合的な構造に転換していかなければならない。これまで，日本農業は小麦や大豆など加工食品の原材料となる農産物や，とうもろこしなど畜産の飼料となる農産物は多くを海外に依存してきたが，一方，コメや牛肉・豚肉，乳製品といった国内に多くの生産者を抱える農産物の市場開放には抵抗してきた。しかし，経済のグローバル化はあらゆる財の国境措置の撤廃を求める。財だけでなく，サービスそして投資，金融といった分野でも国境がなくなりつつある。農業だけが例外として他産業と異なる取り扱いを認められることはもうないであろう。

　とするならば，日本農業はどこに活路を見出せばいいのか。国境措置がなくなるのであれば，マーケットを国内だけでなく海外に求めればいい。日本は少子高齢化で農産物市場の規模は縮小する。しかし，海外の市場を見れば高品質の商品を求める先進国だけでなく，経済成長を遂げ，購買力を増している発展途上国がそこここにある。海外の消費者が何を求めているのか，日本の技術や人材で新たな商品開発や付加価値をつける方法に目を向けていくことが望ましい。

　TPPは日本が海外にむけて戦略を展開する絶好の機会を与えるであろう。

第4-2表で見たように，TPPメンバー国の対日農林水産物の関税撤廃率は非常に高い。具体的には，例えば，日本が輸出拡大を目指す牛肉への関税はチリやペルー（ロース薄切り）で即時撤廃，ベトナムで3年目，カナダで6年目，メキシコで10年目に撤廃される。米国でも日本からの牛肉の枠内関税は即時撤廃し，現在200トンしかない枠を6250トンに拡大する。枠外関税は15年目に撤廃される。

日本のコメに対する関税もベトナムで即時撤廃，米国で5年目に，チリで8年目，メキシコで10年目，マレーシアで11年目に撤廃される。日本のコメが本格的に輸出されるようになるのはまだ先であろうが，こうした関税削減・撤廃はその日が来るのを早める。

各種アンケート調査によれば，海外で日本の農産物の品質に対する評価は高い。しかし，同時に高価格であることに不満を持っていることも確かである。とするならば，日本の輸出戦略は明らかだ。品質を落とさずにコストダウンを実現し，リーゾナブルな価格で日本の農産物を提供することである。

特に，ボリュームゾーンと言われる中間所得層の購買力に合った価格で提供できるようにすることが重要である。松坂牛や神戸牛である必要はない。オールジャパンで和牛を日本ブランドで売り込む戦略をとるべきであろう。

安倍政権の下で展開される農業版アベノミクスも，農林水産物・食品の輸出を農業成長戦略の筆頭に掲げている。日本政府は農林水産物・食品輸出を2020年までに1兆円とする目標を立てている。また，FBI戦略と称し，Made From JapanやMade By JapanをMade In Japanと併せて推奨している。すなわち，海外の料理に日本の食材を利用すること（From）や，日本の食産業を海外で展開すること（By）を，日本の農産物輸出（In）とともに展開することで，日本農業の活路を見出そうとしている。

一方で，第4-1図に示されているように，日本の農林水産物・食品輸出額は2014年で6千億円を超えるが，農産物は3千6百億円程度であり，この中には加工食品が含まれており，コメや牛肉など素材としての農産物は1千億円に満たない。輸出額1兆円目標の掛け声はいいとして，日本の農業者が作る農産物の良さをいかにピーアールするか，マーケティング戦略を含め，本格的な輸出拡大に向けた調査研究が求められる。

第 4-1 図　日本の農林水産物・食品の輸出額の推移

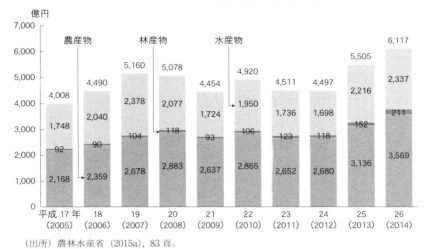

(出所) 農林水産省 (2015a), 83 頁。

2. 国内農業の成長戦略

　国内農業に目を向ければ、コストダウンが必要なのは稲作である。日本のコメの品質の良さは海外でも認められているが、内外価格差が大きい。しかし、農地の集積と集約で生産費はまだまだ下げることができる。農地の集積は担い手に農地を集めることであるが、分散錯圃をなくし、農地の集約化を図ることが課題である。今日 100ha や 200ha を耕作する農家はめずらしくない。しかし、その農地は分断されていたり、区画が一様でなかったりで、生産効率が悪い。こうした分散錯圃をなくすことが稲作の生産性を上げる条件である。

　日本のすべての水田で規模拡大を実現することは困難であり、またその必要もない。しかし、世界のマーケットを見渡したとき、コメは日本にとって最も輸出可能性の高い農産物である。アジアだけでなく、コメは世界中で食されている。ジャポニカ米だけでなく、将来的には長粒種のコメ生産をも視野にいれて日本の稲作を考えれば、コメ輸出を可能にする大規模経営を中心とする水田地帯を構築することが望ましい。これを食料基地農業と呼んでおこう。

　一方で、野菜をはじめとする園芸農産物では、IT 等を活用したハイテク農業が急速に発展している。温度管理はもちろんのこと、水分や養分、肥料など

の制御に情報通信技術が駆使されており，生産の効率化が図られている。こうしたオランダ型農業は国土の狭い日本では期待も大きい。オランダ型農業の推進のためにはワーヘニンゲンで展開するフードバレーも参考になる。半径30kmの地域に1500社近い企業が，研究開発から生産，加工，ベンチャー，情報発信などの集積を活用して食と農の総合ビジネスを展開している。

　日本でもフードバレー構想は各地にあるものの，その実現はまだ遠い。日本は行政だけでなく，産業自体が縦割りになっており，相互関連のビジネス展開が少ない。フードバレーの実現のためには，農業だけでなく，食品・流通産業が互いに協力補完しあってイノベーションを起こすクラスターを形成する必要がある。地域の資源を有効に活用し，産業集積を実現していくためには，研究開発と企業活動を融合し有機的な結合体として取り組まなければならない。日本の各地で地域農業に応じて，ミルクバレーやビーフバレー，あるいは和食バレーといった産業集積地を形成することが望まれる。

　日本農業がその魅力を発揮する第三の道は，サービス産業としての農業の活用である。農業は生産物だけでなく，生産過程も商品になる産業である。すなわち，農作業が売れる。実際，市民農園など趣味でお金をかけて農業体験をしている都市住民は多い。さらには，より美味しい農産物を作るために講師を招いたり，農業セミナーに参加したりしている。こうしたサービスを組織化して，体験農場や教育農場を開設している農業者もいる。

　これは農産物の生産だけでなく，その加工についてもあてはまる。美味しい漬物の作り方，美味しいジャムの作り方等々，農業者が持つノウハウを活用することが売りになる。これは中山間地農業が生き残る一つの方法でもあろう。単独の事業を展開するのではなく，集落間のネットワークを構築し，周遊で農業体験や農業教育・講習を受けられる連携体制をつくればなおいい。農業の魅力をもっと発信していくこと自体が，新たなビジネスを生む。

　日本農業は多様性に富む。必要な政策は農業者の能力を十分発揮できる環境を整えることであり，かつ農業への参入・退出を自由に行える制度をつくることである。そのためには，農業経営で用いる土地，資本，労働といった生産資源の流動性を高める必要がある。

　だれでもが農業に参入でき，それぞれの能力を発揮する。さらには，海外か

らの資本や人材の導入をも可能にし，また日本からも農業者が海外展開を果たす。TPP 新時代には，農業を農家農村のものとしてではなく，国民全体で育てていく産業として，多くの国民がそれぞれの立場で農業にかかわっていくことを期待したい。

[参考文献]

浅川芳裕（2012），『TPP で日本は世界一の農業大国になる』KK ベストセラーズ．
石川幸一・馬田啓一・木村福成・渡邊頼純編著（2013），『TPP と日本の決断―「決められない政治」からの脱却』文眞堂．
大泉一貫（2012），『日本農業の底力―TPP と震災を乗り越える！』洋泉社．
衆議院調査局農林水産調査室（2016），『「TPP 協定と将来の我が国の農林水産業」についての学識経験者等の見解』衆議院調査局．
21 世紀政策研究所（2016），『新しい農業ビジネスを求めて』報告書，21 世紀政策研究所．
農林水産省（2015a），『平成 27 年度版 食料・農業・農村白書』日経印刷．
農林水産業（2015b），「TPP における関税交渉の結果」報道発表資料．
本間正義（2010），『現代日本農業の政策過程』慶應義塾大学出版会．
本間正義（2014），『農業問題―TPP 後，農政はこう変わる』筑摩書房．
Mulgan, A. George and M. Honma (eds.) (2015), *The Political Economy of Japanese Trade Policy*, Palgrave Macmilla.

（本間正義）

第 5 章

TPP の経済効果[1]

はじめに

　2015 年 12 月，日本政府（内閣官房 TPP 政府対策本部）は，環太平洋パートナーシップ（Trans-Pacific Partnership：TPP）の実施によって「実質 GDP は 2.6％増，2014 年度の GDP 水準を用いて換算すると，約 14 兆円の拡大効果が見込まれる。その際，労働供給は約 80 万人増と見込まれる」との経済効果分析を発表した（内閣官房 2015）。

　これまで日本では，経済連携協定（Economic Partnership Agreement：EPA）交渉の開始に当たって，相手国と産学官の共同研究会を開催するなど，一定の経済効果分析を行ってはきたものの，交渉が終了した後，改めて，政府が経済効果分析を示すことはなかった。経済政策運営の透明性を確保し，説明責任を果たす観点からも，高く評価されるべきである。

　ただし，こういった経済効果分析の報告は，欧米では法令で位置付けられ，また，専門の恒常的な組織が設置され，従来から行われてきている。米国では，ファスト・トラックとも呼ばれる貿易促進権限（Trade Promotion Authority：TPA）法により，政府からは独立の準司法機関である国際貿易委員会（International Trade Commission：ITC）が，大統領が EPA 協定に署名した 105 日以内に，大統領および議会に対して，経済効果を分析，報告することが義務付けられている。また，欧州委員会（European Commission：EC）では，EPA 交渉の開始前，途中，合意後の 3 度，それぞれ経済効果分析を行うこととされている。日本でも，EPA の締結に当たっては，欧米先進国に倣った経済効果分析の体制が整備されることを期待したい。

　TPP を巡っては，日本のみならず，各国の研究者から様々な経済効果の分

析が示され,その相違が多少の混乱を生み出している。本章では,経済効果の分析に当たってカギを握る側面を明らかにし,TPPの経済効果に関する冷静な理解を高めることを目的とする。

第1節 構造改革による持続的成長

　本章では,貿易投資の自由化円滑化の経済効果分析の際に一般的に用いられる計算可能な一般均衡(Computable General Equilibrium:CGE)モデルを用いて分析する。標準的なCGEモデルが示す○%といった経済効果は,第5-1図の通り,将来のある時点で,EPAが実施された場合の経済の姿をそうではない場合と比較したものである。それまでの間の累積効果という訳ではない。具体的な時間は必ずしも定かではないが,EPAの実施による経済効果が中長期的に落ち着いた概ね10年程度後の効果と考えられる。

　CGEモデルによるEPAの経済効果分析では,まず,貿易財の価格が低下することにより,輸出が増加し,生産が増加すると考えられる。また,輸入の増

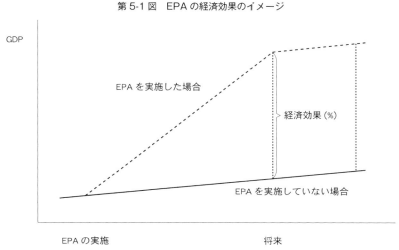

第 5-1 図　EPA の経済効果のイメージ

(出所) 筆者作成。

加は，産業間の生産構造を変化させ，より効率的な生産資源，即ち，資本や労働の再配分をもたらす。一方，輸入価格の低下は，消費者にとっては，実質所得を増加させ，実質消費も増加する。以上のような海外市場，国内市場の変化が相まって，需要，所得，生産が増加することになる。

　さらに，EPAにはダイナミックな経済効果も期待される。所得の増加による派生的な貯蓄，投資の増加を通じた資本形成は，将来的な生産を増加させる経済成長の源となる。また，輸入の増加に対応して，企業が生産性を向上させる競争促進的な効果も期待される。標準的なCGEモデルでは，そのようなダイナミックな経済効果を十分に織り込んでいないことから，EPAの経済効果が過小評価されているとしばしば批判されているところである。本章で用いているCGEモデルでは，以上の資本蓄積効果，生産性上昇効果をある程度織り込んでいる。ただし，さらなるダイナミックな経済効果の分析の課題が残されている。

　例えば，本章で用いているCGEモデルでは，上述の通り，生産水準の上昇に伴う資本ストックの増加効果は織り込んでいるものの，もう一つの生産要素である雇用は不変であることを前提としている。これに対して，内閣官房（2015）では，実質賃金の上昇に対する労働供給の増加効果を織り込み，従来の標準的なCGEモデル分析に比べてTPPのマクロ的な経済効果が2倍程度大きく推計される可能性を示している。労働市場を通じた波及効果の分析は，今後の発展が期待される。

　また，最近のCGEモデルの開発，改良研究では，企業の異質性を導入することが注目されている。例えば，同業種であっても，直接，海外へ輸出している企業と，国内で親会社に製品を納入している下請け企業があろう。EPAの実施による貿易障壁の低下は，国内下請け企業が海外市場へ参入する機会を与えてくれる。これまで国際市場で取引されていた製品に加えて，これまでは国際市場で取引されていなかった製品の貿易が増加し，相乗的な効果をもたらすことになる。TPPの経済効果試算で世界的に知られるPetri他（2012）では，そういった貿易される製品の品目の数が増加する効果を考慮することにより，EPAの経済効果が従来のCGEモデル分析に比べて格段に大きく推計されると指摘している。

ここで，EPA の実施を始めとした経済構造改革の効果は，中長期的に実現される一方，持続可能であるといった重要な点に留意しておきたい。当初のアベノミクスの第一の矢である金融政策は，短期的な景気変動の調整には効率的である。第二の財政政策は，景気を刺激する上で効果的である。しかしながら，それらの経済効果は，そういった政策の発動を元に戻してしまうと，長続きするとは限らない。これに対して，経済構造の改革による効率的な資源配分，生産性の向上などの経済効果は，中長期的にも持続する。第三の矢の柱となる成長戦略と考えられる。

第2節　より大きな非関税措置削減の効果

2015 年 10 月，TPP の大筋合意に当たって発表された閣僚声明では，TPP は「各国の国民に利益をもたらす，野心的で，包括的な，高い水準の，バランスの取れた協定」とした上で，「各国間の貿易および投資の自由化に加えて，各国の発展段階の多様性を考慮しながら，21 世紀に各国のステークホルダーが直面する課題に対処している」とされている。「経済成長を促進し，高賃金の雇用を維持し，イノベーション，生産性および競争力を向上させ，生活水準を高め，各国の貧困を減らし，透明性，良質なガバナンス並びに強力な労働および環境の保護を促進する」ことが期待されている。

TPP 交渉の合意後，日本のほか，各国政府でも，議会での批准に向けて，経済効果の分析，提示が続いている。2015 年 12 月，マレーシア経済産業省は，民間シンクタンクに委託した費用便益分析を議会に報告した（MITI 2015）。2016 年 1 月，ニュージーランド外務貿易省は，学識経験者への委託調査を基にした国益分析を発表した（MFAT 2016）。また，2016 年 2 月，オーストラリア外務貿易省は，World Bank (2016) による経済分析を引用しつつ，国益分析を議会に報告した。さらに，米国 ITC は，2016 年 5 月，上述の米国経済への効果を大統領および議会に対して報告した（USITC 2016）。

以上の分析では，共通して，従来の関税削減の経済効果だけではなく，貿易円滑化，非関税措置削減などの経済効果が分析され，経済的な便益が拡大する

ことが示されている。Kawasaki（2015）に示されるこれまでのCGEモデルを用いた経済効果の試算でも、日本にとっては、第5-2図に示される通り、TPPによる関税撤廃の経済効果（GDP比0.8％）に比べて、非関税措置削減も併せた効果（同1.6％）は、2倍に大きくなると推計されている。TPPは、上述の通り、モノだけでなく、サービス、投資など幅広い分野で21世紀型の新たな経済統合ルールを構築する野心的な試みである。先進諸国の間では、最早、関税は十分に引き下げられ、その経済効果も限られていることから、非関税措置の削減、サービス、投資の自由化によるより大きな経済効果が期待される。

さらに、Kawasaki（2015）では、TPPの経済効果を自らの関税撤廃や非関税措置の削減による効果とTPPに参加する貿易相手国によるそういった措置による効果に分割して推計している。米国の関税撤廃によるマクロ経済的な効果（110億ドル）では、日本の関税撤廃による貢献（60億ドル）が大きい一方、非関税措置削減による効果（1020億ドル）では、日本の貢献（60億ドル）に比べて、米国自身の削減効果（400億ドル）が大きく上回ると推計されている。EPAは国際的に交渉されるが、その経済効果を享受するためには、自らが国内において経済構造の改革に取り組むことが肝要であることが示唆されている。

第5-2図 アジア太平洋EPAによる日本の所得効果

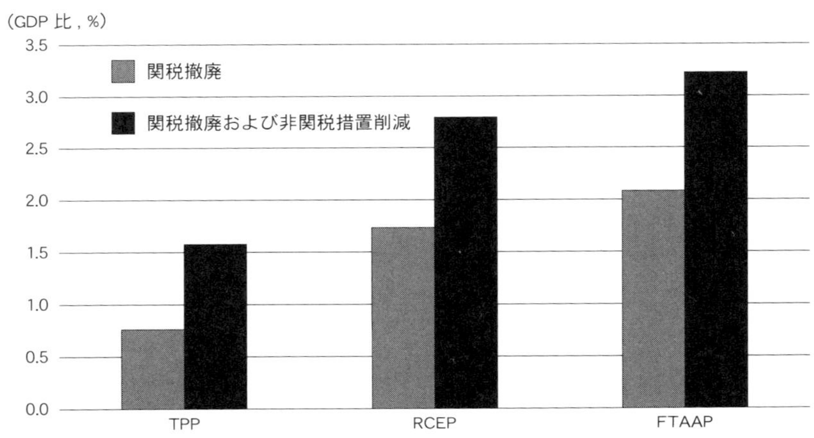

(GDP比,％)

（凡例）関税撤廃／関税撤廃および非関税措置削減

TPP：関税撤廃 約0.75、関税撤廃および非関税措置削減 約1.6
RCEP：関税撤廃 約1.75、関税撤廃および非関税措置削減 約2.8
FTAAP：関税撤廃 約2.1、関税撤廃および非関税措置削減 約3.3

（出典）Kawasaki（2015）.

なお，TPP のマクロ的な経済効果を各国間で比較すると，マレーシア，ベトナムではそれぞれ GDP 比では 20％ に相当し最大となる一方，米国では同 0.8％ と最も小さく推計されている。ただし，2015 年の GDP で換算した絶対額では，最も大きいのは米国（1130 億ドル）であり，日本（870 億ドル）がこれに続くと推計されている。

第 3 節　重要な第三国への波及効果

本章で論じているこれまでの試算では，前提となる非関税措置の関税等価率は，世界銀行が推計した貿易制限指数（Trade Restrictiveness Indices：TRI）を用いている。ただし，非関税措置の計測は，依然として今後の分析課題である。現在，国連貿易開発会議（United Nations Conference on Trade and Development：UNCTAD）では，各国の非関税措置に関する情報を収集する調査を行っている。包括的な調査によって，各国の非関税措置のデータが更新，改善されることが期待されている。

さらに，実際の EPA の経済効果の試算に当たっては，EPA によって削減される非関税措置の程度を定量化しなければならない。これまで，EPA 交渉の妥結に前もって行われた経済モデル試算では，その程度は 20 〜 50％ 程度と想定されていることが多いが，その相違によって推計される経済効果にも違いが生じている。交渉の妥結後は，実際の合意内容に照らして，その程度を見極めることが可能となるが，経済統計に基づくマクロ的な推計だけではなく，具体的な非関税措置の情報を基にした経済効果の分析は今後の課題である。

また，非関税措置削減の効果で，関税削減と比較して特筆されるべきは，EPA を締結する域外の国々への波及効果である。関税の削減は EPA を締結する国々の間だけに適用されるが，非関税措置の削減は EPA を締結する国々以外にも，言わば最恵国待遇（Most Favored Nation treatment：MFN）のように均霑される可能性が高い。例えば，日本の製品の技術的な基準を変更する場合，法律を改正する際には，EPA を締結する国々からの輸入に限定することなく，何れの国からの輸入の際にも適用されることになる。日本の製品の基準

は一本化されているので，輸入相手国によって異なる基準は設けることができないのである。

このことは，経済効果の面で大きな意味を持つ。即ち，関税削減であれば，世界全体からの輸入のうち，EPAを締結する国々からの輸入分しか，経済効果が生じないのに対して，非関税措置の削減の効果は，EPAを締結する国々からの輸入だけでなく，世界全体からの輸入で効果が発現することになるのである。例えば，日本の輸入に占めるTPP各国の割合は4分の1程度であるが，非関税措置の削減が世界全体に適用されるとすると，TPP各国からの輸入のみに適用される場合に比べて4倍の経済効果が期待できることになる。

したがって，経済効果の試算に当たっては，この波及効果がどの程度になるかを見極めることが重要なパラメータの一つとなる。非関税措置の関税等価率の水準自身よりも，この波及効果の度合いが，経済効果の大きさを左右すると言っても過言ではない。

本章のこれまでの経済モデル分析では，この波及効果は50％と想定している。日EU・EPA交渉の開始に当たって経済効果分析を行ったEC（2012）では，実証分析の結果を基に65％とされている。これに比べれば，多少，控えめな想定と言えるが，実際の波及効果の度合いは，締結されるEPA協定の内容に即して，再考されるべきである。

第4節　FTAAPへのステップ

TPP交渉に日本が参加した2013年には，メガEPAと呼ばれる大規模な経済連携の交渉が加速した。アジア太平洋では，日本，中国，韓国の3カ国の間での日中韓EPA，また，東アジア地域包括的経済連携（RCEP：Regional Comprehensive Economic Partnership）交渉が始まった（第5-3図）。さらに，世界的には，日本と欧州連合（EU：European Union）の間で日EU・EPA，また，米国とEUの間で環大西洋貿易投資パートナーシップ（TTIP：Transatlantic Trade and Investment Partnership）の交渉も始まり，TPPと併せて，日米欧の三大先進経済圏の間での経済連携の動きが加速している。

第 5-3 図　アジア太平洋における経済連携の枠組

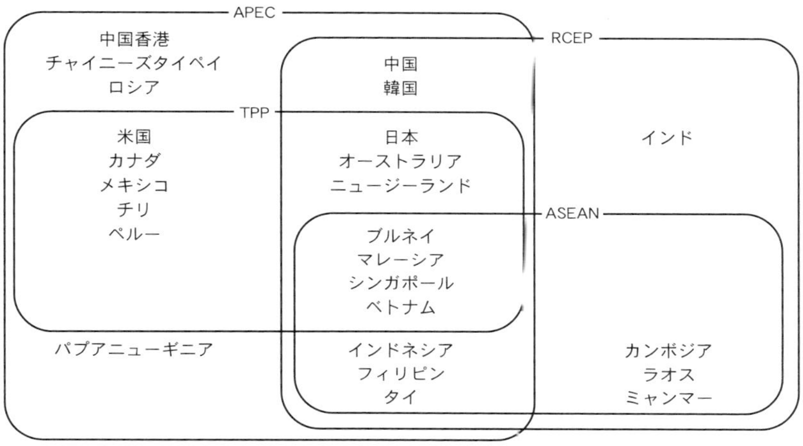

```
┌─ APEC ──────────────────────────────────────┐
│  中国香港                          ┌─ RCEP ──┤
│  チャイニーズタイペイ    ┌─────────│         │
│  ロシア                  │ 中国    │         │
│            ┌─ TPP ──────│ 韓国    │         │
│            │ 米国        │         │  インド │
│            │ カナダ      │ 日本    │         │
│            │ メキシコ    │ オーストラリア     │
│            │ チリ        │ ニュージーランド  │
│            │ ペルー      │         ┌─ ASEAN─┤
│            │             │ ブルネイ │       │
│            │             │ マレーシア│      │
│            │             │ シンガポール│    │
│            │             │ ベトナム │       │
│            │             │         │       │
│            │ パプアニューギニア │ インドネシア│ カンボジア │
│            │             │ フィリピン│ ラオス │
│            │             │ タイ    │ ミャンマー│
└────────────┴─────────────┴─────────┴───────┘
```

（出所）各種資料を基に筆者作成。

TPP 交渉の合意には，そういった世界的なメガ EPA の形成を一層加速することが期待される。

　TPP と RCEP の双方に参加する日本にとっては，FTAAP への道筋として，TPP と RCEP の何れを優先，選択するのかが問われてきた。ただし，第 5-2 図に示される通り，これまでのマクロ経済効果の試算結果によれば，TPP と RCEP は何れかを選択するのではなく，双方を推進し，FTAAP を実現することがより大きな経済効果を享受する上で重要であると考えられる。FTAAP で関税を撤廃し，非関税措置も削減した場合の日本のマクロ的な経済効果は，GDP 比で 3.2%程度と推計されているが，その大きさは TPP の効果（1.6%），RCEP の効果（2.8%）の何れも上回っている。

　米国を中心とした TPP には，上述の通り，「包括的な高い水準」が期待されている。中国が参加する RCEP には，成長著しい巨大なアジア経済といった市場の拡大が期待されている。TPP と RCEP は，アジア太平洋の政治，外交の上では競争相手との見方もあるが，経済効果に関する限り，相互補完的な関係にあると言えよう。

　なお，TPP と RCEP の何れがより大きな経済効果をもたらすかは予断を許

さない。これまでの試算では，TPP，RCEP の何れの場合も，100％の関税撤廃と50％の非関税措置削減を前提とした機械的な試算を行っている。実際の合意では，関税が撤廃されない品目もある。実際の経済効果は，具体的な合意内容に沿って検証する必要がある。

他方，地域的な EPA に参加しないその他の経済にとっては，参加国の間での貿易拡大効果の一方で，そういった参加国の間との貿易転換効果によるマイナスの影響が懸念される。世界経済全体の包括的な成長の観点からは，地域的な EPA は世界的な貿易投資の自由化円滑化のための道筋の一つと位置付けるべきであろう。

ところで，貿易投資の自由化円滑化が第三国に及ぼす影響を巡っては，いわゆる「ただ乗り効果」の可能性が指摘されている。自らが地域的な EPA に取り組む努力をしなくとも，EPA を締結する国々の貿易拡大による恩恵がありえるとの議論である。本章の経済モデル分析は，そういったただ乗り効果が限られていることを示している。EPA の経済的な便益を享受するためには，自らが EPA に参画することが重要であると言えよう。

第5節　より大きな経済効果の実現に向けて

経済モデルによる経済効果の試算結果は，一定の前提に基づく可能性を示したものであり，そもそも幅をもって見られるものである。また，必ずしも実現するとは限らない。経済連携によるより大きな経済効果を実現していくためには，産学官の共同による一層の取組が鍵を握っていると考えられる。

第一は，より水準の高い経済連携の合意である。

地域的な EPA の締結に当たっては，関税と貿易に関する一般協定（General Agreement on Trade and Tariff：GATT）によって，貿易の大層をカバーする必要があるとされている（substantial coverage）。具体的な数値は明示されていないが，貿易交渉の当事者の間では90％程度とされている。

ただし，その割合は，タリフラインという関税分類の品目の数で議論されることが多い。関税品目の数で90％をカバーしていても，関税の支払額が90％

削減される保障はない。残された10％の品目には，より高い関税が課せられたままになっていることも考えられる。

実際，Kawasaki et al.（2015）の分析では，タリフラインでみた東アジアのEPAによる関税の譲許率は90％程度を満たしているが，関税の総支払額の削減率，あるいは，貿易ウェイトでみた平均関税率は，インドでは40％，日本，韓国でも60％程度と，さほど引き下げられる訳ではないことが示されている。東アジアでは，これまでEPA締結の努力が積み重ねられ，一定の成果を上げてきたものの，さらなる関税削減の余地が残されていると言えよう。

第二は，締結されたEPAの利用率の向上である。

ジェトロによる海外ビジネス調査アンケート（ジェトロ 2015）によると，日本がこれまで締結したEPAによる有利な輸入関税を利用しているとする企業の割合は，40〜60％にとどまっている。企業にとっては，EPA税率を利用するために，原産地の証明など新たな文書が必要になるのでは，かえって面倒ということもあるかも知れない。関税削減の効果を享受するためにはその利用が不可欠であり，その促進のためには，官民の協力も有効と考えられる。

なお，World Bank（2016）では，TPPによる原産地規則の累積効果によって，そういったEPAの利用率が高まる経済効果も分析している。原産地規則の適用は，経済モデルによる分析手法の開発の課題の一つである。

第三は，EPAの経済効果分析の体制整備である。

以上の通り，EPAの経済効果の分析，また，経済モデルによる試算に当たっては，関税，非関税措置のデータ整備，経済モデルの改良を始めとした多くの課題が残されている。

日本でも，TPP交渉の合意後，政府がその内容に基づき経済効果の試算を初めて行った。今後は，メガEPAの交渉，合意に伴って，そういった経済効果分析が一層必要となる。その際，研究者にとっては，他の研究者との相違を発揮することが競争になるが，政策当事者にとっては，一定のコンセンサスの形成が政策判断の上で参考となろう。政策評価の中立性，透明性を高め，説明責任を果たしていくためには，第三者的な専門家の協力により，世界的に共通の分析の基礎が築かれていくことが期待される。

[注]
1) 本章は，川崎研一（2016），「メガ EPA の経済効果」世界経済評論 2016 年 3/4 月号，国際貿易投資研究所（ITI），67-73 頁を基に，加筆修正したものである。

[参考文献]
ジェトロ（2015），「2014 年度日本企業の海外事業展開に関するアンケート調査」（ジェトロ海外ビジネス調査），日本貿易振興機構（ジェトロ），2015 年 3 月 11 日。
内閣官房（2015），「TPP 協定の経済効果分析」内閣官房政府 TPP 対策本部，2015 年 12 月 24 日。
EC (2012), *Impact Assessment Report on EU-Japan Trade Relations*, Commission Staff Working Document, European Commission, July 2012.
Kawasaki, K. (2015), "The Relative Significance of EPAs in Asia-Pacific," *Journal of Asian Economics 39*, Elsevier, August 2015.
Kawasaki, K., B. G. Narayanan, G. Houssein and A. Kuno (2015), "East Asia tariff concession: A CGE analysis," Paper presented at the 18th Annual Conference on Global Economic Analysis, Global Trade Analysis Centre, June 2015.
MFAT (2016), *Trans-Pacific Partnership: National Interest Analysis*, New Zealand Ministry of Foreign Affairs and Trade, January 25, 2016.
MITI (2015), *Study on Potential Economic Impact of TPPA on the Malaysian Economy and Selected Key Economic Sectors*, Malaysia Ministry of International Trade and Industry, December 2015.
Petri, P. A., M. G. Plummer and F. Zhai (2012), *The Trans-Pacific Partnership and Asia Pacific Integration: A Quantitative Assessment*, Policy Analysis in international Economics 98, Peterson Institute for International Economics, November 2012.
USITC (2016), *Trans-Pacific Partnership Agreement: Likely Impact on the U.S. Economy and on Specific Industry Sectors*, United States International Trade Commission, May 2016.
World Bank (2016), "Potential Macroeconomic Implications of the Trans-Pacific Partnership," Topical Issue in *Global Economic Prospects*, January 2016.

（川﨑研一）

第6章

TPPと日本経済の再生[1]

はじめに

　日本経済は1990年代初めのバブル崩壊以降，20年以上にわたって低成長に喘いでいる。2012年末に発足した第二次安倍晋三政権により構築された経済再興戦略であるアベノミクスにおける「三本の矢」戦略（「大胆な金融政策」，「機動的な財政政策」，「民間投資を喚起する成長戦略」）の初めの二つの矢が放たれた結果，功を奏して日本経済は上向き始めた。しかし，日本経済の再浮上は持続せず，再び低成長に逆戻りしてしまった。低成長への回帰の原因としては，2014年4月の消費税引き上げや中国経済をはじめとした世界経済の低迷などがあるが，日本経済が抱える人口減少・高齢化，膨大な政府債務，対外経済関係での閉鎖性といった構造問題に対して適切な政策が実施されていないことが大きい。第三の矢である成長戦略は，対外市場開放と国内での構造改革の推進を主要な内容としていることから，構造問題に対して有効な政策であると思われるが，これらの政策により既得権を奪われる勢力による反対で，実施されていない。本章で議論する環太平洋パートナーシップ協定（TPP）は，アベノミクスにおける成長戦略の重要な項目となっている。

　2015年10月には，人口減少・少子高齢化への対策として，「新・三本の矢」戦略（「希望を生み出す強い経済」，「夢をつむぐ子育て支援」，「安心につながる社会保障」）が打ち出され，「一億総活躍社会」の実現に向けて，政府による取り組みが動き始めたが，実際に政策として実施され，効果が出るまでには時間がかかりそうである。

　第二次大戦後の日本や近年における東アジア諸国の高成長は対外市場開放と国内構造改革に拠るところが大きいが，その背景には，関税と貿易に関する一

般協定（GATT）やGATTを発展的に継承した世界貿易機関（WTO）の下での多角的貿易自由化政策の実施があった。しかし，1990年代以降，加盟国の増加や新興国の台頭などによってGATTやWTOの下での多角的貿易自由化交渉の進展が難しくなったことから，同じような考えを持つ国々の間で貿易自由化を実現する自由貿易協定（FTA）の設立が進んだ。当初，FTAは二国や少数の国々の間で設立されていたが，21世紀に入ると，多くの国々をメンバーとするメガFTAが交渉されるようになった。メガFTAの定義は定まっていないが，現時点では，2016年2月に署名に至ったアジア太平洋経済協力（APEC）に属する日本や米国など12カ国によるTPP，現在，交渉中である，日本や中国など東アジア16カ国による東アジア地域包括的経済連携（RCEP），日本と欧州連合（EU）による日EU・FTA，米国とEUによる環大西洋貿易投資パートナーシップ（TTIP）などが主要なメガFTAである。

　上述したような日本経済の現状と国際経済環境を踏まえて，本章では日本経済再生の方策を考察する。分析からは，日本経済の再生にあたっては，対外開放と国内構造改革の推進が必要であり，そのためには，TPPをはじめとしたメガFTAに積極的に関与することが有効な政策であることを議論する。以下，第1節では，日本経済の直面する構造問題を検討し，第2節では，TPPを中心としてアジア太平洋地域におけるメガFTAの動向を概観する。第3節では，日本経済再生にあたってのTPPの役割・意義について分析し，第4節で結論を提示する。

第1節　日本経済の再生を阻む構造問題

　日本経済は1950年代後半から70年代初めにかけては，年平均10％以上の高成長を実現した（第6-1図）。その後，二度のオイルショックや急激な円切り上げなどを経験し，さらには，高成長により高度発展水準を達成したことから，さらなる成長が難しくなり，成長率は鈍化した。但し，そのような状況にあっても90年代初めまでは，年平均5％前後の先進国としては比較的に高い成長率を記録していた。90年代初めにバブル経済が崩壊し，その後は，年平

第 6 章　TPP と日本経済の再生　75

第 6-1 図　日本と東アジア発展途上諸国の経済成長

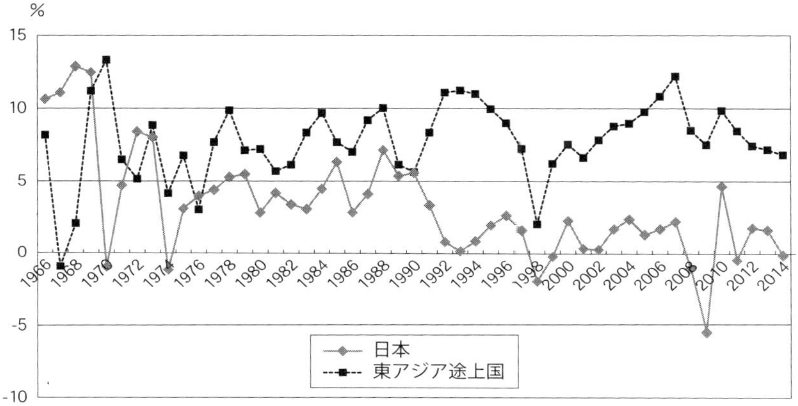

（出所）World Bank, World Development Indicators online.

均数％の低成長が続いている。低成長の原因としては，マクロ経済政策の失敗に拠る部分が大きいと思われるが，根底には，様々な構造問題がある。これらの構造問題を克服しなくては，明るい将来は実現できない。第 6-1 図から明らかなように，日本の低成長率とは対照的に，東アジア発展途上諸国は高成長を持続させている。本節では，日本経済の再生を阻んでいる構造問題を検討する。

　最も深刻な構造問題は人口の減少と高齢化である。経済成長は供給面と需要面の要因の相互関係により実現するが，人口に関しては，これらの両面で厳しい状況にある。供給面でみると経済成長の実現には，労働投入の増加，資本投入の増加，あるいは生産性の上昇が必要であるが，人口減少と高齢化は労働投入と資本投入の増加を難しくしている。日本の人口は 2005 年に減少し，2006 年には一時的に増加するが，2007 年から継続的に減少している（第 6-2 図）。国立社会保障・人口問題研究所による推計では，現在の 1 億 2000 万人強の人口が 2048 年には 1 億人を切り，2060 年には 8700 万人を切るとしている[2]。他方，労働力人口は 1995 年から減少しており，今後も継続的に減少することが予測されている。人口減少を逆転させることができなければ，女性や高齢者の就労を促すか，外国人労働者を受け入れなくては，労働投入の増加は難し

第 6-2 図　日本の人口

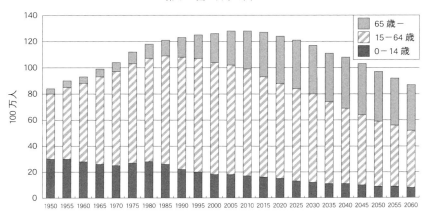

（出所）総務省統計局統計調査部国勢統計課「国勢調査報告」「我が国の推計人口」「人口推計年報」および国立社会保障・人口問題研究所「日本の将来推計人口（平成24年1月推計）中位推計」。

い。

　資本投入の増加には国内貯蓄あるいは海外からの投資が必要であるが，日本の国内貯蓄は高齢化の進展などにより減少しており，また，海外からの資本流入も日本経済の将来が不透明なことから低迷している。国内総貯蓄率は1990年には33.4%と先進諸国の中でも高い値を記録していたが，継続的に低下し，2014年では18.7%になっている[3]。貯蓄率を部門別にみると，家計の貯蓄率は90年代初めには10%を超えていたが，その後，大きく低下し，2013年にはマイナスになってしまった[4]。また，政府貯蓄は，後述するように，慢性的な財政赤字に表れているように，マイナスが続いている。家計貯蓄や政府貯蓄とは対照的に企業貯蓄は，高収益に支えられてプラスとなっている。

　日本経済の将来において労働投入および資本投入の増加が期待できそうもないが，そのような状況で経済成長を実現するには，生産性を上昇させなければならない。生産性の指標としては，労働投入および資本投入の変化を考慮した「純粋な」生産性である全要素生産性（TFP）が適切であるが，TFPの計測は容易ではないことから，ここでは，計測の比較的容易な労働生産性を用いて，議論を進めよう。第6-1表には，OECD加盟34カ国の労働生産性の2013

第6章　TPPと日本経済の再生　77

第6-1表　OECD諸国の労働生産性：2013年

順位	国名	労働生産性	順位	国名	労働生産性	順位	国名	労働生産性
1	ルクセンブルグ	127,930	13	スペイン	87,369	25	スロベニア	64,365
2	ノルウェー	127,565	14	オランダ	87,195	26	スロバキア	60,702
3	米国	115,613	15	ドイツ	86,385	27	ポルトガル	60,021
4	アイルランド	105,781	16	カナダ	85,437	28	チェコ	58,273
5	ベルギー	99,682	17	フィンランド	84,691	29	ハンガリー	57,491
6	スイス	97,238	18	ギリシャ	78,317	30	ポーランド	57,465
7	フランス	94,656	19	英国	78,062	31	トルコ	55,848
8	イタリア	91,540	20	イスラエル	76,530	32	エストニア	53,404
9	豪州	90,572	21	アイスランド	74,589	33	チリ	49,583
10	オーストリア	89,603	22	日本	73,270	34	メキシコ	40,716
11	デンマーク	89,322	23	ニュージーランド	68,559		OECD平均	84,609
12	スウェーデン	88,765	24	韓国	66,393			

(注) 購買力平価換算米ドル。
(出所) 公益財団法人 日本生産性本部「日本の生産性動向2014年版」http://www.jpc-net.jp/annual_trend/annual_trend2014_5.pdf。

年における推計値が示してある。日本は7万3270ドルで22位であり，OECD平均の8万4609ドルを大きく下回っている。第1位はルクセンブルグで，労働生産性は12万7930ドルであり，日本の労働生産性は，ルクセンブルグの値の6割弱でしかない。因みに日本の順位は2000年代初めからほとんど変化がない。2013年に関しては，米国は3位，ドイツが15位，韓国は24位などとなっている。日本の労働生産性が低いことが明らかになったが，このことは，労働生産性を向上させる余地があることを示唆している。

需要面からみても経済成長は期待できない。人口減少と低成長率により消費は伸びず，将来の消費が伸びそうもないことから，設備投資は低迷している。また，政府は国内総生産（GDP）の2倍以上にものぼる膨大な債務を抱えていることから実需につながるような支出の拡大は難しい（第6-3図）。政府債務の拡大と高齢化の急速な進展による社会保障や医療に対する公的支出の増大は深刻な構造問題であり，この問題が解決されなければ，経済成長の可能性は益々小さくなってしまう。

日本経済および市場の閉鎖性も日本経済の成長を阻害する深刻な構造問題である。1990年代以降における世界経済の特徴的な動きとして，ヒト，モノ，カネ，情報が世界大で活発に移動するようになった経済のグローバリゼーショ

第 6-3 図　政府債務・GDP 比率

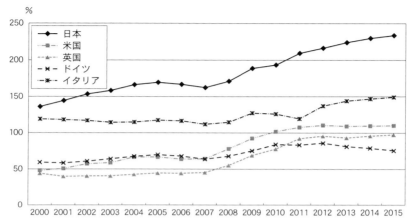

（注）一般政府。
（出所）財務省，https://www.mof.go.jp/tax_policy/summary/condition/007.htm#top

ンの進展がある。グローバリゼーションによって与えられたビジネスチャンスを的確にとらえることで，経済成長を実現させることができる。実際，中国などの新興国は，活発な貿易および投資を通じて，高成長を実現してきた。輸出の拡大は生産の拡大を促すだけではなく，効率的な生産を可能にすることで，経済成長を実現する。また，輸出拡大は外貨獲得を通じて海外から生産に必要な原材料や優れた技術を体化した機械や設備の輸入を可能にすることで，経済成長を推進する。

　対外および対内直接投資も，経済成長に貢献する。企業は対外直接投資を行うことで，所有する労働や資本などの生産要素の効率的使用が可能になる。実際，多くの日本企業は対外直接投資を活用して，生産ネットワークやサプライチェーンを構築し，原材料および部品の調達や製品の販売を効率的に行うことで，収益を上げている。他方，対内直接投資の受け入れは，受入国に様々なメリットをもたらす。対内直接投資の流入は，投資の拡大を通して，経済成長を実現する。また，対内直接投資は外国企業の持つ優れた技術や経営ノウハウの投資受入国への移転を推進することで，生産性の向上に貢献する。

　以上の議論は，貿易や直接投資などの対外経済活動の拡大が，経済成長に寄

与することを示している。日本は，他の国々と比べて，グローバリゼーションによって与えられるビジネスチャンスをうまく捉えているのだろうか。第6-2表には，APEC加盟21カ国・地域について，2013年における貿易（輸出および輸入）・GDP比率，直接投資ストック（対外および対内直接投資）・GDP比率が示されている。日本の輸出・GDP比率および輸入・GDP比率は，各々，18.3％，22.0％で，APEC平均の25.1％，25.8％よりも低い。日本の数値よりも低い数値を示している国は，輸出・GDP比率では米国のみ，輸入・GDP比率では，豪州と米国である。一方，日本の対外直接投資ストック・GDP比率および対内直接投資ストック・GDP比率は，各々，26.0％，3.7％で，APEC平均の29.4％，28.3％よりも低い。特に，対内直接投資・GDP比率が極めて低く，AEPC加盟国・地域の中で最も低い値を示している。これらの観察結果

第6-2表 APEC加盟国・地域の対外経済活動（対GDP比率，％，2014年）

	輸出	輸入	対外直接投資ストック	対内直接投資ストック
豪州	20.3	20.6	30.1	38.3
ブルネイ	63.7	32.6	0.9	41.5
カナダ	31.3	32.5	40.0	35.3
チリ	33.7	33.6	34.7	80.4
中国	24.9	22.6	7.2	10.8
香港	216.6	232.5	505.7	536.8
インドネシア	22.4	23.8	2.8	29.8
日本	18.3	22.0	26.0	3.7
韓国	48.1	45.3	18.3	12.9
マレーシア	83.7	77.6	41.6	41.0
メキシコ	32.6	34.6	10.3	26.4
ニュージーランド	--	--	9.2	38.0
パプアニューギニア	--	--	1.9	23.7
ペルー	22.2	24.6	2.1	39.5
フィリピン	30.5	30.7	12.5	20.0
ロシア	30.2	22.9	23.2	20.3
シンガポール	178.6	164.9	191.4	302.9
台湾	70.0	60.3	48.9	13.0
タイ	75.6	75.1	16.2	49.1
米国	13.3	16.4	36.1	30.9
ベトナム	86.6	87.8	4.0	48.8
APEC平均	25.1	25.8	29.4	28.3
世界平均	30.7	30.7	32.9	32.8

（資料）APEC, StatsAPEC, http://statistics.apec.org/

は，日本はグローバリゼーションの進展によって拡大している諸外国とのビジネスチャンスをうまく捉えていないことを示している。

　日本経済の置かれている状況が極めて厳しいものであり，現状を維持するだけでは，日本経済の将来は悲観的にならざるを得ない。そのような状況から脱し，将来において経済的繁栄を実現させるには，市場開放と構造改革を進めることで，経済活動を活発化させ，生産性を向上させなければならない。また，将来，高成長が予想されるアジア太平洋諸国との経済交流を活発化させることも有効である。このような目的を実現させる一つの重要な政策がTPPやRCEPなどのメガFTAへの参加である。

第2節　急増するFTAとTPPの出現

　特定の国との間で貿易を自由化する自由貿易協定（FTA）は1990年代以降急増している。GATT・WTOに報告されたFTAの累計数は，1949年から1990年までは86であったが，95年には179へと急増し，その後も同じような速度で増加し，2016年2月1日時点では625となっている。但し，FTAの中には他のFTAとの統合などで失効しているものも多く，活動中のFTAは419となっている[5]。

　1990年以降のFTA急増には，様々な要因がある。第一の要因としては，GATTの下で行われていた多角的貿易自由化交渉であるウルグアイ・ラウンドが，暗礁に乗り上げていたことがある。そのような状況の中で，経済成長を実現するために輸出拡大に関心を持つ国々が同じような考えを持つ国々とFTAを締結するようになった。1995年にGATTを発展的に継承したWTOが設立されたが，なかなか多角的交渉が始まらず，2001年になってやっと開始されたドーハ・ラウンドも，ほとんど進んでいない。そのような状況の下で，FTAの増加傾向が続いている。

　FTAの持つ差別的性格がFTA急増の一つの要因でもある。FTAから除外された国は，輸出市場において差別されることから，輸出機会が縮小してしまう。そのような不利な状況を克服するために，FTAから除外された国は既存

のFTAに加盟するか，あるいは新たにFTAを設立するような行動にでる。その結果，FTAが増加する。このようなプロセス（ドミノ効果）が作動したことで，FTAは急増した。

WTOでの交渉が順調に進んでいたとしても，様々な国々がFTAへの関心を高める理由がある。近年，多くの国々における経済活動の自由化政策の実施，技術進歩や規制緩和による輸送および通信などに掛かるコストの低下などによって，ヒト，モノ，カネ，情報が国境を越えて，世界レベルで活発に移動するようになってきている。しかしながら，WTOでは，サービス貿易や投資などの一部に対するルールは設定されているが，基本的にはモノの貿易に関するルールの設定と管理に留まっている。そこで，投資，知的財産権，競争政策などにおけるルール設定に関心のある国々は，FTAを用いてルール設定を行うようになっている。

21世紀に入るまでに設立されたFTAの多くは，二国間あるいは少数の複数国間のものであった。そのような中で，欧州，北米，アジアの三地域においては地域レベルのFTAが形成されてきた。欧州諸国による欧州連合（EU）[6]，北米での米国，カナダ，メキシコによる北米自由貿易協定（NAFTA），東アジアでの東南アジア諸国連合（ASEAN）諸国によるASEAN自由貿易地域（AFTA）である。

21世紀に入ると，アジア太平洋地域を中心として，メガFTA構想が議論されるようになり，2010年以降にそれらを実現させるための交渉が開始されるようになった。2006年にアジア太平洋経済協力（APEC）に属する，シンガポール，ニュージーランド，チリ，ブルネイによるFTAであるP4（後にTPPに名称変更）が設立された。同年，米国によりAPEC加盟エコノミーを構成メンバーとする環太平洋自由貿易圏（FTAAP）構想が提案された。2010年になると，当初のTPPよりも包括的な内容を持つFTAを目指して拡大TPP交渉が，米国，豪州，ペルー，ベトナムが新たに加わる形で開始された。その後，マレーシア，カナダ，メキシコ，日本が交渉に加わった。同交渉は，2015年10月5日に大筋合意に至り，2016年2月4日にTPP交渉参加国がTPP協定に署名した。署名以降，各国で批准に向けての動きが進められている。TPP協定は，署名後，2年以内にすべての原署名国が批准を完了した場

合，あるいは，2年以内にすべての原署名国が批准を完了しない場合においても，原署名国のGDPの合計の少なくとも85%を占める，少なくとも6カ国が批准した場合には60日後に発効することになっている。

TPPの背景には，環境，サプライチェーン，インターネットとデジタル経済のように新しく現出してきた「21世紀の課題」に関してWTOでは扱われていない分野や貿易自由化のようにWTOで扱われていても十分には対応できていない課題に対して効果的に対応することが重要であるという認識がある。また，TPPはアジア太平洋地域における地域統合のプラットフォームとして計画されており，同地域の国・地域を追加的に取り込むことを意図している。

TPPは30章により構成されており，各章では物品（モノ）市場アクセス，原産地規則，貿易円滑化，貿易救済，衛生植物検疫（SPS）措置，貿易の技術的障害（TBT），投資，サービス，ビジネス関係者の一時的な入国，電子商取引，政府調達，競争政策，国有企業および指定独占企業，知的財産，労働，環境，競争力およびビジネスの円滑化，環境，開発，中小企業，規制の整合性，透明性および腐敗行為の防止，紛争解決などの項目が扱われ，モノ，サービス，投資の自由化だけではなく，幅広い分野でのルール構築を含んでいる[7]。次節では，TPPの特筆すべき合意項目に注目しながら，TPPによる日本経済再生への貢献について検討する。

第3節 TPPと日本経済再生

日本経済の直面する人口減少・高齢化，膨大な政府債務，市場の閉鎖性などの構造問題への対応としては，生産性の向上や対外経済活動の拡大などが有効な処方箋であることを第2節で議論した。これらの処方箋を実施するにあたっては，高度の貿易および投資の自由化や知的財産権，政府調達，競争政策など広範な分野におけるルール構築を含んだTPPへの参加は極めて有効な手段である。以下では，日本企業にとって好ましい効果をもたらすと思われる分野に焦点を絞って，TPPによる日本企業の活動の拡大を通じた日本経済再生の可能性について検討する。

モノの貿易自由化では，原則としてすべての関税を撤廃する極めて高度な自由化を目標に交渉が開始されたが，日本や米国などによる強い抵抗ですべての関税を撤廃することはできなかった。しかし，これまで日本が参加してきたFTAと比べると，関税撤廃率は極めて高い。第6-3表には，2014年時点でのTPP参加国における平均関税率（単純平均）と関税撤廃率およびTPP協定で約束された関税撤廃率が示されている。平均関税率でみると，すべての参加国において10％以下であり，かなり低くなっているが，シンガポールを除く国々においては商品によっては関税率が数10％という商品も少なくない。また，関税撤廃率については，各国間で大きなバラツキがあるが，シンガポールを除く国々においては，関税を撤廃する余地がかなり残っていることがわかる。チリについては，関税撤廃率が0.3％であり，ほぼすべての商品に関税が課せられている。TPPが発効して，ある程度の期間が経つと，TPP加盟国間の貿易に関しては，関税撤廃率が，ほぼ100％になり，自由貿易が実現する。改めて言及するまでもないが，TPP相手国における高度な貿易自由化は日本からの輸出を推進する。また，通関手続きの簡素化などを含む貿易円滑化に関する取り決めも，日本の輸出の拡大に貢献する。

第6-3表 TPPによるモノの貿易自由化（％）

	平均関税率（単純平均）			関税撤廃率（0％関税の割合）					
	現状（2014年）			現状（2014年）			TPP		
	全商品	農産品	非農産品	全商品	農産品	非農産品	全商品	農産品	非農産物
豪州	2.7	1.2	3.0	50.3	77.0	45.9	100	100	99.8
ブルネイ	1.2	0.1	1.3	82.3	98.5	79.6	100	100	96.4
カナダ	4.2	15.9	2.2	73.5	59.3	75.9	99	94.1	100
チリ	6.0	6.0	6.0	0.3	0.0	0.3	100	99.5	100
日本	4.2	14.3	2.5	53.0	36.6	55.7	95	81	100
マレーシア	6.1	9.3	5.5	65.6	75.0	64.1	100	99.6	100
メキシコ	7.5	17.6	5.9	49.9	18.4	55.2	99	96.4	99.6
ニュージーランド	2.0	1.4	2.2	63.9	72.4	62.5	100	100	100
ペルー	3.4	4.1	3.3	53.6	34.7	56.8	99	96	100
シンガポール	0.2	1.1	0.0	100	99.8	100	100	100	100
米国	3.5	5.1	3.2	46.0	30.8	48.5	100	98.8	100
ベトナム	9.5	16.3	8.4	35.1	15.5	38.4	100	99.4	100

（資料）TPPについては，内閣官房TPP政府対策本部，その他の統計については，APEC, Stats APEC。

原産地規則において，TPP 参加国内で統一された規則および完全累積制度が採用されたことで，自由貿易の恩恵を享受できる範囲が大きく拡大された。例を用いて，完全累積制度が TPP 域内での貿易を推進することを説明しよう。TPP に参加している日本，ベトナム，米国において次のような貿易が行われているとしよう。日本で生産された部品がベトナムに輸出され，ベトナムではその部品を用いて完成品が組み立てられ，その完成品が米国に輸出されている。完成品の付加価値に占める日本からの部品の付加価値は 25％，完成品の組み立てに関するベトナムでの付加価値が 20％であり，優遇措置（免税）が適用される原産地規則は付加価値 40％だとしよう。ここで完全累積制度が適用されていない場合には，ベトナムから米国に輸出される完成品は付加価値 40％の基準を満たしていないことから，免税にはならない。一方，完全累積制度が適用されている場合には，日本からの部品の付加価値 25％と 20％を足し上げることができるので，付加価値 45％となり 40％の基準を満たすことから，ベトナムから米国に輸出される完成品には輸入関税がかからない。生産において多くの部品を用いる機械製品のような商品の生産においては生産工程を分解して，各々の生産工程を最も低コストで実施できるような国に配置するフラグメンテーション戦略が適用される場合が多く，その結果としてサプライチェーンが構築される。完全累積制度は，効率的なサプライチェーンの構築および運用を容易にすることから，貿易や投資が拡大する。

直接投資では，設立段階における内国民待遇および最恵国待遇の適用，投資制限分野の特定化でのネガティブリスト方式の採用，設立にあたってのパフォーマンス要求の禁止，投資受入国が協定違反をした場合に投資家が受けた損害を賠償する手続きを定めた投資家対国家の紛争解決（ISDS）条項などが含まれたことで，日本企業にとって海外で活動しやすい環境が整備される。部門としては，特に閉鎖性の強かったコンビニ等の小売業や金融・保険などのサービス部門における外資規制が緩和されたことで，日本企業の海外進出が活発化するであろう。また，投資の自由化は，上述したサプライチェーンの構築も推進する。

TPP では政府調達，国有企業，知的財産権など国際的なルールが十分には整備されていない分野におけるルール作りが含まれていることから，日本企業

にとっては，開放された，公正かつ透明性の高いビジネス環境での事業展開が可能になる[8]。政府調達に関しては，WTO で政府調達協定（GPA）が発効しており，日本も同協定に参加しているが，WTO の全加盟国が同協定に参加しているわけではない。TPP 参加国の中では，米国，カナダ，シンガポール，ニュージーランドが政府調達協定締約国であり，その他の国々は同協定には参加していない。したがって，TPP が発効すれば，日本企業は豪州やマレーシアなど上記 4 カ国以外の TPP 参加国の政府調達市場に参入することが可能になる。国有企業に関する取り決めでは，原則として，外国企業に対して国有企業と対等な競争条件を確保されることが規定されている。これらの規定により，日本企業がマレーシアやベトナムなどの国有企業が優遇され，経済で大きな位置を占めている国々に進出する際には，これまでのような不利な状況が解消される。知的財産権については，特許や著作権などの知的財産権を保護するルールが策定され遵守されるようになることで，模倣品などにより大きな被害を受けている日本企業は，そのような被害から解放され，収益が上昇すると共に海外での事業展開が容易になる。

　TPP の日本企業による海外活動の拡大を通じての日本経済再生を議論してきたが，TPP は日本市場開放を通じて日本経済再生に貢献することも期待されている。市場開放は，保護されていた非効率部門での生産と競合する輸入を拡大させることで，労働や資本などの生産要素を保護されていた分野から効率的な分野へ移動させることから，経済成長を推進する。人口減少・高齢化に直面している日本においては，限られた労働や資本を無駄に使う余裕はなく，効率良く使わなければならない。また，市場開放は輸入増加による競争圧力の増大により国内企業の効率改善や新商品・技術などの開発を促すことから，日本企業の競争力を向上させ，日本経済再生を推進する。さらに，日本企業の競争力の向上は，日本の輸出拡大を可能にすることで，日本経済再生に貢献する。但し，市場開放による経済再生の実現には，上述したような生産要素の部門間移転を推進するような国内での構造改革の実施が不可欠である。

　これまで日本が発効させてきた FTA では，保護されている農業分野の開放は見送られてきたことから，日本国内での市場開放による経済再生効果は実現しなかった。TPP では，これまで農業分野で関税を撤廃させたことのない 834

品目のうち，オレンジやハム，はちみつなど400品目ほどの関税が撤廃されることになった[9]。これらの分野については，市場開放による経済再生効果が期待できるが，農業分野で大きな位置を占めるコメ，麦，牛・豚肉，乳製品，砂糖などの「重要5項目」については，保護が継続されることから，日本経済再生を推進するような効果は生じないであろう。保護の継続は，価格低下を阻害することから，市場開放による消費者（最終消費者だけではなく，重要5項目を原材料として生産を行っている食品製造業者）への利益は実現されない。この「被害」は支出の中で食料品の占める割合が高い低所得者に対して特に深刻である。

　TPPによる日本経済再生の可能性を質的に議論してきたが，実際には，どの程度の経済的効果が期待できるのであろうか？ TPPの量的な経済的効果については，経済モデル（一般均衡モデル）を用いたシミュレーション分析の結果が参考になる。内閣官房TPP政府対策本部による分析では，TPPが発効し，その効果により日本経済が新たな成長経路に移行した時点において，実質国内総生産（GDP）水準は2.6％引き上げられるとしている[10]。これを2014年度のGDPを用いて換算すると，約14兆円の拡大効果になる。同分析の背景にはTPPによって以下に議論するような成長メカニズムが機能することが想定されていることを認識しておかなければならない。

　(1) TPPによって内外市場が開放されることから，日本の輸出入が拡大し，生産性の上昇をもたらす。(2) 生産性の上昇は賃金の上昇につながり，その結果として労働供給が増加する。(3) 賃金上昇と労働供給の増加は所得の上昇につながり，その結果として，貯蓄および投資が増加し，資本ストック・生産力を拡大させる。これらの3つの成長メカニズムが機能することで，GDPの2.6％の増加が実現するのである。

　この成長メカニズムの中で，TPPによる直接の影響は日本の輸出入拡大のみであり，その他のメカニズムについては，TPPにより触発される間接効果と見ることができる。内閣官房の試算では，これらの間接効果については，過去の統計に基づく分析によって確認されているが，長期間停滞が続いている現在の日本経済において間接効果を実現させるには，日本企業が期待されるような行動をとることや様々な構造改革の実施が必要である。例えば，生産性の上

昇が賃金上昇をもたらすには，日本企業が生産性に見合った賃金を支払わなければならない。また，賃金上昇が労働供給の増加をもたらすには，賃金上昇に反応するような労働市場を構築しなければならない。さらに，貯蓄が増加したとしても，企業が投資を拡大させなければ，GDP の増加は実現しない。これらの議論は，TPP は経済成長メカニズムを触発させる起爆剤であり，TPP を実現したからと言って，経済成長メカニズムがフルに稼働するわけではないことを示している。他方，直接効果に関しても，TPP によってもたらされる自由貿易の機会を活用できなければ，実現しない。実際，これまでに日本が発効させてきた FTA における，FTA の使用については，拡大の余地があることがアンケート調査などから観察されている[11]。

　ここまでの議論では，TPP 発効によって実際に実現する GDP 増加率については，内閣官房による試算結果は過大評価の可能性があることを示している。他方，同試算結果は過小評価の可能性があることも指摘しておかなければならない。内閣官房によるシミュレーション分析では，基本的にはモノの貿易の自由化のみが考慮されており，サービス貿易，直接投資，政府調達，国有企業，知的財産権などの TPP における特徴的な項目については，モデルに組み込むことが難しいことから，考慮されていない。それらの効果を定量的に計測することは難しいが，GDP を押し上げる効果を持つことが予想される。

第4節　TPP による日本経済再生に向けて

　日本経済は，人口減少・高齢化，膨大な政府債務，市場の閉鎖性など深刻な構造問題を抱えており，これらの問題を解決しなくては，将来の明るい姿は見えてこない。これらの構造問題を克服する一つの有効な手段として，TPP，RCEP，日 EU・FTA などのメガ FTA の活用がある。2010 年 3 月に開始された TPP 交渉は，15 年 10 月 5 日に大筋合意に至り，16 年 2 月 4 日に TPP 協定が交渉参加国により署名された。TPP 発効には，TPP 交渉参加国による批准が必要なことから，TPP による日本経済再生効果の出現には，まだ時間がかかる。また，TPP はあくまで日本経済再生への起爆剤としての役割を果た

すだけであり，本格的再生には，労働市場改革や農業改革などの構造改革の実現が不可欠である。日本政府はTPPによる経済再生を実現するために，「総合的TPP関連政策大綱」を2015年11月25日に発表した[12]。同大綱では主に中小企業によるTPPの活用と農業の競争力強化についての対策が講じられている。これらの対策を確実に実施することは言うまでもなく重要である。但し，農業競争力の強化に関しては，最後の段落で議論するように，農業部門の自由化が不可欠であるが，大綱には含まれていない。

　日本経済の本格的な再生には，TPPの発効と共にRCEP，日EU・FTAなどの他のメガFTAの早急な発効が重要である。TPPが署名に至ったことで，RCEP，日EU・FTAなどの交渉は加速されることが期待されるが，日本は積極的に交渉を先導しなければならない。また，現時点ではTPPに参加していないが参加に強い関心を示している韓国，フィリピン，タイ，インドネシア，台湾だけではなく，中国などの国々が将来TPPに参加できるように，働きかけることも重要である。さらに，APEC加盟国・地域をメンバーとするアジア太平洋自由貿易圏（FTAAP）の設立を目指すべきである。将来的には，FTAAPとTTIPを統合させる形で，世界大での自由貿易圏構築が望ましい。

　メガFTAを活用して日本経済再生を効果的に進めるには，日本の農業部門の自由化が大きな課題であるが，その目的の実現にあたっては，様々な政策・措置が考えられる。具体的には，ある程度の時間をかけて段階的に自由化を進めること，自由化により被害を受ける労働者に対して人的能力を向上させ，新たに生産的な職に就けるような支援（貿易調整支援）を提供することなどが有効であろう。さらには，農地の集約・規模拡大，農業部門の6次産業化など既に政府が目標を立てて進めようとしている農業改革の確実な実施が重要である。これらの政策を迅速に実施するには，日本経済の将来のあるべき姿を見据えた政治の強いリーダーシップが不可欠である。

［注］
1）本章は浦田（2016）を基に大幅に加筆修正したものである。
2）国立社会保障・人口問題研究所「日本の将来推計人口（平成24年1月推計）中位推計」http://www.ipss.go.jp/syoushika/tohkei/newest04/sh2401smm.html
3）World Bank, World Development Indicators online.
4）斉藤（2015）を参照。

5）WTO ホームページ参照。https://www.wto.org/english/tratop_e/region_e/regfac_e.htm
　　これらの数字は厳密には，FTA と関税同盟を合わせた地域貿易協定（RTA）の数字であるが，その中では FTA の数が圧倒的に多いことから FTA と呼んでいる。また，これらの数字は，モノに関する FTA とサービスに関する FTA を別筒にとらえたものである。多くの FTA は，モノとサービスの両方を含んでいることから，それらを合わせて数えた場合には，活動中の FTA は 267 である。
6）EU は FTA ではなく関税同盟である。また，現時点で EU 加盟国は 28 である。
7）TPP 協定の内容については，内閣官房 TPP 対策本部（2015a, 2015b）などを参照。
8）内閣官房 TPP 政府対策本部（2015a, 2015b）を参照。
9）朝日新聞デジタル，2015 年 10 月 9 日，http://www.asahi.com/articles/ASHB83HSHHB8ULFA00L.html および農林水産省（2015）。
10）内閣官房 TPP 政府対策本部（2015c）。Petri and Plummer（2016）では，同様のモデルを用いたシミュレーションから TPP により日本の実質国民所得は 2030 年までに 2.5％引き上げられることが示されている。
11）ジェトロによる日本企業の輸出に関するアンケート調査の結果によると，FTA 相手国への輸出がある企業のうち，FTA を活用している企業の割合は約 20％から 40％であった（ジェトロ 2014）。
12）内閣官房 TPP 対策本部（2015d）を参照。

[参考文献]
浦田秀次郎（2015），「メガ FTA と WTO：競合か補完か」『季刊国際貿易と投資』100 号記念増刊号，国際貿易投資研究所，14-29 頁。
浦田秀次郎（2016），「メガ FTA と日本経済再興」『世界経済評論』1/2 月号，14-25 頁。
経済産業省（2015），『不公正貿易報告書 2015 年版』。
斎藤潤（2015），「「家計貯蓄率マイナス時代」の幕開け」日本経済研究センター（http://www.jcer.or.jp/column/saito/print721.html）。
ジェトロ（2014），『ジェトロ世界貿易投資報告（2014 年版）』。
ジェトロ（2015），『ジェトロ世界貿易投資報告（2015 年版）』。
内閣官房 TPP 対策本部（2015a），「環太平洋パートナーシップ協定の概要（暫定版）（仮訳）」（http://www.cas.go.jp/jp/tpp/pdf/2015/10/151005_tpp_Summary.pdf）。
内閣官房 TPP 対策本部（2015b），「環太平洋パートナーシップ協定（TPP 協定）の概要」（http://www.cas.go.jp/jp/tpp/pdf/2015/10/151005_tpp_gaiyou.pdf）。
内閣官房 TPP 対策本部（2015c），「TPP 協定の経済効果分析」（http://www.cas.go.jp/jp/tpp/kouka/pdf/151224/151224_tpp_keizaikoukabunnseki02.pdf）。
内閣官房 TPP 対策本部（2015d），「総合的 TPP 関連政策大綱」（http://www.cas.go.jp/jp/tpp/pdf/2015/14/151125_tpp_seisakutaikou01.pdf）。
農林水産省（2015），「TPP 交渉 農林水産分野の大筋合意の概要（追加資料）」（http://www.maff.go.jp/j/kokusai/tpp/pdf/tpp_2.pdf）。
Petri, P. A. and M. G. Plummer (2016), "The Economic Effects of the Trans-Pacific Partnership: New Estimates," Working Paper Series, WP16-2 Peterson Institute for International Economics, Washington, D.C.

（浦田秀次郎）

第 2 部

検証・TPP 交渉の争点

第7章

TPPと物品市場アクセス（関税撤廃）

はじめに

　第1回目のTPP（環太平洋パートナーシップ）の交渉は2010年にスタートしたが，5年半もの討議の後，ついに2015年10月に合意に達した。日中韓FTAとRCEP（東アジア地域包括的経済連携）は共に2013年に交渉を開始し，日中韓FTAは当初においては2014年内の妥結，RCEPは2015年末の合意を目指していた。しかしながら，各国の関税自由化などの交渉の遅れから，日中韓FTAとRCEP交渉の合意にはまだまだ時間がかかるものと思われる。

　日中韓FTAは今後の妥結までのスケジュールを明示してはいないし，RCEPは当初の合意目標を1年遅らせて，2016年内の合意に日程を延長している。ただし，RCEPは合意目標を1年延長しても，それでも期限内に妥結に至るには日程的にかなり難しいのが実状である。

　2015年後半のTPPの合意を受けて，メンバー国は国内の批准手続きに入ることになるが，米国では2016年の大統領選挙の影響から，議会へのTPP法案提出が遅れている。米国のTPP法案の批准に懸念が残るものの，各国のTPP協定文や譲許表（関税削減スケジュール表）はすでに公表されている。

　公表された資料によると，TPP各国の関税撤廃率は最終的には100％近い高い水準になるが，日本は95％にとどまっている。TPPの最終的な関税撤廃率は全体的に高い水準の自由化を達成しているが，即時に撤廃されるのは工業製品でも80％台後半であり，段階的に削減される品目も少なくない。

　本章では，TPP各国の関税水準の現状を説明し，各国で公表されたTPP譲許表などの資料を基に，TPPが発効した場合にそれぞれの国の物品市場へのアクセスがどう変化するかを探る。

つまり，TPPや日中韓FTA，RCEPにおける関税率を比較し，それぞれのFTAの発効による関税削減の効果の違いを推測し，さらに，乗用車・機械・衣類の輸出において，TPPと日本とのEPA（経済連携協定）の譲許表を比較し，日本企業がTPPと既存のEPAのどちらを活用した方が関税削減のメリットを受けられるのかを明らかにする。

第1節　高い自由化率を達成したTPP

1．TPPへの関税支払額はRCEPの3分の1

TPPや日中韓FTA，RCEPなどのメガFTAが発効すれば，物品の貿易において，関税を引き下げることができる。TPPはRCEPと比較して参加メンバーにおける先進国のシェアが高い分だけ，削減できる関税率そのものは低いものの，米豪向けなどを中心に一定の関税引き下げを期待することができる。

第7-1表は，2013年の日本のTPPや日中韓FTA，RCEPなどのメンバー国への関税支払額を試算したものである。日本のそれぞれのメンバー国への輸出額に輸出相手国で一般に適用される関税率（MFN税率：加重平均）を掛けて計算した。第7-1表のTPPやRCEPにおいては，メンバー国との間で既に存在する日本とのEPAを利用した関税支払額の削減を考慮していないので，実態を正確に反映したものではないものの，一つの参考指標になりうると思われる。

日本の2013年のTPP参加国への輸出額は2195億ドルであったが，日本のTPPメンバー11カ国への関税の支払い額は58.5億ドルと見込まれる。中でも米国へは29億ドルの関税を支払っていると推測される。オーストラリア，マレーシア向けでは7億ドル弱，ベトナムとメキシコへは5億ドル前後の関税を支払っている。

日中韓FTAでは，中国へは59億ドル，韓国へは45億ドルの関税支払いとなり，全体で105億ドルになっていると見込まれる。ASEAN向けでは49億ドルになり，RCEPメンバー15カ国へは167億ドルの関税を支払っていると推測される。したがって，RCEP向けの関税支払額が最も大きく，次いで日中

第 7-1 表　日本の TPP，日中韓 FTA，RCEP への関税支払額（2013 年）

		日本の関税支払額 （100 万ドル）
TPP		5,845.2
	米国	2,912.8
	オーストラリア	695.3
	ベトナム	536.8
	マレーシア	670.6
	カナダ	269.7
	メキシコ	484.6
AFTA		4,944.5
	インドネシア	749.6
	フィリピン	416.4
	タイ	2,375.9
日中韓 FTA		10,460.1
	中国	5,938.2
	韓国	4,521.8
RCEP （ASEAN，日中韓などの 16 カ国）		16,669.0
	インド	534.3
	オーストラリア	695.3

（注）TPP や RCEP 全体の関税支払額の計算は，① 個々のメンバー国の MFN 税率（加重平均）を日本のメンバー国への輸出額のウエイト（シェア）で加重平均しメンバー国全体を計算，② メンバー国全体の MFN 税率（加重平均）に日本のメンバー国全体の輸出額を乗じる，ことにより求めた。
（資料）WTO, World Tariff Profiles 2015, Global Trade Atlas (GTA), GTI より作成。

韓 FTA となり，TPP 向けは RCEP の約 3 分の 1，日中韓 FTA の約 2 分の 1 の水準になる。

2．TPP は工業製品の関税をほぼ撤廃

　もしも，TPP が発効したならば，日本のメンバー国に支払っていた関税の多くは，最終的には削減される。特に，農産物を除いた工業製品については，関税はほとんど撤廃される。

　第 7-2 表のように，TPP が発効すれば，日本以外の 11 カ国平均での工業製品の即時撤廃率は 86.9％になる。マレーシア，メキシコ，ペルー，ベトナム以外の国の即時撤廃率は 90％を超える。日本以外の 11 カ国の工業製品の最終的

第 7-2 表　TPP の関税撤廃率（品目数ベース，%）

	工業製品		農林水産品	
	即時撤廃率	関税撤廃率	即時撤廃率	関税撤廃率
米国	90.9	100.0	55.5	98.8
カナダ	96.9	100.0	86.2	94.1
ニュージーランド	93.9	100.0	97.7	100.0
オーストラリア	91.8	99.8	99.5	100.0
ブルネイ	90.6	100.0	98.6	100.0
チリ	94.7	100.0	96.3	99.5
マレーシア	78.8	100.0	96.7	99.6
メキシコ	77.0	99.6	74.1	96.4
ペルー	80.2	100.0	82.1	96.0
シンガポール	100.0	100.0	100.0	100.0
ベトナム	70.2	100.0	42.6	99.4
日本以外の 11 カ国	86.9	99.9	84.5	98.5
日本	95.3	100.0	51.3	81.0

（資料）「TPP における関税交渉の結果」平成 27 年 10 月 20 日，内閣官房 TPP 対策本部資料より作成。

な関税撤廃率は 99.9％ と高水準である。

　日本の工業製品の即時撤廃率は 95.3％ と高く，最終的な関税撤廃率は 100％ に達するので，日本は工業製品の関税撤廃では最も進んでいる国の一つである。したがって，工業製品においては，段階的な関税撤廃の品目があるものの，最終的には TPP の関税はほぼ 0％ に近づくことになる。

　一方，日本以外の TPP11 カ国平均の農林水産品の即時撤廃率は 84.5％ であるが，日本は 51.3％ と低水準であった。また，日本以外の TPP11 カ国平均の農林水産品の最終的な関税撤廃率は 98.5％ であり，工業製品のようにほぼ 100％ ではない。中でも，日本の農林水産品の最終的な関税撤廃率は 81％ にとどまるので，日本の自由化率の低さが目立つ。ただし，農林水産品については，日本以外の国でも工業製品ほど関税撤廃率が高くない国も多い。カナダの農林水産品の最終的な関税撤廃率は 94.1％ であるし，メキシコとペルーも 96％ 台である。

第2節　TPPの関税削減効果

1．日中韓FTA，RCEPよりも低いTPPの関税率

　TPPや日中韓FTA，あるいはRCEPを利用したならば，FTAを利用しない時に一般的な輸入で適用される関税率（MFN税率）をどのくらい削減できるのかは，最も関心があるところである。

　既に発効しているFTAの関税削減効果を測る指標として，一般的に適用される関税率（MFN税率）からFTA利用時に適用される関税率（FTA税率）を差し引いた「関税率差」を挙げることができる（関税率差＝MFN税率－FTA税率）。関税率差は，本来支払わなければならない関税率をFTAの利用で引き下げることができる割合を示しているため，その値が大きければ大きいほど関税削減効果が高いことになる。

　このFTAの関税率差を計算するには，各国の実行関税率表などに記載されているMFN税率とともに，FTAの関税削減スケジュール表（譲許表）を入手しなければならない。なぜならば，譲許表には，FTAで約束した品目別の段階的に削減する関税率が掲載されているからだ。

　既に発効済みのACFTA（ASEAN中国FTA）やAFTA（ASEAN自由貿易地域）はもちろんのこと，2015年10月に合意したばかりのTPPでも各国ごとに譲許表が公表されている。しかし，RCEPの物品貿易のアクセス交渉では，まだ2016年の3月の時点では関税削減のイニシャル・オファー（最初の案）が提出された段階であり，日中韓FTAも含めてまだ譲許表は完成されていない。つまり，現時点では，日中韓FTAとRCEPの正確な関税率差を計算することができない。

　第7-3表は，TPP，日中韓FTA，RCEPの加盟国と全体のMFN税率やFTA税率などをリストアップしたものである。同表では，WTO作成の各国別のMFN税率（加重平均）を，さらに各国の輸入額のシェアを重みにして加重平均で積み上げ，TPP，日中韓FTA，RCEPなどのFTA全体のMFN税率（加重平均）を計算している。

第7-3表 TPP、日中韓FTA、RCEPにおける関税率と関税率差

		MFN税率 (加重平均) (A)、%	輸入額 (10億ドル)	FTA税率 (見込み) (B:10年後)、%	関税率差 (A−B)、%	MFN 品目数	MFN税率 (単純平均)、%
TPP		2.7	4,905.3	0.1	2.6		4.0
	シンガポール	0.5	367.2			9,557	0.2
	ブルネイ	1.5	3.5			9,915	1.2
	ニュージーランド	2.3	39.2			7,510	2.0
	チリ	5.9	79.2			7,784	6.0
	米国	2.2	2,168.2			11,233	3.5
	オーストラリア	4.1	226.3			6,185	2.7
	ベトナム	5.1	130.7			9,557	9.5
	ペルー	1.8	43.3			7,584	3.4
	マレーシア	4.4	203.3			9,411	6.1
	カナダ	3.1	450.7			7,250	4.2
	メキシコ	5.0	371.8			12,272	7.5
	日本	2.1	821.9			9,610	4.2
AFTA(ASEAN10)		3.8	1,236.8	0.2	3.6		6.0
	ブルネイ	1.5	3.5			9,915	1.2
	シンガポール	0.5	367.2			9,557	0.2
	インドネシア	4.4	185.0			10,011	6.9
	マレーシア	4.4	203.3			9,411	6.1
	フィリピン	4.3	65.7			10,276	6.3
	タイ	6.6	248.5			9,564	11.6
	ベトナム	5.1	130.7			9,557	9.5
	カンボジア	8.0	9.2			9,557	11.2
	ミャンマー	5.6	16.6			9,820	5.6
	ラオス	10.0	7.1			9,557	10.0
日中韓FTA		4.5	3,019.7	1.0	3.5		8.8
	日本	2.1	821.9			9,610	4.2
	中国	4.6	1,688.2			13,069	9.6
	韓国	8.0	509.6			12,298	13.3
RCEP(16カ国)		4.4	4,961.4	1.0	3.4		8.2
	AFTA(ASEAN10)	3.8	1,236.8				6.0
	日中韓	4.5	3,019.7				8.8
	インド	6.2	439.4			11,472	13.5
	オーストラリア	4.1	226.3			6,185	2.7
	ニュージーランド	2.3	39.2			7,510	2.0

(注) 本表でのTPP、日中韓FTA、RCEPのMFN税率(加重平均)は、各構成国のMFN税率を、それぞれの国の輸入額の構成国全体の輸入額に占めるシェアを重みにして加重平均で積み上げて得ている。ミャンマーのMFN税率(加重平均)は2015年、それ以外は2013年。
(資料) WTO, World Tariff Profiles 2015 より作成。

その結果，2013年における TPP 全体の MFN 税率（加重平均）は2.7％であり，日中韓 FTA と RCEP はそれぞれ4.5％と4.4％であった。TPP の MFN 税率（加重平均）が他の二つのメガ FTA よりも低いのは，TPP12カ国の中で，シンガポール，ブルネイ，ニュージーランド，米国，ペルー，日本の MFN 税率が3％未満であるからである。すなわち，先進国のメンバーが多い TPP では，途上国の割合が多い RCEP よりも MFN 税率は低くなりがちである。

日中韓 FTA の MFN 税率が TPP よりも高いのは，日本は2％台であるものの，韓国が8.0％と高率であるためである。RCEP においては，インドの MFN 税率の6.2％が全体の MFN 税率を引き上げている。ちなみに，ASEAN10カ国からなる AFTA 全体の MFN 税率は3.8％であった。TPP とまではいかないが，ASEAN の MFN 税率はかなり低下している。

2．最も低い TPP の関税削減メリット

第7-3表では，TPP や日中韓 FTA，RCEP が約束する関税削減目標の FTA 税率を仮定し，関税率差（関税削減効果）を計算している。同表では，TPP が発効してから10年後の TPP の FTA 税率を0.1％，そして日中韓 FTA と RCEP の FTA 税率を1.0％と恣意的に仮定している。なお，AFTA の FTA 税率0.2％は，発効後10年ではなく，2013年から10年後の税率を見込んだものである。

ちなみに，AFTA4カ国（インドネシア，マレーシア，タイ，ベトナム）全体の2013年における加重平均による AFTA の FTA 税率は0.6％であった。また，この4カ国に中国を加えた ACFTA5カ国の FTA 税率は1.2％であった。これらの FTA 税率は，AFTA の1993年の発効から20年，ACFTA の2005年の発効から8年経過した関税削減の成果である。

TPP が約束する関税削減目標である FTA 税率を0.1％に仮定したことにより，第7-3表のように，TPP の関税率差は2.6％になり，日中韓 FTA と RCEP は3.5％と3.4％になった。したがって，これらの FTA の発効から10年後の関税率差（関税削減効果）を比較すると，日中韓 FTA や RCEP の方が TPP を約1％上回る。これは，TPP の FTA 税率が日中韓 FTA/RCEP の

FTA 税率よりも低くなっているものの，TPP の MFN 税率（加重平均）も日中韓 FTA と RCEP の MFN 税率を下回っているからである。

すなわち，第 7-3 表の意味するところは，日中韓 FTA や RCEP の関税削減効果は TPP を上回ることは確実だということだ。それではどのくらい関税削減のメリットが違うかというと，第 7-3 表のように，「RCEP」と「TPP」との「関税率差」の差分は 0.8％（3.4％－2.6％）になる。つまり，TPP のあるメンバー国が他の域内国から 100 万円の輸入を行い，TPP を利用した場合の関税削減額は，RCEP 利用よりも全品目平均で 8000 円ほど少ないと見込まれる。

第 3 節　TPP は輸出を促進するか

1．TPP は乗用車の輸出にどのような影響を与えるか

(1)　TPP の関税が即時撤廃されるのは 5 カ国

東アジアでは，FTA を活用した乗用車や部品のサプライチェーンの形成が進展している。そこで，将来における TPP の域内間の乗用車取引に与えるインパクトを見るため，TPP が発効したならば，TPP メンバー国の乗用車の関税がどのくらい削減されるのかをまとめてみた（第 7-4 表）。

乗用車（1500cc 超～3000cc 以下）の関税が TPP の合意前から無税（0％）であるのは，ブルネイとシンガポール，日本の 3 カ国である。これら 3 カ国は，TPP が発効しても，その関税削減メリットが生じない国である。したがって，TPP が発効した場合，その関税削減効果を得られる国は他の 9 カ国ということになる。

その 9 カ国の内，関税を即時撤廃する国は，第 7-4 表のように，ニュージーランド，オーストラリア，チリ，メキシコ，ペルーの 5 カ国である。ニュージーランドはベースレート（MFN 税率：一般的に適用される関税率）が 0～10％，チリは 6％，ペルーは 9％であり，これが TPP 発効後には直ちに 0％まで削減される。オーストラリアにおいては，ベースレートの 5％が即時撤廃されるが，中古車に関しては，従価税は即時撤廃されるものの，従量税の 1 万

2000ドルは残る。メキシコにおいてはベースレートの30％が即時撤廃されるが，中古車に関しては，50％のベースレートが1年目に47.5％に削減されるが，2年目以降もそれが維持される。

TPPの利用で乗用車の関税削減効果を得られる9カ国の内，段階的に関税を削減する国は，米国，カナダ，マレーシア，ベトナムの4カ国である。この中で，米国は日本からの乗用車に対して，ベースレートの2.5％を発効から14年間維持し，15年目から削減を開始して20年目に半減（1.25％），25年目には0％まで削減する。また，米国はブルネイ，マレーシア，NZ，ベトナムからの乗用車には10年目に関税を撤廃し，オーストラリア，カナダ，チリ，メキシコ，ペルー，シンガポールの6カ国からのものに対しては即時撤廃する。つまり，米国は乗用車の自由化において，日本に最も厳しい条件を課している。カナダでは6.1％のベースレートが5年目には撤廃される。

マレーシアでは，救急車の5％のベースレートのみが即時撤廃されるが，完全にノックダウンされた霊柩車・護送車などのその他の乗用車のベースレート（10％）が3年で撤廃される。ちなみに，通常はノックダウン（完成車を分割）された乗用車の関税は，組み立てられた乗用車（完成車）よりも低く設定される。これは，ノックダウンされた乗用車を輸入して組み立てた方が，完成車を輸入するよりも国内の雇用を生み出すことができるからである。

マレーシアで6年目に関税が撤廃されるのは，ワゴン・SUVを含む完全ノックダウンの乗用車（ベースレート10％），および2500cc〜3000cc以下の完全に組み立てられた乗用車（30％），などである。また，11年目に関税が撤廃されるのは，完全に組み立てられた乗用車（2000cc〜2500cc以下），および完全に組み立てられた霊柩車・護送車などのその他の乗用車（4輪駆動車以外）である（ベースレートは30％）。そして，13年目に撤廃されるのは，4輪駆動車やそれ以外あるいは新車・中古車を問わず，ベースレート30％の1800cc以下と1800cc〜2000cc以下の完全に組み立てられた乗用車である。

ベトナムでは，TPP関税率が8年目で撤廃される車種には，霊柩車と護送車が挙げられる。12年目には救急車，13年目にはキャンピングカーと乗用車（ワゴンやSUVなどを含む）の関税が撤廃される。ベトナムの霊柩車と護送車のベースレートは10％や10％＋従量税になっている。ところが，乗用車や

第7-4表　TPPにおける乗用車の関税削減スケジュール（譲許表）

HSコード	品目	関税撤廃・最終税率等		米国	カナダ	ニュージーランド	オーストラリア	ブルネイ	チリ
870323	乗用自動車その他の自動車、シリンダー容積が1,500立方センチメートルを超え3,000立方センチメートル以下のもの	関税撤廃時期		即時撤廃国：豪、カナダ、チリ、メキシコ、ペルー、シンガポール 10年目撤廃国：ブルネイ、マレーシア、NZ、ベトナム 25年目撤廃国：日本	5年目撤廃	即時撤廃	即時撤廃（中古車は×）	無税	即時撤廃
		ベースレート（2010年MFN税率）		2.5%	6.1%	0%〜10%	5%（中古車：従価税5%、重量税$12,000）	0.0%	6.0%
		最終税率		0.0%	0.0%	0.0%	0%（中古車：価税は即時撤廃0%、重量税$12,000）	0.0%	0.0%
		日本との既存EPA					即時撤廃（中古車は段階的に3年目で関税を0%に削減、4年目に撤廃、重量税はその主ま）（2015年1月発効）	ベースレート20%、4年目に撤廃（2008年7月発効）	即時撤廃（2007年9月発効）

第7章 TPPと物品市場アクセス（関税撤廃） 103

HSコード	品目	関税撤廃・最終税率等	メキシコ	マレーシア	シンガポール	ペルー	ベトナム	日本
870323	乗用自動車その他の自動車：シリンダー容積が1,500立方センチメートルを超え3,000立方センチメートル以下のもの	関税撤廃時期	即時撤廃（中古車は×）	即時撤廃（救急車のみ）、3年目（霊柩車・護送車などのその他の乗用車・ワゴン・SUVを含む完全ノックダウンの乗用車2,500cc～3,000cc以下、その他の乗用車・完全に組み立てられたもの・4輪駆動車）、11年目（ワゴン・SUVを含む乗用車・完全に組み立てられたもの2,000cc～2,500cc以下、その他の乗用車・完全に組み立てられたもの・4輪駆動車以外）、13年目（乗用車・完全に組み立てられたもの1,800cc～2,000cc以下）撤廃	無税	即時撤廃	8年目（霊柩車、護送車）・12年目（救急車）・13年目（キャンピングカー、乗用車・品目によって13年間の関税率が異なる）撤廃	無税
		ベースレート（2010年MFN税率）	30%（中古車：50%）	5%（救急車）、30%（ワゴン・SUVを含む乗用車・その他の乗用車・完全に組み立てられたもの）、35%（キャンピングカー）、10%（ワゴン・SUVを含む乗用車などのその他の乗用車・完全ノックダウン・護送車・完全ノックダウン）	0.0%	9.0%	10%～70% + 15,000US$	0.0%
		最終税率	0%（中古車：47.5%）	0.0%	0.0%	0.0%	0.0%	0.0%
		日本との既存EPA	撤廃済（20%のベースレートを7年かけて均等撤廃）（2005年4月発効）	撤廃済＝ワゴン・SUVを含む乗用車および4輪駆動車等：完全ノックダウンではベースレートを即時撤廃。完全に組み立てられた中古車の1,800cc以下と1,800cc～2,000cc以下は2015年1月1日にベースレート50%を0%まで撤廃。完全に組み立てられた新車・中古車2,000cc～3,000cc以下は2010年1月1日にベースレート50%を0%まで撤廃。救急車：6年目にベースレート5%を0%まで均等に削減。キャンピングカー：8年目にベースレート35%を0%まで均等に削減。（2006年7月発効）	無税（2002年11月発効）	4輪駆動車は10年かけて、救急車・霊柩車・護送車は11年、その他の組み立てられた乗用車は5年かけて9%のベースレートを0%まで均等に削減。（2012年3月発効）	除外。完全ノックダウン製品の関税は国内の対応する分類に応じて決まる。霊柩車・護送車10%のベースレートを11年かけて0%まで均等に削減。（2009年10月発効）	

（注）MFN税率はFTAを利用しないときに支払う関税率。日本との既存EPAは日本とそれぞれの国との二国間EPAを指す。
（資料）各国のTPP・日本とのEPA譲許表より作成。

キャンピングカーの関税は，70％や70％＋従量税になっており，非常に高率である。これは，TPPにおける乗用車やキャンピングカーの関税撤廃には10年以上もかかるものの，その分だけTPPを活用するメリットが大きいことを示している。

これらTPP9カ国の乗用車の関税撤廃により，日本企業の輸出増加やサプライチェーンの拡大のチャンスは広がることになる。ただし，日本は既にオーストラリア，ブルネイ，チリ，メキシコ，マレーシア，シンガポール，ペルー，ベトナムらの8カ国とEPAを締結済みである。したがって，日本企業にはこれらの8カ国の内，従来から無税であったブルネイとシンガポールを除く6カ国との「EPA」と「発効した場合のTPP」の関税削減スケジュールを比較し，どちらを利用すればより関税削減のメリットが多く得られるのかを確認することが求められる。

(2) TPPの活用が望まれるのはどの国か

TPP参加国の中で，日本がEPAを結んでいないのは米国・カナダ・ニュージーランドの3カ国である。この中で，カナダとは現在二国間EPA（日加EPA）交渉，ニュージーランドとはRCEPの交渉が行われている。これらのEPA/FTAよりもTPPの発効の方が早ければ，日本はTPPで関税を即時撤廃するニュージーランドはもちろんのこと，日加EPAがTPPよりも好条件でない限り，当面はカナダ向け輸出でもTPPを活用することになるであろう。

日本とオーストラリアとのEPA（日豪EPA）においては（2015年1月発効），乗用車の関税（5％）は，TPP同様に即時撤廃であり，オーストラリア向けの乗用車輸出においては，基本的には日豪EPAを活用することになる。ただし，中古車の輸出に関しては，日豪EPAの従価税は発効1年目（2015年）にはベースレートの5％から3.3％へ，2年目は1.7％へ，3年目の4月1日に0％へ段階的に削減されるため，TPPの発効が，日豪EPAで中古車の従価税が即時撤廃される2017年の3月以前であれば，TPPの活用を検討する場合もありうる。

ブルネイ向けの乗用車輸出では，日ブルネイEPAは2008年7月に発効し，それから4年後に関税は撤廃されている。このため，TPPを活用しても日ブ

ルネイ EPA 以上の関税のメリットは発生しないし，すでに関税そのものが撤廃されているので，そもそも FTA を利用する必要がない。同様に，日マレーシア EPA（2006年7月発効）を活用したマレーシア向けの乗用車輸出においても，既に関税が撤廃されている。したがって，TPP が発効しても関税の削減は段階的に行われるため，当面は日マレーシア EPA を活用することになる。

また，日本とチリとの EPA（2007年9月発効）における乗用車の関税率は即時撤廃，メキシコとの EPA（2005年4月発効）では7年目に撤廃済みであり，TPP を利用しても新たなメリットは生じない。しかも，メキシコは TPP では中古車に対する関税を 47.5% に維持するため，中古車を輸出する場合は，日メキシコ EPA を利用した方が日本企業にとってメリットがある。ただし，中古車の輸出を除いて，乗用車の関税の削減効果では既存の EPA に対して TPP のメリットが生じなくても，TPP を利用するための原産地証明手続などが自社にとって EPA よりも便利であれば，TPP の活用を選択する可能性がある。

日本とペルーとの EPA は 2012年5月に発効した。組み立てられた乗用車は5年をかけて（2016年），関税率は9%のベースレートから0%まで削減されることになっている。これに対して，4輪駆動車や救急車などのそれ以外の乗用車は10年から11年をかけて関税を撤廃する予定であるので，関税が撤廃されるのは2021年と2022年になる。すなわち，当面はペルー向けの乗用車輸出では日ペルー EPA を利用し，2021年より前に TPP が発効すれば，その時点で4輪駆動車や救急車等の車種では TPP を利用した方が関税削減のメリットは高くなる。なぜならば，TPP が発効すれば関税は即時撤廃されるためである。

また，日本とベトナムとの EPA（JVEPA）においては，ベトナムは関税削減の対象から完全に組み立てられた乗用車を除外しており，しかも，完全ノックダウンの乗用車はベトナムの国内分類や規則に従うとしている。このため，TPP が発効したならば，日本のベトナムへの乗用車輸出で，TPP を利用するメリットが高いと思われる。ただし，霊柩車・護送車については，日ベトナム EPA は11年目（2019年）にはベースレート（10%）を撤廃することになっている。TPP が仮に 2017年に発効したとしても，TPP のベースレート

（10％）の関税撤廃は 8 年目の 2024 年になるため，霊柩車・護送車を輸出する場合は当面は JVEPA を利用した方がよい。

したがって，日本のオーストラリア・チリ・メキシコ・マレーシア・ペルー向けの乗用車輸出では，基本的には「TPP」よりも「日本との EPA」の関税撤廃が先行しているケースが多く，当面は EPA を利用することになる。

ただし，ペルー向け乗用車の輸出では TPP が早く発効したならば，一部の車種で TPP を利用した方がよい場合がある。TPP が発効してからは，関税削減の条件が同等な車種では，原産地規則（商品の原産地を認定する基準）やその証明手続などを比較検討し，TPP か EPA かのいずれかを選択すればよい。

これに対して，現時点で日本の乗用車の輸出で TPP を利用するメリットが明確に見込まれるのは，まだ日本との EPA/FTA を結んでいないカナダ，ニュージーランド向けの輸出であるし，米国向けも撤廃まで 25 年もの年月がかかるが，TPP の関税削減メリットを受けることは間違いない。さらに，ベトナム向け輸出でも TPP が発効したならば，乗用車の関税撤廃には 13 年もかかるが，一部の車種を除いて TPP 活用のメリットは大きい。

日本の最大の乗用車輸出先は米国であるが，カナダも 6 番目となっており，両国への輸出において TPP の効果が期待できる。そして，TPP の発効はこれまで低調であった日本のベトナム向け乗用車の輸出を拡大する絶好の機会になる。また，日本から米国への直接の乗用車の輸出では，関税が撤廃されるのは 25 年を待たなければならないが，米国以外の TPP 参加国で日系企業が乗用車を生産し米国に輸出すれば，日本から輸出するよりも早く関税を撤廃することが可能になる。

2．TPP は機械・衣類の輸出に追い風
(1) TPP と EPA のいずれを利用するか

乗用車の場合と同様に，金属鋳造用鋳型枠，マシニングセンター，T シャツの輸出において，TPP の関税削減が EPA と比較して有効かどうかをまとめてみた（第 7-5 表）。金属鋳造用鋳型枠においては，既にカナダ，ブルネイ，マレーシア，シンガポール，ペルー，ベトナム，日本では関税が無税（0％）になっている。したがって，これらの国の中で日本を除く 6 カ国への輸出では，

TPP の利用による関税削減効果を得ることができない。

　TPP の発効により，金属鋳造用鋳型枠のベースレート（MFN 税率：一般的に適用される関税率）が即時撤廃されるのは，米国，ニュージーランド，オーストラリア，チリ，メキシコ，の5カ国である。この中で，米国とニュージーランドは日本との EPA を締結していないので，TPP の発効が日本との EPA よりも早ければ，TPP を利用して関税を削減することになる。

　残りの，オーストラリア，チリ，メキシコの3カ国においては，日本との EPA が発効し，既に関税は撤廃済である。つまり，日本のこの3カ国への輸出では，TPP が発効するまでは EPA を利用し，そのあとは原産地規則やその手続きなどの面を比較検討し，EPA か TPP かのいずれかを選択すればよい。

　TPP メンバー国の中でマシニングセンターの関税が既に無税であるのは，カナダ，オーストラリア，メキシコ，マレーシア，シンガポール，ペルー，ベトナム，日本の8カ国である。これらの中で日本を除く7カ国への輸出では，TPP を活用しても関税削減効果は得られない。

　一方，ベースレートが即時撤廃される国は，米国，ニュージーランド，ブルネイ，チリ，の4カ国である。米国とニュージーランドは日本との EPA を締結していないので，TPP の発効が EPA よりも早ければ，その時は TPP を利用して関税（ベースレート）を0％にすることができる。日本とブルネイ・チリの間では EPA が発効しており，EPA を利用すれば関税は0％まで削減できるので，TPP が発効するまでは EPA を利用することになる。TPP 発効後は，TPP と EPA の利便性を比較してどちらかを選択すればよい。

　TPP メンバー国の中で，T シャツなどの肌着（綿製のもの）の関税が無税（0％）であるのは，ブルネイとシンガポールである。ベースレートが即時撤廃される国はオーストラリア，マレーシア，ベトナム，日本の4カ国である。関税が段階的に削減される国は，米国，カナダ，ニュージーランド，チリ，メキシコ，ペルーの6カ国である。つまり，無税のブルネイとシンガポールを除いた TPP メンバー10カ国の中で，TPP 利用による関税削減効果のある国は日本以外の9カ国となる。

　その9カ国の中で，第7-5表のように，日本と EPA を結んでいない米国，カナダ，ニュージーランド3カ国への T シャツなどの肌着の輸出では，TPP

第 7-5 表　TPP における工業製品の関税削減スケジュール（譲許表）

HS コード	品目	関税撤廃・最終税率等	米国	カナダ	ニュージーランド	オーストラリア	ブルネイ	チリ
848010	金属鋳造用鋳型枠	関税撤廃時期	即時撤廃	無税	即時撤廃	即時撤廃	無税	即時撤廃
		ベースレート（2010年 MFN 税率）	3.8%	0.0%	5.0%	5.0%	0.0%	6.0%
		最終税率	0.0%	0.0%	0.0%	0.0%	0.0%	0.0%
		日本との既存 EPA				5%のベースレートを即時撤廃（2015年1月発効）	即時撤廃（2008年7月発効）	即時撤廃（2007年9月発効）
845710	マシニングセンター	関税撤廃時期	即時撤廃	無税	即時撤廃	無税	即時撤廃	即時撤廃
		ベースレート（2010年 MFN 税率）	4.2%	0.0%	5.0%	0.0%	20.0%	6.0%
		最終税率	0.0%	0.0%	0.0%	0.0%	0.0%	0.0%
		日本との既存 EPA				無税	20%のベースレートを6年かけて均等に削減	即時撤廃
610910	Tシャツなどの肌着（綿製のもの）	関税撤廃時期	11年目撤廃	4年目撤廃	7年目撤廃	即時撤廃	無税	8年目撤廃
		ベースレート（2010年 MFN 税率）	16.5%	18.0%	10.0%	10.0%	0.0%	6.0%
		最終税率	0.0%	0.0%	0.0%	0.0%	0.0%	0.0%
		日本との既存 EPA				ベースレート10%を発効日に8%まで、5年目（2019年）の4月1日に0%まで削減	即時撤廃	即時撤廃

第7章 TPPと物品市場アクセス（関税撤廃）

HSコード	品目	関税撤廃・最終税率等	メキシコ	マレーシア	シンガポール	ペルー	ベトナム	日本
848010	金属鋳造用鋳型枠	関税撤廃時期	即時撤廃	無税	無税	無税	無税	無税
		ベースレート（2010年MFN税率）	15.0%	0.0%	0.0%	0.0%	0.0%	0.0%
		最終税率	0.0%	0.0%	0.0%	0.0%	0.0%	0.0%
		日本との既存EPA	撤廃済（23%のベースレートを10年かけて均等撤廃）（2005年4月発効）	即時撤廃（2006年7月発効）	無税（2002年11月発効）	無税（2012年3月発効）	即時撤廃（2009年10月発効）	
845710	マシニングセンター	関税撤廃時期	無税	無税	無税	無税	無税	無税
		ベースレート（2010年MFN税率）	0.0%	0.0%	0.0%	0.0%	0.0%	0.0%
		最終税率	0.0%	0.0%	0.0%	0.0%	0.0%	0.0%
		日本との既存EPA	即時撤廃	即時撤廃	無税	無税	即時撤廃	
610910	Tシャツなどの肌着（綿製のもの）	関税撤廃時期	16年目撤廃	即時撤廃	無税	16年目撤廃	即時撤廃	即時撤廃
		ベースレート（2010年MFN税率）	30.0%	20.0%	0.0%	17.0%	20.0%	7.4%、10.9%
		最終税率	0.0%	0.0%	0.0%	0.0%	0.0%	0.0%
		日本との既存EPA	即時撤廃	即時撤廃	無税	17%のベースレートを即時撤廃	20%のベースレートを11年かけて（2019年）均等に0%まで削減。	

（注）MFN税率はFTAを利用しないときに支払う一般的な関税率。日本との既存EPAは日本とそれぞれの国との二国間EPAを指す。
（資料）各国のTPP・日本とのEPA譲許表より作成。

の方が日本とのEPAよりも早く発効すれば，TPPを活用することになる。オーストラリアとベトナムへの輸出では，日本とのEPAでは関税は段階的に削減され2019年に0％になる。TPPではこの2カ国の関税は即時撤廃されるので，TPPの発効が2019年以前であれば，両国ではTPPの活用を優先した方がより大きなメリットを得られる。

　チリ，メキシコ，マレーシア，ペルーの4カ国へのTシャツの輸出では，日本とのEPAの関税は撤廃されているので，TPPよりもEPAを利用することになる。これら4カ国の中で，チリはTPPではTシャツなどの肌着の関税を段階的に8年目，メキシコとペルーは16年目に0％にすることになっている。すなわち，チリ，メキシコ，ペルーでは，TPPの関税削減スケジュールの方が，既に即時撤廃されている日本とのEPAよりも関税の撤廃までに時間を要することになる。

(2) 工作機械・繊維製品の輸出を後押し

　TPPが発効すれば，金属鋳造用鋳型枠やマシニングセンター，衣類などの関税は削減され，域内の輸出は促進される。しかも，TPPの関税削減により大多数の自動車部品の輸出は拡大するが，それに伴いマシニングセンターや金型なども内外への供給が増えると予想される。

　TPPは域内の輸出や投資を活発化させるため，中堅・中小企業が多い工作機械や金型などの関連企業に対してこれまでの内向きな姿勢に変化をもたらし，海外への志向を後押しすると考えられる。

　それは，繊維産業においても同様であり，化合繊維の糸・織物，毛織物，絨毯，衣類では即時撤廃の品目もあり，タオルの一部では関税は5年目に撤廃される。TPPでは原産地規則で糸，織物，縫製品の3工程で域内生産を求めるヤーンフォワード・ルールが導入されたものの，供給不足が見込まれるショートサプライ・リストに掲載された域外産の品目は，リストに盛り込まれた要件を満たせば域内産と認められる。

　同リストは，5年で削除される一時的な8品目を含んでおり，その他の恒久的なものを合わせると187品目に及ぶ。中国などから材料を調達しているベトナムには，TPPを利用した繊維製品の対米輸出を拡大する道が開かれたと思

われる。

　したがって，日本企業にはTPPを活用し日本から米国やカナダに輸出を拡大するだけでなく，ベトナムやマレーシアを利用した対米輸出の可能性を探ることが求められている。つまり，中国やタイで生産している日本の繊維関連企業は，TPPの効果を最大限に発揮できるように，グローバル戦略の再検討を迫られている。ただし，将来において，タイ，インドネシア，中国，カンボジアなどがTPPに参加すれば，その時は新たな参加メンバーに応じた戦略の見直しが必要になる。

[参考文献]

石川幸一・馬田啓一・高橋俊樹編著（2015），『メガFTA時代の新通商戦略―現状と課題』文眞堂。

助川成也・高橋俊樹編著（2016），『日本企業のアジアFTA活用戦略―TPP時代のFTA活用に向けた指針』文眞堂。

高橋俊樹（2014），「FTAはどのような機械機器部品や農産物に効果的か」『季刊 国際貿易と投資』96号，国際貿易投資研究所。

高橋俊樹（2016a），「TPPはりんごの輸出を後押しするか」ITIコラムNo28，国際貿易投資研究所，2016年3月7日。

高橋俊樹（2016b），「TPPは乗用車の輸出を促進するか」フラッシュ270，国際貿易投資研究所，2016年3月17日。

高橋俊樹（2016c），「TPPは機械・繊維の輸出に追い風」フラッシュ274，国際貿易投資研究所，2016年4月5日。

（高橋俊樹）

第8章

TPPと投資

はじめに

　TPPは,「投資(investment)」と題する章(第9章)を含んでいる。投資に関する条約としては,投資に特化した二国間条約(BIT：bilateral investment treaty)が従来から数多く締結されており,世界中で3000本を超えるに至っているが,近年,TPPのように自由貿易協定(経済連携協定)の中の一つの章として投資に関する規定を置く例も増えてきている。日本が締結している経済連携協定にも,常に投資に関する章が置かれている[1]。

　このような投資条約や経済連携協定等の投資章(以下,合わせて「投資条約」という)は,もちろん条約ごとに細かい内容は異なるが,大筋では同じような規定を置いている。TPPは基本的に米国が締結してきている自由貿易協定を基にして条文が作成されているため,これまで日本が締結してきている投資条約とは外見上かなり条文のつくりが異なっているが,その内容においては大きな差があるものではない。本章では,TPP投資章の概要を,これまでに日本が締結している投資条約との比較も交えつつ,定義規定(第1節),実体規定(第2節),手続規定(第3節)の順に説明し,それを踏まえて,このような内容の投資章がTPPに置かれることの意義を検討する(おわりに)。

第1節　定義規定

　TPP9.1条は,投資章において用いられる種々の用語の定義を置いている。中でも重要なのは,TPPにおいて保護の対象となる「投資財産(investment)」

および「投資家（investor）」の定義である。「投資財産」の定義を見てみよう。

> 「『投資財産』とは，投資家が直接又は間接に所有し，又は支配している全ての資産であって，投資としての性質［……］を有するものをいう」

一読して，「全ての資産（every asset）」という極めて広い定義が用いられていること，他方で「投資としての性質（the characteristics of an investment）」を有するものという同語反復的な限定が課されていることに気がつくだろう。「全ての資産」あるいは「全ての種類の資産（every kind of asset）」（例，日中韓投資条約（2012年）1条1項）のような広い定義が置かれるのは通例であり，基本的には投資家が有する資産はすべて保護対象となる。「投資としての性質を有するもの」という制約は，例えば一回限りの売買から生じる債権は除外されるという趣旨であり[2]，

> 「物品又はサービスの販売から生ずる金銭債権であって直ちに支払期限が到達するものは，投資財産としての性質を有する可能性が低い」

と定める 9.1 条「投資財産」(c)項への注1はそれをさらに具体化したものである。もとより，売買から生じる債権であってもそれが継続的になされる場合にはここでいう「投資財産」に含まれると考えられる場合もあり，「投資財産」か否かを巡って争いが生じる場合には，後に述べる紛争処理手続において判断されることとなる。

TPP で保護される「（締約国の）投資家」は，

> 「締約国又は締約国の国民若しくは企業であって，他の締約国の領域において投資を行おうとし，行っており，又は既に行ったものをいう」

とされている。「締約国の国民」や「企業」は TPP 全体の定義規定を置く第1章にて定義されており，例えば「企業」は，

> 「営利目的であるかどうかを問わず，また，民間又は政府のいずれが所有し，又は支配しているかを問わず，関係の法令に基づいて設立され，又は組織される事業体（社団，信託，組合，個人企業，合弁企業，団体その他これ

らに類する組織を含む。）をいう」

を意味する。なお，当該企業が TPP 加盟国のいずれにおいても実質的な活動を行っていないペーパーカンパニーである場合，一定の条件の下で TPP 投資章の保護を拒否されることがある（9.15 条）。

第 2 節　実体規定

前節で述べた投資家・投資財産が TPP による保護を受けることになる。具体的には，内国民待遇（9.4 条）[3]，最恵国待遇（9.5 条）[4]，最低基準待遇（公正衡平待遇）（9.6 条），内乱等の際の無差別待遇（9.7 条），収用の際の補償など（9.8 条），送金自由（9.9 条），特定措置要求の禁止（9.10 条）[5]，経営幹部の国籍などに関する要求の禁止（9.11 条）について規定が置かれている。これらのいずれの規定も，日本が締結している投資条約に通常含まれている。以下では，実体規定の中で投資家と投資受入国との間で最も争いの種になりやすい，最低基準待遇（公正衡平待遇）および収用に関する規則についてのみ述べる。

1．最低基準待遇（公正衡平待遇）

投資条約の多くには，投資受入国が投資家または投資財産に「公正かつ衡平な待遇（fair and equitable treatment）」を与える，と定める規定が置かれている。いかにも漠然とした文言であるが，日本法における信義則と類似のものと考えて良い。投資受入国が投資家に対して差別的な措置を執る場合[6]，不透明な措置により投資財産に損害を生ぜしめる場合[7]，適正手続の欠如[8]，受入国が一定の対応をするであろうとの「正当な期待」を投資家に与えておいてその期待を裏切る場合[9]（日本行政法における信頼原則[10]とほぼ同内容），国内法上の制裁を過度に課す場合[11]，その他何らかの嫌がらせ行為をする場合[12]などにおいて公正衡平待遇条項の違反が生じる。投資条約仲裁において最も頻繁に援用される規定であり，仲裁判断例の積み重ねにより，この漠然と

した規定の下で具体的にどのような保護が投資家・投資財産に与えられるかが次第に明らかになってきている[13]。

TPP 9.6 条は，単に「公正かつ衡平な待遇を与える」とは書かれておらず，「適用される国際慣習法上の原則に基づく待遇（公正かつ衡平な待遇並びに十分な保護及び保障を含む。）を与える」と定めている。日本が締結している投資条約の中にも，前者のように簡潔に定めるもの（例，日・カザフスタン BIT 5 条 1 項）もあれば，TPP 9.6 条と類似の表現を用いるものもある（例，日・ウルグアイ BIT 5 条 1 項）[14]。TPP 9.6 条のような文言は，「公正かつ衡平な待遇を与える」とだけ書くにとどめると仲裁廷による拡大解釈が際限なく展開されてしまうとの危惧を抱いた北米自由貿易協定（NAFTA）諸国が，この条項の下での保護水準を一定程度に抑制する意図で用いた表現であり[15]，したがって，日・カザフスタン BIT に含まれているような公正衡平待遇条項よりも投資家にとって不利・投資受入国にとって有利な規定であると言える[16]。もっとも，「国際慣習法の原則」は固定的なものではなく，国際法における私人の重視傾向をうけて投資家保護の方向に発展しているという理解も可能であり[17]，実際の差異はそれほど大きなものでないと考えられる[18]。

そこで，TPP 9.6 条は，単に「公正かつ衡平な待遇を与える」と定める場合よりも低い水準の投資保護のみ認められることを確実にすべく，以下のような手を打っている。まず，公正衡平待遇には「世界の主要な法制に具現された正当な手続の原則に従った……裁判を行うことを拒否しないとの義務を含む」と定め（9.6 条 2 項(a)），9.6 条の下で求められる適正手続保障の水準を判断するに際しては，「世界の」主要な法制，すなわちその圧倒的多数は発展途上国からなる世界中の主要な法制を参照すべきとする。また，上記の「正当な期待」の侵害が直ちに公正衡平待遇義務違反に繋がることはないと明記する（9.6 条 4 項）。さらに，補助金の削減や不継続等も直ちに公正衡平待遇義務違反に繋がらないとする（9.6 条 5 項）[19]。

2．収用

実体規定の中で公正衡平待遇義務と並んで重要なのは，収用に関する規定である。TPP の収用関連規則（9.8 条）も，これまでの投資条約と類似の内容を

定めている[20]。すなわち，投資受入国による投資財産の収用そのものは禁じられておらず，ただし，収用の際には公正市場価格に基づく補償をなすなどの義務が定められている。

収用について問題となるのは，「収用……と同等の措置」の確定である。典型的な収用（「直接収用」）は，私人の財産権が国家に強制的に移転されることを意味する。しかし，私人の財産権が国家に移転されはしないものの，国家の措置により私人の財産権の経済的価値が皆無になることはあり得る。例えば，投資家がある特定の産業に従事している場合において，当該産業を国内法上禁止する場合などである。この場合，投資家が有する投資財産（工場など）に関する財産権が投資受入国に移転してしまうわけではない。しかし，投資受入国の措置により投資財産の価値が無になるということにおいては，投資家の観点から見れば収用と何ら変わりはない。そこで，このような場合はそのような措置を「収用」と見なして市場価格に基づく補償義務等を適用するようにするために，「収用と同等の措置」を「収用」と見なす（これを「間接収用」という）規定が置かれるのである[21]。

この規定は，投資保護の観点からは有用かもしれないが，投資受入国の規制権限を不当に制約するおそれを秘めている。例えば，景観政策のために建物の高さ制限を導入すると，それが間接収用を構成しかねず，その場合には間接とはいえ収用である以上投資家に補償を支払わねばならないことになる。実際の仲裁判断例において，投資受入国による正当な公益措置が間接収用を構成するとされたことはないが[22]，その可能性を極小化すべく，近年の投資条約では収用規定に様々な制約が加えられるようになっており，TPPにおいても附属書九-B（収用）がそのような制約を定めている。中でも重要なのは，

「公共の福祉に係る正当な目的（公衆の衛生，公共の安全及び環境等）を保護するために立案され，及び適用される締約国による差別的でない規制措置は，極めて限られた場合を除くほか，間接的な収用を構成しない」[23]

とする3項(b)である。このような正当な公益目的での規制が通常は間接収用を構成しないとする規定は，例えば日・コロンビアBIT附属書Ⅲなどにも見られる。

投資受入国の規制権限への配慮は，以下のように定める 9.16 条（投資及び環境，健康その他の規制上の目的）にも現れている。

「この章のいかなる規定も，締約国が自国の領域内の投資活動が環境，健康その他の規制上の目的に配慮した方法で行われることを確保するために適当と認める措置（この章の規定に適合するものに限る。）を採用し，維持し，又は強制することを妨げるものと解してはならない」

もっとも，附属書九-B 3 項(b)にせよ，9.16 条にせよ，奇妙な規定ではある。前者は「極めて限られた場合を除くほか」との例外を置いており，正当な公益目的のための措置であっても間接収用を構成する場合があり得ることを認めている。後者は「（この章の規定に適合するものに限る。）」との限定を付すことにより，やはり公益措置であっても投資章の各規定への違反が生じ得ることを認めている。

このように一見不可解な規定が置かれるのには，それなりの理由がある。まず，「正当な公益目的のための措置であれば，いかなる場合においても投資条約違反は発生しない」と定めることは適切でない。というのも，目的は正当であっても，措置の採択に至るまでの手続が不当なものであったり，措置の内容が不当なものであったりすることがあるからである。例えば，環境保護のための措置により投資財産に害が及ぶ場合において，当該措置が環境保護のために必要ないし有用であることの科学的証拠が示されない場合には間接収用を認めるべきこともあろうし[24]，当該措置により大幅な影響を受ける投資家に環境審査基準が知らされない場合には公正衡平待遇義務違反を認めるべきときもあろう[25]。まして，ある環境規制が外国企業にのみ課されて内国企業には課されない場合，いくらその規制の目的が環境上正当なものであっても，内国民待遇義務違反を認めるべきである[26]。したがって，「極めて限られた場合を除くほか」や「（この章の規定に適合するものに限る）」という制約を置かざるを得ないのである。このような制約を置いたとしても，目的・内容・手続において適切な環境保護等の公益措置が投資条約の何らかの規定違反を構成することはない[27]。

では，このような制約を置くことにより，附属書九-B 3 項(b)や 9.16 条は無

意味になったと言えるだろうか。純粋に法的観点からは，そのように言っても差し支えはない。ただし，公益を重視する姿勢を明記する規定を置くことにより，公益を重視すべきことを解釈者（仲裁人）に常に想起させるという効果はあると思われる。もっとも，先に述べたように，附属書九-B 3 項(b)や 9.16 条のような公益に関する条項がない場合であっても実際の仲裁手続においては公益保護が常に意識されているため，これらの公益条項は，条約解釈に影響を与える法的意義よりも，投資条約が投資受入国の公益を侵害するのではないかとの世間一般の懸念を和らげるという政策的意義を期待されているものと考えられる。

第 3 節　手続規定

　投資条約が今日のような毀誉褒貶の対象となったのは，条約が設立する強力な紛争処理制度の故である。TPP にも，他の多くの投資条約と同様，投資受入国の条約違反により損害を受けたと考える投資家が投資受入国を相手に仲裁を申し立てる投資家対国家仲裁（ISA：investor-State arbitration）が定められている[28]。なお，俗に ISDS（investor-State dispute settlement）と言われることが多いが，ISDS には法的拘束力のない調停も含まれるため，法的拘束力のある仲裁のみを指す場合は投資家対国家仲裁あるいは ISA と呼ぶ方が正確である。

　TPP 9.19 条は，申立人たる投資家は，TPP 投資章の実体規定違反や投資家と投資受入国との間の投資契約違反などによって損害を受けたと主張して投資受入国を相手に仲裁を申し立てることができる，と定める。仲裁廷は 3 名の仲裁人からなり，申立人・被申立国それぞれが 1 名ずつ，もう 1 名を紛争当事者の合意により（合意が得られない場合は投資紛争解決国際センター（ICSID：International Centre for Settlement of Investment Disputes）事務局長により），それぞれ指名される（9.22 条）。仲裁規則は，申立人の選択により，投資紛争解決条約（ICSID 条約）や国連国際商取引法委員会（UNCITRAL：United Nations Commission on International Trade Law）仲裁規則などが用

いられる（9.19条4項）。仲裁廷が適用する法は，TPP投資章実体規定違反に関する申立についてはTPPおよび国際法の関連規則，投資契約違反に関する申立については当該契約に適用される法である（9.25条）。

被申立国による違反が認定される場合，仲裁廷は金銭賠償か財産の原状回復を命じるが，原状回復は被申立国の判断により金銭賠償に置き換えられるものとされている（9.29条1項(b)）。すなわち，仲裁廷は，被申立国に対し，法律の改廃や行政行為の撤回等を命じることはできない。TPP各当事国は仲裁判断の執行を義務づけられる（9.29条10項）。すなわち，例えば日本企業がブルネイに対して仲裁を申し立てて勝訴した場合，ブルネイが何らかの財産をベトナムに有しているとすれば，ベトナムは当該ブルネイ財産に対する執行を認めなければならない[29]。また，それに加えて，ICSID条約に基づく仲裁（9.19条4項(a)）の場合は同条約54条に基づきICSID条約当事国（TPP非当事国も含む）に執行義務が課せられ，ICSID追加的措置による仲裁（9.19条4項(b)）あるいはUNCITRAL仲裁規則（同項(c)）に基づく仲裁の場合には外国仲裁の承認執行に関するニューヨーク条約[30]および国際商事仲裁に関する米州条約により同条約当事国に執行義務が課される（TPP 9.29条12項）。

このような投資家対国家仲裁に対しては，投資家による濫訴を招いて国家の正当な権限行使が制約を受けてしまう，一審制であり慎重さに欠ける，情報公開がなく手続が不透明である，という批判がしばしばなされる。TPPは，これらの批判に一定の対応を試みている。

まず，濫訴を招くという批判にいう「濫訴」の意味は必ずしも明らかでないが，TPPは仲裁手続の適切な利用を促進するための規則をいくつか用意している。まず，9.23条4項は，「請求が明白に根拠を欠いている場合」には簡易な手続で申立を斥けることができることを定めている[31]。さらに，9.29条3項は，仲裁費用および弁護費用の負担につき仲裁廷が判断すると定めている。UNCITRAL仲裁規則では敗訴者負担が原則であるところ（2010年規則42条），ICSID仲裁では必ずしも明確ではなかったが，最近はいずれの規則に基づく仲裁においても弁護費用を含めて敗訴者負担とされる傾向が強い。すなわち，投資家が投資受入国に仲裁を申し立てて敗訴する場合，投資受入国が支出した仲裁費用（事務局利用費，仲裁人報酬など）のみならず弁護費用につい

ても少なくともその一部を負担しなければならなくなると予想される。

　TPP は一回限りの仲裁を想定しており，その限りでは他の多くの投資条約と変わるところがない。しかし，9.23 条 11 項は，上訴審手続の導入を将来的に検討することを定めている。この点に関して，ヨーロッパ連合（EU）がカナダ・ベトナムそれぞれと大筋合意した自由貿易協定（いずれも未発効）において二審制の常設裁判所制度を導入するとしたことが注目される。EU は日本や米国との自由貿易協定交渉においても同様の制度の導入を主張しており，今後の展開を注視する必要がある。

　投資家対国家仲裁手続の透明性については，この手続において国家の公権力行使の条約適合性が評価され，賠償が命じられる際には国民の税金からそれが支出されることになるため，透明性確保の必要性が広く認識されるようになってきている。TPP は，NAFTA での透明性確保の実績[32]を踏まえ，また，UNCITRAL での投資家対国家仲裁透明性規則の策定作業[33]にも影響を受けつつ，詳細な情報公開規則を定めている（9.24 条）。

おわりに：TPP 投資章の意義

　TPP に署名した日本以外の 11 カ国のうち，日本はこれまでに米国・カナダ・ニュージーランドを除く 8 カ国とは既に投資条約を締結しており，実体規定を比較するならば余り大きな違いはない。また，手続規定を見ても，日・オーストラリア EPA を除く他の 7 カ国との条約にはすべて投資家対国家仲裁に関する規定が置かれている[34]。

　とすると，TPP 投資章の日本にとっての意義は，米国・カナダ・ニュージーランド・オーストラリアという先進国との間で投資家対国家仲裁を含む投資条約関係に入ることである。もっとも，これは日本にとって初めての経験ではなく，1994 年のエネルギー憲章条約は EU 構成国を含む多数国間条約であって投資に関する実体・手続規則を置いており，また，2009 年の日・スイス EPA も投資章を含んでいる。さらに，韓国との間では，2002 年の日韓 BIT に加え，2012 年の日中韓投資条約も締結されている。司法制度の整備された先進

国間では投資家対国家仲裁は不要との意見もある一方で，NAFTA の例に示されるように先進国間でも有用とも考えられる[35]。

米国を含む条約に投資家対国家仲裁が定められると，訴訟慣れした米企業が日本に対して仲裁を申し立てて政策をゆがめるおそれがある，との意見もしばしば聞かれる。しかし，そのような米企業が現に相当数存在すると仮定しても，TPP により巨大な変化がもたらされるわけではない。米企業は，今でも，例えばシンガポールや香港に子会社を設置してその子会社に日本に対して仲裁を申し立てさせることが可能だからである。現に，「米企業ローンスターに仲裁を申し立てられて韓国が困っている」と言われることがあるが，これは米韓 FTA に基づく仲裁ではなく，米企業がベルギーに設立した子会社が韓国・ベルギー BIT を利用して韓国に仲裁を申し立てている例なのである[36]。

TPP 投資章の意義は，むしろ，今後あるべき投資条約の姿の提案として一つの型を示すところにあると考えられる。投資（家）保護を通じた投資促進と国家の規制権限確保とのバランスをどのように取るべきかについての議論が白熱する中，本章で記したような公正衡平待遇義務や収用関連規定に様々な限定を付す方法は，最近の条約において次第に用いられるようになってきており，TPP 投資章はその一つの試みとして広く参照され，議論を呼ぶことになると思われる。

［注］
1）日本が締結している投資条約の一覧およびそれぞれの条文：<http://www.meti.go.jp/policy/trade_policy/epa/index.html>
2）参照，山本晋平（2010），「投資協定仲裁判断例研究（14）投資協定上の『投資』概念についての UNCITRAL 仲裁手続における判断例」『JCA ジャーナル』57 巻 10 号。
3）小寺彰・松本加代（2010），「内国民待遇」小寺彰編著『国際投資協定』三省堂。
4）西元宏治（2009），「投資協定における最恵国待遇条項の適用範囲」『投資協定仲裁研究会報告書 平成 20 年度』<http://www.meti.go.jp/policy/trade_policy/epa/investment/materials.html>
5）玉田大（2012），「国際投資協定上のパフォーマンス要求禁止条項の法構造」RIETI Policy Discussion Paper Series 12-P-102.
6）例，Lemire v. Ukraine, ICSID Case No. ARB/06/18, Decision on Jurisdiction and Liability, 14 January 2010. 鈴木五十三（2011），「投資協定仲裁判断例研究（29）FET（公正衡平待遇義務）条項違反に基づく金銭賠償」『JCA ジャーナル』58 巻 10 号。
7）例，Goertz c. Burundi, Aff. CIRDI No. ARB/01/2, sentence, 8 juin 2012. 石戸信平（2013），「投資協定仲裁判断例研究（52）投資協定に基づく仲裁における被申立国による反対請求についての仲裁廷の管轄および受理可能性（肯定）」『JCA ジャーナル』60 巻 12 号。

8) 例，Deutsch Bank v. Sri Lanka, ICSID Case No. ARB/09/2, Award, 31 October 2012. 井口直樹（2013），「投資協定仲裁判断例研究（50）金融デリバティブ商品に基づく国営企業の債務の履行を阻止する裁判所・中央銀行の措置が公正衡平待遇違反・収用補償義務違反とされた事例」『JCA ジャーナル』60 巻 10 号。
9) 例, EDFI v. Argentina, ICSID Case No. ARB/03/23, Award, 11 June 2012. 石戸信平（2013），「投資協定仲裁判断例研究（43）最恵国待遇条項を通じた投資受入国と第三国との間の投資協定中の義務遵守条項の援用」『JCA ジャーナル』60 巻 3 号。濱本正太郎（2014），「投資家の正当な期待の保護―条約義務と法の一般原則との交錯―」RIETI Discussion Paper Series 14-J-002；Hamamoto, S. (2014), "Protection of the Investor's Legitimate Expectations: Intersection of a Treaty Obligation and a General Principle of Law," in W. Shan and J. Su, eds., *China and International Investment Law*, Leiden: Brill/Nijhoff.
10) 例，最高裁判所 1981（昭和 56）年 1 月 27 日判決民集 35 巻 1 号 35 頁。
11) 例，Occidental Petroleum v. Ecuador, ICSID Case No. ARB/06/11, Award, 5 October 2012. 小川和茂（2013），「投資協定仲裁判断例研究（44）申立人の行為に対して採られた被申立国の措置が実質的な収用に該当するとされた事例」『JCA ジャーナル』60 巻 4 号。
12) 例，RDC v. Guatemala, ICSID Case No. ARB/07/23, Award, 29 June 2012. 小山隆史（2012），「投資協定仲裁判断例研究（42）CAFTA 仲裁における間接収用，公正衡平待遇義務違反性およびその賠償基準・算定方法」『JCA ジャーナル』59 巻 12 号。
13) 小寺彰（2008），「投資協定における『公正かつ衡平な待遇』」RIETI Discussion Paper Series 08-J-026。阿部克則（2012），「公正衡平待遇規定と投資保護の国際的最低基準」国際経済法学会編『国際経済法講座 1 通商・投資・競争』法律文化社。坂田雅夫（2014），「公正衡平待遇条項の適用実態」『日本国際経済法学会年報』23 号。
14) 日本が締結している投資条約における公正衡平待遇条項の詳細につき，Hamamoto (Routledge, CIGI)。
15) 詳しくは，坂田雅夫（2004），「北米自由貿易協定（NAFTA）1105 条の『公正にして衡平な待遇』規定をめぐる論争」同志社法学 55 巻 6 号。
16) 例，Glamis Gold v. USA, Award, 8 June 2009.
17) 例，Mondev v. USA, ICSID Case No. ARB (AF)/99/2, Award, 11 October 2002.
18) Glamis Gold 仲裁判断もその可能性を認めている。
19) これは，スペイン等で，太陽光発電に関する補助金を巡る投資条約仲裁が多発していることを受けた対応と思われる。スペインに対して申し立てられた一連の仲裁事案の中での最初の仲裁判断として，Charanne c. España, SCC Arbitraje No. 062/2012, laudo final, 21 de enero de 2016. 井口直樹（2016），「投資協定仲裁判断例研究（79）再生エネルギー買取価格制度の不利益変更が公正衡平待遇違反にならないとされた例」『JCA ジャーナル』63 巻 6 号。
20) 収用に関する全般的な議論として，森川俊孝（2012），「収用・国有化」国際経済法学会編『国際経済法講座 1 通商・投資・競争』法律文化社。
21) 商事仲裁判断を正当な根拠なく無効としたことが収用を構成するとした例として，Saipem v. Bangladesh, CSID Case No. ARB/05/7, Award, 30 June 2009. 鈴木五十三（2010），「投資協定仲裁判断例研究（11）投資受入国裁判所による ICC 仲裁に対する介入の収用該当性」『JCA ジャーナル』57 巻 7 号。
22) 参照，坂田雅夫（2005），「投資保護条約に規定する『収用』の認定基準としての『効果』に関する一考察」『同志社法学』57 巻 3 号。松本加代（2008），「規制と間接収用」RIETI Discussion Paper Series 08-J-027。有馬幸菜ほか（2012），「ISDS 条項批判の検討――ISDS 条項は TPP 交渉参加を拒否する根拠となるか」『JCA ジャーナル』59 巻 12 号。Hamamoto, S. (2013), "Requiem

for Indirect Expropriation," PILAGG e-series/IA/1.
23) 条文に付されている注は省略した。
24) Tecmed c. Mexico, CIADI Caso No. ARB（AF）/00/2, laudo 29 de mayo de 2003.
25) Clayton v. Canada, PCA Case No. 2009-04, Award on Jurisdiction and Liability, 17 March 2015. 猪瀬貴道（2015），「投資協定仲裁判断例研究（73）環境影響評価についてNAFTAの国際最低基準および内国民待遇違反が判断された事例」『JCAジャーナル』62巻11号。
26) S.D. Myers v. Canada, Partial Award, 13 November 2000.
27) 注22の文献に示されるように，そもそもTPP 9.16条や附属書九-B 3項（b）のような条項が置かれていない条約の場合も，目的・内容・手続において適切な環境保護等の公益措置が投資条約の何らかの規定違反を構成するとされたことはない。参照，Methanex v. USA, Final Award of the Tribunal on Jurisdiction and Merits, 3 August 2005；Chemtura v. Canada, Award, 2 August 2010. 石川知子（2011），「投資協定仲裁判断例研究（23）農薬の登録抹消に係る被申立国の一連の行為が公正衡平待遇義務違反および収用を構成しないとされた例」『JCAジャーナル』58巻4号。
28) 投資条約仲裁一般につき，末冨純子・濱井宏之著，阿部克則監修（2016），『国際投資仲裁ガイドブック』中央経済社。濱本正太郎（2016），「投資条約仲裁」谷口安平・鈴木五十三編集代表『国際商事仲裁の法と実務』丸善雄松堂。
29) 強制執行に際し，主権免除による制約は残る。水島朋則（2013），「投資仲裁判断の執行に関する問題」RIETI Discussion Paper Series 13-J-078。松井章浩（2005），「仲裁判断執行手続における国際法上の執行免除」立命館法学2005年5号。
30) ただし，条約に基づく投資家対国家仲裁をニューヨーク条約により執行することには問題がないではない。道垣内正人（2010），「投資紛争仲裁へのニューヨーク条約（外国仲裁判断の承認及び執行に関する条約）の適用可能性」『投資協定仲裁研究会報告書 平成21年度』<http://www.meti.go.jp/policy/trade_policy/epa/investment/materials.html>。早川吉尚（2014），「投資協定仲裁判断例研究（63）ニューヨーク条約における『商事性』留保と投資仲裁」『JCAジャーナル』61巻12号。
31) ICSID仲裁規則に類似の規定がある。小川和茂（2011），「投資協定仲裁判断例研究（22）ICSID仲裁規則41条5項にいう『明らかに法的根拠を欠く』場合」『JCAジャーナル』58巻3号。
32) 久保田有香（2004），「NAFTA11章仲裁手続におけるアミカス文書の取り扱い」『大学院研究年報（中央大学）法学研究科篇』34号。
33) 濱本正太郎（2014-15），「条約に基づく投資家対国家仲裁の透明性に関するUNCITRAL規則および同規則の実施に関する条約 コメンタリー（その1）～（その8・完）」『JCAジャーナル』61巻11号，12号，62巻1号～6号。
34) 日・オーストラリアEPAでは投資家対国家仲裁は将来の検討課題とされている（同EPA 14.19条）。
35) de Mestral, A. (2015), "Investor-State Arbitration between Developed Democratic Countries," Centre for International Governance Innovation, Investor-State Arbitration Series, Paper No. 1.
36) LSF-KEB Holdings v. Republic of Korea, ICSID Case no. ARB/12/37.

（濱本正太郎）

第9章

TPP とサービス

はじめに

　サービス産業は実態経済において近年大きく拡大しており，日本においては，2015年時点で生産GDPの75％ほどを占めている。しかしサービスの貿易は財貿易の4分の1程度に過ぎず，さらなるサービス貿易の拡大は日本の経済成長戦略として自然かつ必要不可欠となる。環太平洋パートナーシップ協定（TPP）は財貿易だけでなく，サービス貿易の自由化も目指したものであるため，日本経済の大きな景気刺激策となりうる。本章では，TPPにおけるサービス自由化の内実を概観し，それを踏まえてTPPによる域内サービス貿易の拡大について論じる。第1節においては，サービス部門の拡大とTPPの可能性について述べ，第2節においては，TPPのサービスに関連する条文を概観する。続く第3節では，TPPにおけるサービス貿易の自由化の度合いを指数として算出し，WTOにおけるサービス自由化と比較する。最後の第4節では，TPPによるサービス貿易自由化の可能性につき展望を行いたい。

第1節　サービス部門の拡大と TPP の可能性

　サービス産業とは，触れることのできない経済的な付加価値を生産する産業であり，形がなく，目に見えない活動である点でモノの生産と根本的に区別される。一括りにサービスといっても多種多様な活動が含まれる。例えば，輸送，金融，通信，流通，飲食店，医療，教育・研究，建設，法務や会計，情報処理・調査など企業活動をサポートするサービス，そして，理美容，冠婚葬祭

など個人の生活をサポートするサービスなどである。そして国境をまたいだサービスの売買がサービス貿易である。現代経済においては，触れることのできない経済的な価値のシェアが高まっており（「経済のサービス化」と呼ばれる），日本を含む先進諸国において，GDPに占めるサービスのシェアは年々高まっている[1]。

サービス貿易は財貿易と異なって，生産と消費を時間的に分離することが不可能で，また消費の不可逆性や転売不能性，また契約内容の予測不能性および複数企業の集積による規模の経済性が存在している。そのため消費者に近接，すなわち集積して需要構造を探った上でサービス提供を行うことが不可欠になる。また地理的空間を重視した空間経済学では，サービス産業が農業や工業に引き込まれる形で都市の集積地帯の機能として形成され，逆に輸送サービスをはじめとするサービス産業の発達によって経済活動にともなう広義の輸送費の低下がさらに都市の集積を強化していく[2]。また集積が一極集中することなく，分散的になされるためにも，サービス産業の充実が重要となる。

TPP協定の「第10章 国境を越えるサービスの貿易」においては，TPP締約国にとってのサービス貿易の重要性の増大を受け，サービス貿易の自由化について詳細に規定している。具体的には，内国民待遇（国内企業と外国企業を差別しないこと），最恵国待遇（特定の外国からの企業のみを優遇しないこと），および市場アクセス，すなわち，いずれのTPP締約国も，サービス提供に対する数量制限を課してはならないことを明示している。数量制限に関しては，例えば，サービス提供者の数の制限や，取引の数の制限，特定の形態の法定の事業体や合弁企業を通じてサービスを提供することを要求してはならないこと，またいずれの締約国も，他の締約国のサービス提供者に対して，サービスの提供を行うために，自国の領域に事務所若しくは関連機関を設立することまたは居住することを求めることはできないことを指す。

TPP締約国は，これらの義務を「ネガティブリスト方式」に基づいて受け入れることになっている。すなわち，各締約国の市場は，これらの原則の例外（すなわち非適合措置）とする場合を除き，TPP締約国からのサービス提供者に対して完全に開かれていることを約束する。これらの非適合措置は，(1) 現行の措置（締約国が将来当該措置をより制限的なものとしない義務），および

(2) 将来における完全な裁量を維持する分野と政策，の二つから構成されている。次節においては，これら二つの措置について概観したい。

第2節　TPPにおけるサービス関連の条文

　サービス貿易に関する自由化を留保する内容は，TPP 協定の「附属書Ⅰ」および「附属書Ⅱ」において規律されているため，以下ではそれらを概観してみる（金融サービスは TPP 協定の第11章で別途規律されているため，含まれない）。

1．「附属書Ⅰ」の概要[3]

1．農林水産業（植物ブリーダーの権利）：日本に居住しない外国人には基本的に権利を付与しない。
2．農林水産業および関連するサービス：投資にあたっての事前通知および審査を受けること。投資家は，当該審査の結果に基づき，投資の内容の変更または投資に係る手続の中止を要求されることがある。
3．自動車整備業（自動車の分解整備業）：事業場を日本に設置し，認証を受けること。
4．事業サービス（職業斡旋業，港における荷役，海洋関係労働者および建設業の派遣サービス）：日本に事業所を設置し，当局の許可を得るか，届け出を行うこと。
5．回収代行のサービス：法律事件に係る法律業務を構成する回収代行のサービスを提供しようとする者は，日本国の法令により弁護士としての資格を有しているか，日本国の法令による弁護士法人であるか，または債権管理回収業に関する特別措置法に基づいて設立された法人であり，かつ，日本国内に事務所を設置していなければならない。
6．建設業：拠点を日本に設置し，許可を得ること。
7．流通サービス（アルコール飲料に関連する卸売サービス，小売サービスおよび問屋サービス）：サービス提供の企業数に需給バランスに応じた免許数の数量制限を行う。
8．流通サービス（公共卸売市場において提供される卸売サービス）：数量制限のある免許を取得すること。
9．教育，学習支援業（高等教育サービス）：非営利の学校法人を設立すること。

10. 熱供給業：事前通知が必要で，国内安全保障の観点での審査を受けること。投資内容の変更や投資手続きの中止が求められることもある。
11. 情報通信業（電気通信）：日本電信電話株式会社（NTT）の株主で議決権の割合が合計で3分の1を超える外国人，外国政府（代理人を含む）および外国法人は株主名簿に記載されない。外国人は日本電信電話株式会社，NTT東日本，NTT西日本において取締役または監査役に就任できない。
12. 情報通信業（電気通信業およびインターネット付随サービス業）：事前通知および国内安全保障の観点での審査を受けること。投資内容の変更や投資手続きの中止が求められることもある。
13. 製造業（船舶製造・修理業，舶用機関製造業）：経済需要のテストを受けた後に免許を取得すること。
14. 製造業（医薬品製造）：事前通知を行い，事業の範囲について審査を受けること。
15. 製造業（皮革および皮革製品製造）：事前通知を行い，事業の範囲について審査を受けること。
16. 船舶の国籍に関する事項：国際海上運輸業は日本人あるいは3分の2以上の役員が日本人である日本企業のみが行うことができる。
17. 計量サービス：拠点を設立し，国内関連機関に登録すること。
18. 医療および福祉：労働保険は事務所を設立した国内関連団体のみが行うことができる。
19. 鉱業および鉱業に付随するサービス：日本国の国民または日本国の企業のみが，鉱業権または租鉱権を保有することができる。
20. 石油業：事前通知を行うとともに，審査を受けること。
21. 自由職業サービス：法律サービスを行うには，弁護士の資格を取得し，事務所を設立すること。事業体として法的サービスを提供する場合には，弁護士法人を設立すること。
22. 自由職業サービス：外国法に関する法的な助言サービスを行うには，日本の国内法に基づき登録を行うこと。また一年間に180日以上日本に滞在しなければならない。
23. 自由職業サービス：弁理士サービスを提供するには，弁理士の資格を取得すること。事業体の場合には，特許業務法人を設立すること。
24. 自由職業サービス：日本国の国民のみが，日本国内において公証人に任命されることができる。公証人は，法務大臣が指定する場所に事務所を設置しなければならない。
25. 自由職業サービス：司法書士サービスを提供するには，司法書士の資格を取得すること。事業体の場合には，司法書士法人を設立すること。
26. 自由職業サービス：公認会計士サービスを提供する自然人は，公認会計士の資格を取得すること。事業体の場合には，監査法人を設立すること。

27. 自由職業サービス：税理士サービスを提供する場合には，税理士の資格を取得し，事務所を設立すること。事業体の場合には，税理士法人を設立すること。
28. 自由職業サービス：建築士あるいは建築技師はそれぞれ該当する資格を取得し，拠点を設立すること。
29. 自由職業サービス：社会保険労務士サービスを提供しようとする自然人は，日本国の法令により社会保険労務士としての資格を有しなければならず，日本国内に事務所を設置しなければならない。社会保険労務士サービスを提供しようとする企業は，日本国の法令に基づく社会保険労務士法人を設立しなければならない。
30. 自由職業サービス：行政書士サービスを行うには，その資格を取得し，拠点を設立すること。事業体の場合には，行政書士法人を設立すること。
31. 自由職業サービス：海事代理士サービスは，日本国の法令により海事代理士としての資格を有する自然人が提供しなければならない。
32. 自由職業サービス：土地家屋調査士サービスを提供しようとする自然人は，日本国の法令により土地家屋調査士としての資格を有しなければならず，その所属する土地家屋調査士会の地域内に事務所を設置しなければならない。土地家屋調査士サービスを提供しようとする企業は，日本国の法令に基づく土地家屋調査士法人を設立しなければならない。
33. 不動産業：建設用土地取引，建築物取引，不動産特定共同事業およびマンション管理業を行う場合には，拠点を設立し，免許を得ること。
34. 不動産鑑定業：事務所を設立し，国内関連政府機関に登録すること。
35. 船員：日本国の企業により雇用された外国人は，関連の通達に掲げる船員を除くほか，日本国を旗国とする船舶において働くことはできない。
36. 警備業：事前通知を行い，国内の安全保障および公的秩序の観点での審査を受けること。必要な変更を経た後に許可が与えられる。
37. 職業上の安全および衛生に関連するサービス：日本に居住するか拠点を設立。
38. 測量業：日本国内に営業所を設置し，国土交通大臣の登録を受けなければならない。
39. 運輸業（航空運輸業）：事前通知と審査および（必要に応じ業務内容変更の後）許可を受けること，外国籍の自然人あるいは法人による日本の航空会社の株式保有を拒否できること等。
40. 運輸業（航空機登録原簿への航空機の登録）：外国籍の航空機は日本国内において登録することができない。
41. 運輸業（通関業）：通関業を営もうとする者は，日本国内に営業所を設置し，その業に従事しようとする地を管轄する税関長の許可を受けなければならない。
42. 運輸業（航空運送を利用する貨物利用運送事業を除く）：外国籍の自然人および法人は拠点を設置し，許可を受けること（許可は互恵的に与えられる）。

43. 運輸業（航空貨物輸送）：外国籍の自然人および法人は，日本国内地点間の航空貨物輸送を行うことができない。国際的輸送の場合，許可を受けること（許可は互恵的に与えられる）。
44. 運輸業（鉄道業）：事前通知を行い，国内の安全保障の観点での審査を受けること。必要な変更を経た後に許可が与えられる。
45. 運輸業（道路旅客輸送業）：事前通知を行い，国内の安全保障および公的秩序の観点での審査を受けること。必要な変更を経た後に許可が与えられる。
46. 運輸業（道路輸送業）：営業所を設置し，許可を得ること。
47. 運輸業（運輸に付随するサービス業）：経済需要テストに基づいて与えられる免許を取得すること。
48. 運輸業（輸送に付随するサービス業）：日本国の国民のみが，日本国内において水先人になることができる。同一の水先区において船舶を誘導する水先人は，水先人会を設立しなければならない。
49. 運輸業（水運業）：他の締約国により日本国の外航船舶運航事業者が差別的な取扱いを受けている場合には，当該他の締約国の外航船舶運航事業者は，日本国内の港への寄港および日本国内における貨物の積込みまたは取卸しを制限されるか，禁止される。
50. 運輸業（水運業）：事前通知および審査が必要。
51. 運輸業（水運業）：日本国の法令または日本国が締結している国際協定に別段の定めがある場合を除くほか，日本国を旗国としない船舶は，日本国内の不開港場への寄港および日本国内の港の間の貨物または旅客の運送を行ってはならない。
52. 技能検定：拠点を設立し，非営利団体としてサービス提供すること。
53. 水供給および水道関連工事：事前通知を行い，国内の安全保障の観点での審査を受けること。必要な変更を経た後に許可が与えられる。
54. 卸売業および小売業（家畜取引）：日本に居住し，免許を取得すること。
55. 航空宇宙産業（航空機の維持管理および修理）：事前通知を行い，国内の安全保障の観点での審査を受けること。必要な変更を経た後に免許が与えられる（数量制限あり）。またサービス提供のための工場を建設すること。

　TPP協定における日本のサービス業関連の個別留保内容のうち，「TPP附属書Ⅱ」は，いわゆる「将来規制」と位置付けられるものである。以下に「附属書Ⅱ」の概要を示す[4]。

2．「附属書Ⅱ」の概要
1. 全部門（シニアマネジメントおよび役員会）：投資家としての所有権・行使でき

る権利および国籍の規制についての権利を留保する。
2. 全部門：電信，賭博，たばこ製造，日本銀行券製造，コイン鋳造および郵便サービスに関する投資規制の権利を留保する。
3. 全部門（現在認識されていない，技術的に妥当しないサービス）：本協定の締結時に技術的に妥当しないためになされていないサービス規制の権利を留保する。
4. 航空宇宙産業（宇宙産業）：宇宙産業の規制に関する権利を留保する。
5. 武器および爆発物産業：武器および爆発物産業の規制に関する権利を留保する。
6. 情報通信（放送産業）：放送産業（インターネットを含まない）の規制に関する権利を留保する。
7. 教育および学習支援（初等および中等教育サービス）：初等および中等教育サービスの規制に関する権利を留保する。
8. エネルギー（電気供給産業，ガス供給産業，原子力エネルギー産業）：電気供給産業，ガス供給産業および原子力エネルギー産業の規制に関する権利を留保する。
9. 水産業および水産関連サービス（領海内，内海，排他的経済水域および大陸棚における水産業）：領海内，内海，排他的経済水域および大陸棚における水産業の規制に関する権利を留保する。
10. 土地取引：日本国内の土地の取得あるいはリースについては，日本人あるいは日本の法人が受ける禁止あるいは制限と同じか類似の禁止あるいは制限を受ける。
11. 公共法のエンフォースメント，矯正および社会サービス：所得補償，社会厚生上の措置，公的研修，健康，チャイルドケアおよび公的住宅の規制に関する権利を留保する。
12. セキュリティーガードサービス：セキュリティーガードサービスの規制に関する権利を留保する。
13. 輸送（航空輸送）：飛行場および航空輸送の規制に関する権利を留保する。
14. 全部門：本協定以前に締結あるいは署名された二国間あるいは多国間協定における諸国への特恵的扱いの規制に関する権利を留保する（ただし飛行関連，水産関連および海難救助を含む海洋についての規定を含む協定を除く）。

第3節　TPPの附属表Ⅰ，Ⅱおよび金融サービス章とGATS約束表との対比

　本節では，ホクマン指数[5]（Hoekman Index）の手法を用いて日本国内の

サービス自由化の度合いを試算してみる。ホクマン指数は，個別のサービス部門ごとに「規制なし」であれば1点，「何らかの規制あり」の場合には一律0.5点，「約束せず」の場合には0点としてカウントし，産業部門ごとに単純平均して得られる指数であり，0点から1点の値を取る（満点は1点であり，内外差別の完全撤廃を指す。一方0点は内外差別の撤廃を全く約束していない状況である）。

TPP協定の第10章（国境を越えるサービスの貿易）の附属書Ⅰと附属書Ⅱ，また第11章（金融サービス）における日本のネガティブリストを合わせてホクマン指数の算出を行ってみた[6]。またWTOのGATS（サービス貿易一般協定）における日本の約束表中で第3モード，すなわち商業拠点の設立を通じたサービス提供についてのサービス規制も併せてホクマン指数として算出した。（TPPにおいてはネガティブリスト，GATSにおいてはポジティブリストが適用されているために，TPPにおいては，「規制の言及がないサービス部門には1点を与え，GATSにおいては，言及がない部門には0点を与えて計算した。）サービス部門ごとにそれらを比較してカッコ内に掲載すると，以下のようになる。

＜市場アクセスおよび内国民待遇を併せたホクマン指数の試算＞

（GATSの12部門および55部門分類にあてはめた結果）
1．実務サービス（TPP:0.91　GATS:0.59）
　A．自由職業サービス（TPP:0.86　GATS:0.20）
　B．電子計算機および関連のサービス（TPP:1.00　GATS:1.00）
　C．研究および開発のサービス（TPP:0.75　GATS:0.00）
　D．不動産に係るサービス（TPP:1.00　GATS:1.00）
　E．運転者を伴わない賃貸サービス（TPP:0.90　GATS:0.60）
　F．その他の実務サービス（TPP:0.93　GATS:0.74）
2．通信サービス（TPP:0.77　GATS:0.30）
　A．郵便サービス（TPP:0.00　GATS:0.00）
　B．クーリエサービス（TPP:1.00　GATS:0.00）
　C．電気通信サービス（TPP:0.87　GATS:0.50）
　D．音響映像サービス（TPP:1.00　GATS:0.50）
　E．その他（TPP:1.00　GATS:0.50）
3．建設サービスおよび関連のエンジニアリングサービス（TPP:1.00　GATS:1.00）

A．建築物に係る総合建設工事（TPP:1.00　GATS:1.00）
　　B．土木に係る総合建設工事（TPP:1.00　GATS:1.00）
　　C．設置および組立工事（TPP:1.00　GATS:1.00）
　　D．建築物の仕上げの工事（TPP:1.00　GATS:1.00）
　　E．その他（TPP:1.00　GATS:1.00）
　4．流通サービス（TPP:1.00　GATS:0.80）
　　A．問屋サービス（TPP:1.00　GATS:1.00）
　　B．卸売サービス（TPP:1.00　GATS:1.00）
　　C．小売サービス（TPP:1.00　GATS:1.00）
　　D．フランチャイズ・サービス（TPP:1.00　GATS:1.00）
　　E．その他（TPP:1.00　GATS:1.00）
　5．教育サービス（TPP:0.90　GATS:0.65）
　　A．初等教育サービス（TPP:0.75　GATS:0.75）
　　B．中等教育サービス（TPP:0.75　GATS:0.75）
　　C．高等教育サービス（TPP:1.00　GATS:0.75）
　　D．成人教育サービス（TPP:1.00　GATS:1.00）
　　E．その他の教育サービス（TPP:1.00　GATS:1.00）
　6．環境サービス（TPP:1.00　GATS:0.94）
　　A．汚水サービス（TPP:1.00　GATS:1.00）
　　B．廃棄物処理サービス（TPP:1.00　GATS:0.75）
　　C．衛生サービスおよびこれに類似するサービス（TPP:1.00　GATS:1.00）
　　D．その他（TPP:1.00　GATS:1.00）
　7．金融サービス（TPP:0.97　GATS:0.27）
　　A．すべての保険および保険関連のサービス（TPP:0.94　GATS:0.75）
　　B．銀行およびその他の金融サービス（保険を除く）（TPP:0.96　GATS:0.06）
　　C．その他（TPP:1.00　GATS:0.00）
　8．健康に関連するサービスおよび社会事業サービス（TPP:0.75　GATS:0.00）
　　A．病院サービス（TPP:0.75　GATS:0.00）
　　B．その他の人に係る健康サービス（TPP:0.75　GATS:0.00）
　　C．社会事業サービス（TPP:0.75　GATS:0.00）
　　D．その他（TPP:0.75　GATS:0.00）
　9．観光サービスおよび旅行に関連するサービス（TPP:1.00　GATS:0.75）
　　A．ホテルおよび飲食店（仕出しを含む）（TPP:1.00　GATS:1.00）
　　B．旅行業サービス（TPP:1.00　GATS:1.00）
　　C．観光客の案内サービス（TPP:1.00　GATS:1.00）
　　D．その他（TPP:1.00　GATS:1.00）
　10．娯楽，文化およびスポーツのサービス（TPP:1.00　GATS:0.70）

A. 興行サービス（TPP:1.00　GATS:0.50）
B. 通信社サービス（TPP:1.00　GATS:1.00）
C. 図書館および記録保管所のサービス（TPP:1.00　GATS:1.00）
D. スポーツその他の娯楽のサービス（TPP:1.00　GATS:1.00）
E. その他（TPP:1.00　GATS:1.00）
11. 運送サービス（TPP:0.82　GATS:0.29）
A. 海上運送サービス（TPP:0.92　GATS:0.33）
B. 内陸水路における運送（TPP:0.88　GATS:0.33）
C. 航空運送サービス（TPP:0.90　GATS:0.40）
D. 宇宙運送（TPP:0.00　GATS:0.00）
E. 鉄道運送サービス（TPP:0.90　GATS:0.20）
F. 道路運送サービス（TPP:0.80　GATS:0.35）
G. パイプライン輸送（TPP:1.00　GATS:0.50）
H. すべての形態の運送の補助的なサービス（TPP:1.00　GATS:0.50）
I. その他の運送サービス（TPP:1.00　GATS:0.00）

　上の結果は試算に過ぎないが，全体として，TPPによる日本国内でのサービス自由化の度合いが，GATSにおけるサービス自由化の度合いを大きく上回っていることが観察できる。

第4節　TPPにおけるサービス貿易自由化の可能性

　サービス産業は，それ自体の重要性のみならず，農業および製造業のためのサポーティング・インダストリーとしての性質もまたその重要な役割である。例えば運輸業は，農産物の運搬，そして製造業企業の行う部品調達，最終組み立てに不可欠の役割を担っている。製造業のサポーティング・インダストリーとしてのサービスは運輸業だけにとどまらない。実務サービス，通信サービス，金融サービスなども製造業の活動を直接的に支えるサービスである。運輸業やその他のサービスをいかに低コストで迅速かつ円滑に提供できるかについては，TPPメンバー各国が協力した形で生産工程の立地や産業集積形成に関連するサービス・リンク・コストをどれだけ削減できるかが重要な点となる。
　さらにTPPでは，本章で考察した第三モード（商業拠点の設立を通じた

サービス提供）だけでなく，IT 分野の技術進歩による「本国にとどまったままの貿易」すなわち第一モードによる貿易の重要性も意識されており，例えば電子商取引において，外国投資家のサーバの自国内への設置を要求してはならないなどの規定が盛り込まれている。本章では日本におけるサービス自由化に焦点を当てたが，日本から海外へのサービス企業の展開も重要な論点である。さらに人の移動，電気通信サービスについても TPP では別建ての章として規律しており，サービスの多様なモードを通じた自由化が日本経済のさらなる活性化につながることを期待したい。

［注］
1）詳細については石戸（2014）を参照。
2）詳細については Fujita, Krugman and Venables（1999）を参照。
3）TPP 政府対策本部のサイト（http://www.cas.go.jp/jp/tpp/）に掲載の TPP 協定（英文および仮訳文）をもとに要約。なお，附属書には農林水産業，製造業の投資に関する留保も一部含まれているため，サービス業についての規制と合わせて概要をそのまま掲載した。
4）TPP 政府対策本部のサイト（http://www.cas.go.jp/jp/tpp/）に掲載の TPP 協定（英文および仮訳文）をもとに要約。
5）詳細については Hoekman（1995）を参照。
6）金融サービスの規定内容は解釈がかなり専門的になるため，本章では扱わず，本節の指数化において個別分野が言及されている部分を計算に含めることにとどめた。

謝辞：本研究は JSPS 科研費 JP16H06548 および千葉大学リーディング研究育成プログラムの助成を受けたものです。

［参考文献］
石戸光（2014），「第 13 章 TPP とサービス貿易自由化：越境サービス，一時的入国，電気通信を巡る論点」石川幸一・馬田啓一・渡邊頼純編著『TPP 交渉の論点と日本：国益をめぐる攻防』文眞堂.
Hoekman, B. (1995), "Assessing the General Agreement on Trade in Services," *World Bank Discussion Paper* No. 307, World Bank.
Fujita, M., P. Krugman and A. Venables (1999), *The Spatial Economy: Cities, Regions, and International Trade*, Cambridge, Massachusetts: The MIT Press.

（石戸　光）

第 10 章

TPP 協定における政府調達規定

はじめに

　政府調達は GDP の 10-15% といわれる大市場である。政府調達は WTO の政府調達協定（GPA）により開放が進められてきており，GPA 参加国は現在 44 カ国である。GPA に参加していない国の政府調達への参加は政府調達を含む FTA の締結により可能となる。TPP でも政府調達は重要な交渉分野であった。TPP 協定の政府調達章は，ほぼ GPA に準じた構成と内容となっている。対象機関は，中央政府機関，地方政府機関，その他機関であるが，米国など 5 カ国は地方政府機関を対象としていない。開発途上国は経過措置を認められ，マレーシアはブミプトラ政策を相当程度認められるなど例外措置を相当認めている。日本の約束内容は GPA とほぼ同じであり，国内への影響は極めて小さいと考えられる。一方，マレーシア，ベトナムなどは TPP で初めて政府調達市場を開放し，日本企業のこれら政府調達市場への参加が可能となるなど日本にとってメリットは大きい。

第 1 節　WTO 政府調達協定と TPP

　WTO によると，政府調達額は GDP の 10-15% を占めるといわれ[1]，政府調達協定（Government Procurement Agreement：GPA）参加国の政府調達市場の規模は 1.7 兆ドルに達すると推定されている[2]。GPA は，一括受諾の対象外となる複数国協定であり，現在の締約国は 44 カ国・地域である[3]。GPA 不参加国の政府調達市場への参入は，政府調達の外国企業への開放を規

定したFTAを締結することにより可能となることから，近年締結されている包括的なFTAは政府調達規定を含むものが多い。FTAの政府調達規定はWTOのGPAに準じており，TPP協定もGPAに準じた構成となっている。

政府調達はGATT協定の内国民待遇の例外であり，「この条（GATT第3条）の規定は，政府用として購入する産品の政府機関による調達を規制する法令または要件に適用しない（第3条8項a）」と規定されている。政府調達は，GATT東京ラウンドで交渉が行われ，1979年にGATT政府調達協定が調印され13カ国が参加した。1983年から複数国間貿易交渉として政府調達協定交渉が行われ，GATT政府調達協定を拡大強化したWTO政府調達協定が締結

第10-1表　TPPの政府調達章およびWTOの政府調達協定改定議定書の構成

TPP 政府調達章	WTO 政府調達協定 改定議定書
15.1条　定義	1条　定義
15.2条　適用範囲	2条　適用範囲
15.3条　例外	3条　安全保障のための除外および一般的例外
15.4条　一般原則	4条　一般原則
15.5条　経過措置	5条　開発途上国
15.6条　調達に関する情報の公表	6条　調達制度に係る情報および検討
15.7条　調達計画の公示	7条　公示
15.8条　参加のための条件	8条　参加のための条件
15.9条　供給者の資格の審査	9条　供給者の資格の審査
15.10条　限定入札	10条　技術仕様書および入札説明書
15.11条　交渉	11条　期間
15.12条　技術仕様	12条　交渉
15.13条　入札説明書	13条　限定入札
15.14条　期間	14条　電子オークション
15.15条　入札書の取扱いおよび落札	15条　入札書の取扱いおよび落札
15.16条　落札後の情報	16条　調達に関する情報の透明性
15.17条　情報の開示	17条　情報の開示
15.18条　調達の実務における健全性の確保	18条　国内の審査のための手続き
15.19条　国内の審査	19条　適用範囲の修正および訂正
15.20条　附属書の修正および訂正	20条　協議および紛争解決
15.21条　中小企業の参加の促進	21条　この協定の機関
15.22条　協力	22条　最終規定
15.23条　政府調達に関する小委員会	
15.24条　追加的な交渉	
附属書	附属書

（注）電子的な手段の利用はTPPでは15.4条に規定されている。
（出所）TPP協定およびWTO政府調達協定改定議定書により作成。

され1996年1月に発効した。

　政府調達協定は，1997年より改定交渉が行われ2012年3月に改定議定書が採択され，2014年4月6日に発効した。改定のポイントは，①適用範囲の拡大（日本は基準額を13万SDRから10万SDRに引き下げ，政令指定都市7市を追加），②電子的手段の活用による調達手段の簡素化，③開発途上国の加盟促進（特別かつ異なった待遇の提供，キャパシティ・ビルディングなど），④適用範囲の修正に対する異議申し立て，である[4]。

　2016年2月4日に調印されたTPP協定では，政府調達章は全体で24条と附属書から構成されており，WTOの政府調達協定改定議定書にほぼ順じた構成になっている（第10-1表）。TPP参加国でWTO政府調達協定に参加している国は，日本，米国，シンガポール，カナダおよび2015年8月に参加したニュージーランドの5カ国であり，豪州，チリ，マレーシア，ベトナムがオブザーバーとなっている。GPAに参加していない7カ国は締結済のFTAで政府調達を開放していなければTPPにより政府調達を開放することになる。また，その他の国についてもWTO政府調達協定や二国間EPAの約束を超える約束を行っている。GPAには最恵国待遇条項（改訂議定書第4条第1項b）があり，TPPによるGPAより有利な待遇は他のGPA加盟国に適用される。

第2節　TPP政府調達章の主要な規定

　TPP政府調達章の主要な規定は次の通りである[5]。

1．適用範囲

　対象調達は，物品，サービスまたはこれらの組合せの調達であり，附属書の各締約国の表に掲げられている。後述のように適用除外となる物品とサービスも多く，同様に附属書で示されている。適用を受ける政府機関は，中央政府の機関，地方政府の機関，その他の機関であるが，米国など5カ国は地方政府機関を対象外としている（地方政府機関を含む適圧範囲については追加交渉が規定）。また，適用対象外は，締約国（調達機関を含む）の供与するあらゆる形

態の援助（協力のための取決め，贈与，借款，補助金など），国庫に係る取引の代行または預託のサービスなど，国際的な援助を供与することを明確な目的として行われる調達，国際機関により供与された資金，国際的な援助または外国による援助による調達などである（第 15.2 条）。

2．中核となる原則

　最も重要な規定は，内国民待遇と最恵国待遇である。基本的な対象調達に関する措置について，他の締約国の物品およびサービス並びに他の締約国の供給者に対して，国内の物品，サービスおよび供給者および当該他の締約国の物品，サービスおよび供給者に与える待遇よりも不利でない待遇を即時かつ無条件で与える。ほかに，公開入札とすること，調達の効果を減殺する措置（オフセット）の禁止，調達に関する情報の公表，公示などについて電子的手段の利用に努めることなどを規定している（一般原則：第 15.4 条）。

3．途上国に対する特別待遇

　開発途上国については経過措置が認められた。経過期間中に経過措置（価格優遇措置，調達の効果を減殺する措置，特定の機関・分野の段階的追加，通常の基準額よりも高い基準額）を採用できる。具体例は第 3 節を参照（経過措置：第 15.5 条）。

4．調達の手続き

(1) 調達計画の公示

　紙面または電子的な手段により調達計画の公示を行うこと，公示に含める事項，英語を用いるように努めることなどを規定している（第 15.7 条）。

(2) 参加のための条件

　供給者を対象調達の要件を満たすための法律上，資金上，商業上および技術上の能力を有することを確保するものに限定すること，調達機関は労働者の権利に関連する法令が遵守されることを促進することを妨げたげないことなどを規定している（第 15.8 条）。

(3) 供給者の資格の審査

供給者登録制度を維持できること，選択入札を用いる場合は供給者に参加申請書の提出を招請すること，常設名簿を作成・保持できることと関心を有する供給者に常設名簿への記載を申請するよう招請する公示を毎年行うことなどを規定している（第15.5条）。

(4) 限定入札

限定入札を用いることができる場合として，入札書が提出されなかった場合，参加のための条件を満たす供給者がいなかった場合，入札がなれあいによるものであった場合などおよび特定の供給者によってのみ供給されることが可能であり，他の合理的に選択される物品，サービスもしくは他の合理的な代替物品，サービスがない場合などを規定している（第15.10条）。

(5) 技術仕様

締約国間の貿易に対する不必要な障害をもたらすことを目的にして，技術仕様を立案，制定，適用してはならず，適合性評価手続きを定めてはならないこと，技術仕様をデザイン，記述的な特性よりも性能，機能的な要件に着目して定めること，国際規格があるときは国際規格に基づき，国際規格がない場合は国内の強制規格，任意規格，建築基準に基づき定めることなどを規定している（第15.12条）。

(6) 入札書の取扱いおよび落札

すべての入札書を調達の過程の公正性，公平性ならびに入札書の秘密性を保証する手続きに従って受領，開札し取り扱うこと，落札は最も有利な条件，価格が唯一の基準である場合は最低価格の提示，という条件を満たす入札を行った供給者を落札者とすることなどを規定している（第15.15条）。

5．透明性

(1) 落札後の情報

入札書を提出した供給者に対して落札の決定を速やかに通知すること，落札

情報の公示，落札後3年間記録を保持することなどを規定している（第15.16条）。

(2) 情報の開示
他の締約国の要請に応じ，調達が公正かつ公平に政府調達章の規定に従って行われたかを示すために十分な情報を秘密の情報を開示することなく速やかに提供すること，特定の供給者の正当な利益を害することになるなどの情報の不開示，秘密の情報について規定している（第15.17条）。

(3) 調達の実務における健全性の確保
自国の政府調達における腐敗行為に対処するために刑事上または行政上の措置があることを確保すること，当該措置には政府調達に関連する詐欺またはその他の違法行為を行ったと当該締約国が認めた供給者を無制限あるいは一定の期間，当該締約国の調達に参加する資格がない者とする手続きを含めることができることなどを規定している（第15.18条）。

(4) 苦情申立て（国内の審査）
供給者による対象調達に関する異議または苦情の申立てを無差別な，時宜をえた，透明性のあるおよび効果的な態様で審査するために，自国の調達機関から独立した公平な行政当局または司法当局（審査当局）を維持，設置または指定することなどを規定している（第15.19条）。

6．中小企業の参加の促進
中小企業の政府調達への参加の促進が重要であることを認め，単一の電子的な窓口において調達に関連する包括的な情報の提供，調達の規模・企画および構成を考慮することなどを行うことを規定している（第15.21条）。

7．追加的な交渉
調達機関の表の拡大，除外および例外の削減，基準額の改定などを目的として，追加的な交渉を行うことができること，発効後3年以内に地方政府に関す

る適用範囲を含む交渉を開始することなどを規定している(第15.24条)。

第3節　対象機関と基準額および米国などの約束

1. 対象機関と基準額の概要

TPP協定では，調達対象機関は，中央政府機関，地方政府機関，その他の機関であり，各国が自国の対象機関を列挙している(第10-2表)。ただし，米

第10-2表　政府調達の対象機関と基準額　　　　　　　(単位：万SDR)

		中央政府の機関		地方政府の機関		その他機関	
		物品およびその他サービス	建設	物品およびその他サービス	建設	物品およびその他サービス	建設
日本	TPP	10**	450	20**	1,500	13**	450/1,500
	GPA	10**	450	20**	1,500	13**	450/1,500
チリ	TPP	<u>9.5</u>	500	20	<u>500</u>	<u>22</u>	500
	FTA	10	500	20	1,000	30	1,000
ペルー	TPP	<u>9.5</u>	500	<u>20</u>	<u>500</u>	<u>16</u>	500
	FTA	13**	500	20**	1,500	16**	1,500
豪州	TPP	13	500	35.5	500	40	500
	FTA	13	500	35.5	500	45	500
米国	TPP	13	500	—	—	16***	500
	GPA	13	500	35.5	500	16***	500
カナダ	TPP	13	500	35.5	500	35.5	500
	GPA	13	500	35.5	500	35.5	500
ニュージーランド	TPP	13	500	—	—	40	500
	GPA	13	500	20	500	40	500
シンガポール	TPP	13	500	N.A.	N.A.	40	500
	FTA	10	—	N.A.	N.A.	10	—
	GPA	13	500	N.A.	N.A.	40	500
ブルネイ	TPP	13*	500	N.A.	N.A.	13*	500
ベトナム	TPP	13*	850*	—	—	200*	1,500*
マレーシア	TPP	13*	1,400*	—	—	15*	1,400*
メキシコ	TPP/FTA	5.3	689.1	—	—	25.8	826.1

(注)　* 経過期間が終了した後の最終的な基準額。
　　　** 一部のサービスについて高い基準額を設定。
　　　*** 25万米ドルの換算額。
　　　下線で示されているのはTPPにより基準額が引き下げられた部分。
　　　メキシコの基準額は，2014年2月17日時点の推計値。
(出所)　内閣官房TPP政府対策本部「環太平洋パートナーシップ(TPP協定)の全章概要，2015年11月5日。ただし，EPAはFTAとした。

国，ニュージーランド，ブルネイ，マレーシア，メキシコは地方政府機関を対象外としている。なお，米国（6機関），カナダ（10機関），シンガポール（10機関），豪州（4機関）は，新に調達機関を追加し，カナダと豪州は対象サービスを追加している[6]。基準額については，GPA参加国（日本，米国，カナダ，ニュージーランド，シンガポール）はGPAと同額となっている（第10-2表）。FTAで政府調達を開放している国では，チリ，ペルー，豪州がFTAに比べ一部の分野でTPPでの基準額を引き下げている。途上国は経過期間を認められた。

2．米国，マレーシア，ベトナムの約束

(1) 米国

米国はGPAの締約国であり，中央政府に加え37州が国際調達を行っているが，TPPでは中央政府機関とその他機関が調達対象機関となっており，地方政府機関は対象外である。基準額はGPAと同額である。2012年のダラスでの交渉で米国は州政府の抵抗により中央政府の調達を地方政府より先に交渉するという提案を行っていた。米韓FTAでは，その他政府機関は対象外だったので米韓FTAよりは対象機関は拡大している。また，電力公社など6機関が新に調達を開放している。なお，連邦の借款および贈与が供された州と地方自治体の大量輸送および高速道路プロジェクト，水道プロジェクト，国防省の調達の防衛システムなどセンシティブな分野などは対象外となっている[7]。

(2) マレーシア

マレーシアはGPAの締約国ではなく，マレーシアの締結しているFTAには日本とのEPAをはじめ政府調達は含まれていない。ASEAN経済共同体は政府調達を自由化の対象としていない。その理由は，国策であるブミプトラ政策（マレー人優遇政策）[8]で，政府調達においてブミプトラ企業を優遇し，国有企業も調達ではブミプトラ企業優先を優先してきたからである[9]。

マレーシアでは2013年からTPP反対の声が強まったが，その理由の一つが政府調達のブミプトラ政策の廃止の恐れである[10]。マレー人商業会議所，マレー人経済行動委員会などのブミプトラ企業団体は，ブミプトラ政策の継続を

求めてTPPに反対した[11]。そのため，ナジブ首相は，2013年9月にブミプトラの経済・社会的地位向上支援策を発表し，政府関連企業（GLC）にブミプトラ企業からの調達を増やすことを指示した[12]。政府調達におけるブミプトラ政策はマレーシアの聖域になっていたといえる。

マレーシアは，TPPの政府調達の規定でほぼすべての中央政府機関とその他政府機関を政府調達の対象としたが，地方政府機関は対象外である。その他政府機関では，貿易開発公社，投資開発庁，中小企業公社，生産性公社が対象となっている。一方，王宮，村落開発計画（人口1万人以下），貧困削減計画などの7分野の調達は対象外である。調達額については，経過期間が置かれ段階的に低下するように定められた。中央政府機関，その他政府機関とも，物品は8年，サービスは10年，建設は21年目から最終基準額となる（第10-3表，第10-4表）。最終基準額もサービス，建設では高い額に設定されている。

適用対象外となる物品とサービスは，国連の暫定的な中央生産物分類（CPC）で明示されている（ネガティブ・リスト）。物品では，コメ（0113，1004，23160），電気，天然水，その他食品（239）が対象外，サービスでは，CPCの61－99のうち34セクターが対象外である。建設では，CPC51に適用されるが，浚渫工事，がけ崩れなどの災害に係る傾斜地の工事は適用外である。

注目されていたブミプトラ政策はかなり維持されている。まず，政府調達章の規定以外の政府調達でのブミプトラ政策の実施，適格企業にブミプトラ・ステータスを与えることが認められている。また，閾値を超える建設サービスの総額の30％までブミプトラ企業から調達できる。さらに，ブミプトラ企業に

第10-3表　マレーシアの中央政府機関の基準調達額　　（単位：万SDR）

物品	1－4年 150		5－7年 80		8年目以降 13	
サービス	1－4年 200		5－7年 100		8－9年 50	10年目以降 13
建設	1－5年 6,300	6－10年 5,000	11－15年 4,000		16－20年 3,000	21年目以降 1,400

（出所）The Tran-Pacific Partnership Agreement, Chapter15 Government Procurement, Annex-15A Schedule to Malaysia.

第10-4表 マレーシアのその他政府機関の基準調達額 　（単位：万SDR）

物品	1－4年 200		5－7年 100		8年目以降 15	
サービス	1－4年 200		5－7年 100	8－9年 50		10年目以降 13
建設	1－5年 6,300	6－10年 5,000	11－15年 4,000		16－20年 3,000	21年目以降 1,400

（出所）第10-3表と同じ。

対して基準額および調達先に応じて1.25％から10％までの価格面の優遇（price preference）を与えることが認められている。価格面の優遇は小規模調達ほど大きくなっている。また，国有企業は調達の40％までブミプトラ企業，中小企業，サバ州・サラワク州からの優先調達ができる[13]。

(3) ベトナム

ベトナムはほぼすべての中央政府機関とその他政府機関ではベトナム通信社，ホーチミン国家政治学院，ベトナム社会科学院，ベトナム科学技術院，34の公立病院が対象機関となった。地方政府機関は対象外である。マレーシアと同様に経過期間を経て段階的に基準額を引下げることになっているが，中央政府機関ではより長期の経過期間が認められている（第10-5表）。適用対象外の品目，サービスもネガティブ・リストで公表されている。物品では，HS分類によりコメ，石油製品，書籍など13品目（HS4桁8品目，HS6桁5品目），サービスは1991年国連の暫定的な中央生産物分類（CPC）により61から99までの26分野（2桁，3桁，5桁が混在）が適用対象外となっている。建設ではCPC51が対象であるが，浚渫，遠隔の山岳地帯，領海内の島，中央政府省庁の本部は対象外である。

第10-5表　ベトナムの中央政府機関の基準調達額　（単位：万SDR）

物品, サービス	1－5年 200	6－10年 150	11－15年 100	16－20年 26	21－25年 19	26年目以降 13
建設	1－5年 6,520		6－10年 3,260	11－15年 1,630		16年目以降 850

（出所）The Tran-Pacific Partnership Agreement, Chapter15 Government Procurement, Annex-15A Schedule to Vietnam.

第 10-6 表　ベトナムのその他政府機関の基準調達額　　（単位：万 SDR）

物品, サービス	1-5 年 300		6 年目以降 200		
建設	1-5 年 6,520	6-10 年 5,500	11-15 年 4,000	16-20 年 2,500	21 年目以降 1,500

（出所）第 10-5 表と同じ。

第 4 節　日本への影響

1．日本の政府調達での約束

　日本は，TPP で中央政府機関，地方政府機関，その他機関の政府調達開放を約束している。日本は GPA の締約国であり，中央政府機関，地方政府機関，その他機関の政府調達を GPA 締約国に開放している。TPP での約束は GPA とほぼ同一である。

　適用除外は，① 共同組合または連合会と締結する契約，② 機関が市場にお

第 10-7 表　日本の対象機関と基準額

	対象機関	基準額（単位：万 SDR）	
中央政府機関	会計法の適用を受けるすべての機関（25）	物品 サービス 建設サービス 建設・エンジニアリング・サービス	10 10 450 45
地方政府機関	47 都道府県および 20 指定都市	物品 サービス 建設サービス 建設・エンジニアリング・サービス	20 20 1,500 150
その他の機関	A 群 59 機関，B 群 60 機関	物品 サービス 建設サービス 建設・エンジニアリング・サービス	13 13 1,500（450） 45

（注）地方政府の調達は，マレーシア，メキシコ，ニュージーランド，米国については適用しない。
　　その他機関は，日本郵政，日本郵便，ゆうちょ銀行，かんぽ生命，郵便貯金・簡易生命保険管理機構が調達する建設サービスは 450 万 SDR，上記 5 機関以外の A 群の機関が調達する建設サービスは 1500 万 SDR，B 群の機関が調達する建設サービスは 450 万 SDR。
（出所）TPP 協定第 15 章　政府調達　附属書 15-A。

いて競争にさらされている日常の営利活動のために締結する契約（地方政府機関，その他機関），③ 運送における運転上の安全に関する調達（地方政府機関，その他機関の特定の機関），④ 発電，送電または配電に関する調達（地方政府機関），その他機関の特定の機関については，別途適用除外規定がある。

すべての物品が適用対象となるが，防衛省については，連邦供給分類（FSC）によるリストに掲げた物品が対象となる（ポジティブ・リスト）。サービスについては，CPC（電気通信についてはMTN・GNS－W－120）により特定されるサービスについて適用される（ポジティブ・リスト）。注釈として適用対象外となるサービス（自動車の保守・修理，信書に係るクーリエサービスなど）が特定されている。

2．日本への影響

日本政府の約束はGPAとほぼ同じであり，TPPにより新たに調達機関を追加あるいは調達額を引き下げてはいない。調達に参加できる国として，GPAに加盟していない7カ国（豪州，ベトナム，マレーシア，ブルネイ，ペルー，チリ，メキシコ）が加わる。日本の外国の物品・サービスの調達の原産地は，米国が45％前後，EUが37％程度（2011年～13年，金額ベース）と両国地域で8割以上を占めている[14]。なお，日本の政府調達に占める外国物品・サービスの割合は金額ベースで6～8％（同上）である。外国製物品の割合が高いのは航空機と付属装置（54％），医療用機器（43％），外国サービスの割合が高いサービスは，航空運送サービス（14.3％），電気通信サービス（13.5％）である。「地方の公共工事に外国企業が参入し，労働者も入ってくる」というTPP反対論の主張は的外れである。現行の制度は変わらず，単純労働者は人の移動の対象外であり，調達の実態も変わらないと考えられることから，国内の政府調達への影響はほとんどないだろう。

一方，TPPで新たに開放され，あるいは開放分野が拡大する海外の政府調達市場に日本企業が参入する機会は増加した。マレーシアはGPAに参加しておらず，日本とのEPAでも政府調達は規定されていなかった。ブルネイとベトナムもGPAに参加しておらず，両国と日本のEPAはビジネス環境章で透明性などに努力義務を課しているが，政府調達の開放は規定していない。その

ため，TPPにより，マレーシア，ブルネイ，ベトナムの政府調達に初めて参加が可能となった。また，GPA締約国および政府調達規定があるFTA締結国であっても基準額が引き下げられた国と対象機関が増えた国では，政府調達参加への機会が増加する。

　このようにTPP参加により国内の政府調達への影響はほとんど考えられない一方で，TPPによる政府調達市場へのアクセスの改善は確実に期待でき，日本にとりメリットは大きい。

[注]
1) WTO, Government Procurement. (https://www.wto.org/english/tratop_e/gproc_e/gproc_e.htm)
2) WTO, Agreement on Government Procurement. (https://www.wto.org/english/tratop_e/gproc_e/gp_gpa_e.htm)
3) ただし，スイスは改定議定書を受諾していない。
4) 経済産業省 (2013)『不公正貿易白書 2013 年版』。
5) TPP協定の全訳は，内閣官房TPP政府対策本部ホームページに掲載されている (http://www.cas.go.jp/jp/tpp/naiyou/tpp_text_yakubun.html)。英文も掲載されている。
6) 内閣官房TPP政府対策本部 (2015),「環太平洋パートナーシップ協定 (TPP協定) の全章概要」別添，30-33 頁。
7) USTR (2015), The Trans-Pacific Partnership Agreement, Chapter15, Government Procurement, Chapter Summery.
8) 1969 年にマレー系と華人系の経済格差を背景に種族暴動が起きたため 1971 年から導入された経済社会再編政策であり，経済的格差の是正を目的に①出資比率をブミプトラ (マレー人) 30%にする，②雇用比率を種族別人口比とする，が主な内容となっている。
9) USTR (2013), "National Trade Estimate Report on Foreign Trade Barriers 2013," http://www.ustr.gov/about-us/press-offices/reports-and-publications
10) その他の理由は，ISDS条項，知的財産権の保護強化などである。
11) 鈴木絢女 (2013),「TPPをめぐるマレーシアの国内政治—外交の「民主化」と「守り」の交渉—」『JMA News』No. 55 (2013.10)。
12) ジェトロ『通商弘報』2013 年 10 月 7 日付け。
13) ジェトロ『通商弘報』2016 年 2 月 1 日付け「一部自由化も国営企業への優遇は残る—マレーシアとTPP (6)」。
14) 内閣官邸 (2015),『平成 27 年版政府調達における我が国の施策と実績』。

（石川幸一）

第11章

TPP協定における国有企業規律
―概要と評価―

はじめに

　ブレマー（2011）は，2000年代以降，中国をはじめ国家が自国および政権安定目的で積極的に経済介入を行う国家資本主義諸国が台頭し，伝統的な経済自由主義を採る欧米諸国と対峙する様子を描く。国有企業（state-owned enterprise：SOE）はこうした国家資本主義諸国の政策ツールとして重要な位置を占めるが，例えばここ数年のFortune 500やFT Global 500では，シノペック，ペトロチャイナ（CNPC），中国商工銀行などがトップテン入りし，新興経済国家（特に中国）のSOEの伸長ぶりが窺える[1]。

　SOEは，国策に服する一方，国の豊富な資金を背景とした補助金・低利融資・信用保証，税制上・規制上の優遇，または国有として短期的利益追求を求められないがゆえの緩やかなコーポレートガバナンス等を享受する。このため，経済合理性のない企業行動や反競争的行動により，公正な国際競争秩序を阻害することが指摘される[2]。昨今はこうしたSOEの行動が紛争化・問題化しており，例えば米国の相殺関税調査・発動案件に関連するWTO紛争，鉱物資源権益や試掘権に関する不合理な投資行動，政府系投資ファンド（sovereign wealth fund：SWF）による投資行動への懸念などはその顕著な例と言える[3]。

　こうした背景に照らすと，TPP交渉にはベトナムをはじめ，ブルネイ，マレーシア，シンガポールといった国家資本主義新興経済が参加したことから，SOEに対する本格的な規律導入は必然であった。特にベトナムへのSOE規律の適用は，将来の中国への対応のテストケースとなる。よって，米国産業界も強い規律の導入を期待し，特に2011年の米国サービス産業連合・米国商工会議所の共同提言[4]は，TPP交渉における米国提案の基礎となった[5]。

第 1 節　SOE 規律の国際経済ルールとその限界

　もっとも，これまでも国有企業に対する国際的規律が存在しなかったわけではない。WTO では，物品貿易については GATT（特に 3 条，17 条），補助金・相殺措置（SCM）協定，政府調達協定が，一定程度 SOE の差別的行動や政府による SOE への不公正な競争優位の付与（補助金や規制上の優遇）を規律する。サービス貿易については GATS（8 条，16 条，電気通信附属書・基本電気通信第 4 議定書）が，同様の役割を果たす。

　また，投資条約や FTA 投資章上の義務（公正衡平待遇原則，収用規律等）は，一般国際法上の帰属（attribution）の法理を通じて，国の権限を委譲された SOE による外国投資への侵害行為に適用される。例えば TPP 協定 9.2 条 2 (b) も，一定程度これを明文化したものである。また，投資家としての SOE については，OECD 資本自由化コードは安全保障上の理由から海外投資の規制を投資受入国に認め，IMF サンチャゴ原則や SWF・受入国の政策に関する OECD 閣僚宣言も，SWF による戦略的な海外投資行動を規制する[6]。

　さらに，米国または EU を一方当事国とする最近の FTA も上記の GATT・GATS の規律を組み込み（incorporate），また競争章において SOE の反競争的行為を規制している[7]。国内競争法の域外適用も，海外 SOE による自国市場に対する反競争的行為の規制に役立つ。昨年の欧州委員会による露ガスプロム社に対する EU 競争法違反の異議通知書送付は，その好例であろう[8]。

　しかし，こうした既存ルールのパッチワークだけでは，SOE がもたらす競争歪曲の懸念に十分対応できない。例えば規律の前提となる SOE の事業内容や財務会計など企業情報の透明性確保は，その射程外となる。また，ある外国市場で直接投資により進出した自国企業と第三国 SOE が競合する場合（例えば我が国の民間企業が中国の SOE と ASEAN 諸国市場で競合），当該外国への投資やそこでの操業に対する第三国の補助金を捕捉することも難しい。SOE の企業統治ガイドラインとして，OECD（2015）は民間企業との競争条件の平等（"level playing field"）の確保を規定するが，これもソフトローの域を出な

い。

　TPP協定第17章（以下「本章」）は，こうした既存ルールの欠缺を埋める役割を期待されている。次節ではまずその主要規定の概要を紹介したい。

第2節　TPP協定第17章の概要

1．定義と規律の範囲

　まず，ここにいうSOEとは，主として商業的活動に従事し，かつ国が1）株式の50％超を直接所有するか，2）議決権の50％超を行使して支配するか，または3）取締役会等の構成員の過半数の任命権を保有する企業を指す。また，本章は政府からある物品・サービスの独占的供給者・購入者の地位を付与された指定独占企業（政府企業，私企業とも）にも適用されるが，TPP協定発効以前に指定された私企業は含まれない（17.1条，17.2条1）。

　本章では，一定の組織ならびに活動は，包括的にその適用範囲外となる。これらは，中央銀行等の監督・規制業務や通貨・外為政策（17.2条2），金融規制機関の監督・規制業務（同3），金融機関の破綻処理（同4），独立年金基金（同6(a)），政府調達（同7），政府機能遂行（同8）等を含む。

　また，政府権限の行使として提供されるサービス[9]も，本章の中核的義務（17.4条，17.6条，17.10条）の適用を受けない（17.2条10）。さらに，SWF（17.2条5），独立年金基金の支配・所有企業（同6(b)）は，これらが関与する一部の非商業的援助に関する規律（17.6条1ないし3）を除き，やはり本章の対象外とされている。

　この他に締約国別の留保が認められている。第一に，各国留保表[10]（協定附属書Ⅳ）記載のSOE・指定独占企業およびその活動につき，17.4条および17.6条の適用が留保される（17.9条1，除・我が国およびシンガポール）。第二に，協定発効から5年以内に範囲縮小の交渉開始を条件に（17.14条，附属書17-C(a)），附属書17-D掲載の各国地方公共団体の公有企業・指定独占企業について17.4条，17.5条，17.6条，17.10条の適用が包括的に留保される（17.9条2，除・ブルネイおよびシンガポール）。第三に，SOE・指定独占企

が投資・サービス留保表（協定附属書Ⅰ・Ⅱ）に記載される措置に基づく購入・販売を行う際，無差別待遇義務（17.4条1(b)および(c)，同2(b)および(c)）が適用されない（17.2条11）。最後に，シンガポールはテマセク等SWFが所有・支配するSOEを中核的義務の相当部分から除外し（附属書17-E），またマレーシアも巡礼基金等の一部業務に本章の適用を留保した（同17-F）。

これ以外の個別義務に対する例外等については，それぞれの義務に関連して説明する。

2．商業的考慮および無差別待遇

本章の中核的義務の一つは，SOE，指定独占企業が商業的考慮に従って物品・サービスの売買を行う義務である（17.4条1(a)，2(a)）。商業的考慮とは，価格，品質等の売買条件または私企業が商業上の決定で通常考慮する他の要因を指す（17.1条）。

また，締約国は，SOEおよび指定独占企業が他の締約国の物品・サービスおよび企業を無差別に取り扱うことを確保する義務を負う（最恵国待遇・内国民待遇）。まず物品・サービス購入時には，SOEは，
・他の締約国から輸入した物品・サービスと，同種の自国産，当該他の締約国以外の締約国（以下「第三国締約国」）産および非締約国産の物品・サービスの間，および
・他の締約国からの投資で自国内に設立された企業（「対象投資財産である企業」）が提供する物品・サービスと，自国，第三国締約国および非締約国からの投資で自国内に設立された企業が自国領域内の関連市場において提供する同種の物品・サービスの間

において無差別を保証する。

また，SOEによる物品・サービスの販売時には，
・他の締約国の企業と，自国，第三国締約国および非締約国の企業の間，および
・自国領域内の関連市場において，他の締約国からの投資で自国内に設立された企業と，自国，第三国締約国および非締約国の投資で自国内に設立された企業の間

において無差別を保証しなければならない（以上17.4条1(b)，同(c)）。

　また，指定独占企業についても，独占を認められた物品・サービスの購入・販売について同様の無差別待遇の供与を確保する（17.4条2(b)および(c)）。加えて，独占が認められていない市場での独占的地位を利用した反競争的行為も禁じられる（同(d)）。

　なお，これらの規律は，商業的考慮に従うかぎり，必ずしもSOEならびに指定独占企業による異なる条件に基づく売買や取引拒絶を妨げない（同3）。

　もっとも，本条の義務には，上記1で説明した包括的な適用除外に加えて，以下の例外および適用除外が設けられている。まず，加盟国による国内・全世界の経済危機への一時的対応措置（17.13条1），および直近の連続3カ年のうち1カ年でも商業活動収入が2億SDRを下回るSOE・指定独占企業（同5，附属書17-A）には，17.4条全体が適用されない。また，部分的な例外・適用除外として，SOEによる政府の任務に従った貿易・投資関連金融サービスには，OECD公的輸出信用アレンジメント適合性等を要件に，商業的考慮・無差別待遇義務（17.4条1）が適用されない（17.13条2）。また，他の締約国の投資により設立される企業を差別しないかぎり（17.4条(c)(ii)），SOEが政府の公共サービスの任務（一般公衆への直接・間接のサービス提供，17.1条）を果たす場合，商業的考慮の確保義務の適用がない（17.4条1(a)）。

3．非商業的援助の規制

　冒頭に説明したように，昨今のSOEへの懸念は，豊富な国家資本を背景にした政府支援がもたらす競争歪曲にある。具体的には政府のSOEに対する補助金，融資，信用保証等の金融支援が中心になるが，本章も「非商業的な援助（non-commercial assistance）」と称して，同類の支援策を規制している。

　本章は，非商業的援助を「国有企業に対する当該国有企業が政府によって所有され，又は支配されていることに基づく援助」と定義する。「援助」とは，1) 直接的な資金移転または資金・債務の移転可能性（贈与・債務免除，市中の条件より有利な融資・債務保証等），2) 市場において商業的に利用可能なものよりも有利な条件で提供される物品・サービス（インフラ以外）をいう。また，政府所有・支配に基づくとは，援助対象として実質的にSOEが優遇され

ているか，あるいはSOEに限定されている等の状況を意味する（17.1条）。

悪影響の禁止：このような非商業援助は，締約国が直接・間接（非SOEが政府の委託・指示によりSOEを援助することを含む）に，または公的企業・SOEが，これを提供することで，1）自国SOEによる物品の生産・販売，2）自国SOEによる自国領域から他の締約国へのサービス供給，および3）他の締約国または第三国締約国への投資により設立した自国SOEによる他の締約国へのサービス供給を通じて，他の締約国の利益に悪影響（adverse effects）を与えてはならない（17.6条1，同2）。また，締約国SOEのサービスの提供により非締約国市場において生ずる悪影響についても，協定発効後5年以内に17.6条および17.7条の適用の拡大について再交渉する（17.14条，附属書17-C(b)）。

17.7条1は悪影響を7つの類型に分類しているが，大きくは2種類に整理できる。第一に非商業的援助によって輸入，販売の代替・妨げが起きる場合である。つまり，非商業的援助を受けたSOEが製造・販売する物品が，

- 自国市場内で，他の締約国からの同種の輸入品または他の締約国からの投資で自国内に設立された企業が製造する同種の物品の販売を代替し，妨げる場合（17.7条1(a)），
- 他の締約国の市場内で，第三国締約国からの投資で当該他の締約国の国内に設立された企業が製造する同種の物品の販売，およびその他いずれかの第三国締約国の同種の物品の輸入を代替し，妨げる場合（同(b)(i)），または，
- 非締約国市場内で，他の締約国の同種の物品の輸入を代替し，妨げる場合（同(b)(ii)），

悪影響が認められる。加えて，サービスについても，非商業的援助を受けたSOEが提供するサービスが，他の締約国の市場内で，当該他の締約国または第三国締約国企業による同種のサービスの供給を代替し，妨げる場合，やはり悪影響が認められる（17.7条1(d)）。こうした代替・妨げは，相対的な市場シェアの著しい変動によって判断される（同2）。

第二に，非商業的援助による著しい価格の下回り（significant price undercutting），または著しい価格上昇の妨げ，価格の押し下げもしくは販売減少（significant price suppression, price depression or lost sales）が起きる

場合である。つまり，非商業的援助を受けたSOEが製造・販売する物品が，これらを

・自国市場で，他の締約国からの同種の物品の輸入もしくは他の締約国からの投資で自国内に設立された企業が製造する同種の物品に対して（17.7条1(c)(i))，または

・非締約国市場で，他の締約国からの同種の物品の輸入に対して（同(ii)）

引き起こす場合，悪影響の発生を認める。また，サービスについても，非商業的援助を受けたSOEが提供するサービスが，他の締約国の市場内で，当該他の締約国または第三国締約国企業が提供する同種のサービスに対して，これらを引き起こす場合，やはり悪影響の発生が認められる（17.7条1(e)）。

　損害の禁止：自国SOEが他の締約国へ投資を行い，そこでの物品の製造・販売に非商業的援助を行う場合，当該投資受入締約国において同国国内産業が製造・販売する同種の物品と競合することがある。その場合，かかる支援は当該投資受入締約国の国内産業に損害またはそのおそれを引き起こしてはならない（17.6条3）。損害とは実質的損害（material injury）もしくはそのおそれ，または国内産業の確立の実質的な遅延を指す（17.8条1，損害のおそれの定義は同5）。損害の有無は，当該援助対象SOEの投資受入締約国市場における生産増や価格に対する効果，投資受入締約国産業への影響（生産高，販売，シェアの等の落ち込み，キャッシュフローや在庫等への悪影響など），当該SOE生産の物品と投資受入締約国産業の損害の因果関係を検討の上，決定される（17.8条2～4）。

　例外および適用除外：ここでも上記1で説明した包括的な適用除外のほか，本条固有の例外が定められている。まず，17.6条の義務全体にかかる例外として，2で前述の経済危機例外（17.13条1）および収入2億SDR未満例外（同5，附属書17-A）が適用される。また，デフォルトに伴う差し押さえや投資保険支払いに伴い一時的に域外企業の所有権をSOEが得る場合も，当該企業に17.6条は適用されない（17.13条4）。

　部分的な例外として，上記2の17.4条に関する貿易・投資関連金融サービス例外（17.13条2）と同旨の例外が，投資受入締約国が自国向けにこれらのサービスを行う他の締約国のSOEに現地拠点を求める場合にかぎり，サービ

ス供給に関する悪影響の禁止（17.6条1(b)および(c)，同2(b)および(c)）について適用される（17.13条3）。また，SOEが自国内でサービス供給を行う場合そもそも悪影響を引き起こさないものとみなされる（17.6条4）。さらに，TPP署名前に提供されたか，あるいは署名後3年以内に署名前の法令や契約上の義務に従って提供された非商業的援助も，同じく悪影響を引き起こさないものとみなされる（17.7条5）。

4．透明性の確保

中国についてしばしば指摘されることだが，一般的にSOEの活動実態については透明性が十分ではない。従来の米国FTAのSOE規定にも透明性条項が備わっていたが，本章ではより詳しい規律が含まれている。締約国は発効後6カ月以内にSOE・指定独占企業のリストをウェブサイトに公表するか，他の締約国に通報する（17.10条1および2）。また，他の締約国の要請に従い，個別SOE・指定独占企業の情報（政府の株式保有率，役員の政府内での地位，直近3年間の年間収入・総資産など），非商業的援助の政策およびプログラム（支援の形態，支援機関の名称，支援額等）につき，情報を提供する（同3～7）。

他方，本条の義務には，1で触れた例外・適用除外のほか，2で前述の収入2億SDR未満例外（17.13条5，附属書17-A）が適用される。また，国別留保表（協定附属書Ⅳ）記載の措置は17.4条，17.6条の適用のみを留保されるが，ブルネイ，マレーシア，ベトナムについては，加えて留保表記載の特定項目に17.10条全体または一部の義務が適用されない（17.10条注1，同注2，同2注）。さらに，これら3カ国には一定の条件の下で17.10条1の義務の実施に協定発効から5年の猶予が与えられる（17.10条1注1，同注2）。

第3節　評価と課題

1．規律の拡大

本章は初めての包括的かつ詳細なSOE規律と評価できる。まず，SOEお

よび指定独占企業の商業的考慮に従った行動の義務については，例えば米星FTA12.3条にも同旨の規定があるが，関連市場を特定し，物品・サービス貿易，対象投資の別に詳細な無差別待遇供与の義務を定めた点で（17.4条1(b)および(c)，同2(b)および(c)），本章の規定は既存FTAを上回る。これらの規定は部分的にGATT3条4，GATS17条，投資協定における無差別原則・公正衡平待遇原則と重複するが，明確にSOEの差別的企業行動を直接禁じた点で既存の義務よりははるかに実効性が高い。

また，SOEによる非商業的援助の規律については，SCM協定では，SOEの政府機関としての性質，あるいは支援に関する政府からSOEへの委託・指示の立証が求められ（同1.1条(a)(1)柱書および(iv)），この点についてWTO上級委員会の解釈によれば要求される証明は容易ではない[11]。この点につき，本章はSOEによる非商業的援助であればSCM協定類似の損害規律を直接課すことができる点で，WTOプラスの規律と言える。

そして何より，非商業的援助規制がこれまでWTOの埒外にあったサービスおよび投資に対する補助金にも規律を拡大したことは特筆に値する。国内企業に対する物品の生産・販売・輸出に関する補助金はこれまでもWTOのSCM協定で捕捉できた。しかし，サービス補助金ルールついては，GATS15条のマンデートによるWTOドーハラウンド交渉は頓挫している。海外投資に対する投資母国からの補助金に対する規律は，そもそも存在しない。特に第三国締約国への投資によって設立したSOEへの支援まで規律を拡大した点は，SOEによる昨今のグローバル事業展開に対応したルールになっている。

2．問題点および残された課題

他方，以下のように，本章の規律には問題点および未だ達成されない課題が少なからず残されていることは否定できない。

<u>狭い適用範囲と膨大な例外</u>：まず，本章のSOEの定義は極めて限定的であり，実質的に政府による支配（control）がある企業を補足できず，この点は米星FTAの規律と対照的である[12]。米星FTAでは，年収または総資産が5000万シンガポールドル（約39億円）超で政府の「実効的影響力（effective influence）」が及ぶ企業，および役員指名や第三者の株式取得等の重要事項

に関する拒否権を含む特別議決権を政府が保有する企業が情報公開義務の対象となる（米星FTA12.3条2(g)，同12.8条1）。また，商業的考慮に従った行動の確保等その他の実体的義務の適用対象となる「政府企業（government enterprise）」も，やはり上記の政府による「実効的影響力」の及ぶ企業と定義される（同12.8条6）。この「実効的影響力」の及ぶ場合には，政府が議決権の過半数を保持する場合はもちろん，それ未満でも，役員人事や経営上の重要な意思決定に実質的な影響力を行使できる場合も含まれる。後者については，20％以上でかつ最大の議決権を政府が保有していれば，反証可能な推定が与えられる。また，この20％は政府が直接単独で保有している必要はなく，他のSOEやSOE所有の企業が保持する分も積算される（同5，附属書12-A）。これらの基準は，本章が定める政府の直接保有による過半数株式・議決権等（17.1条），および商業活動収入2億SDR（17.13条5，附属書17-A，約314億円）の基準よりも，遥かに広範な企業を補足できることは論を俟たない。

このほか上記のように，本章には多くの例外・適用除外が規定されている。また，加えて国別留保表も広い例外を認めている。

国の関与および所有に関する規律の欠如：本章には政府の所有・関与を減じる義務が導入されていない。米星FTAはシンガポールにのみSOEの意思決定に対する政府の影響力行使および指示を禁じている（12.3条2(e)）。加えて，継続的にSOEの政府所有を減じることを，これも片務的にシンガポールにのみ義務付けている（12.3条2(f)）。OECDの調査報告によれば，政府の安定的な株式保有は配当や株価に関する懸念からSOEを解放し，反競争的行為および不当な競争力の源泉になりうる[13]。

規制上の優遇に関する規律の欠如：OECDの調査報告によれば，SOEの競争力の源泉は本章が規制する非商業的援助，つまり補助金だけでなく，規制上の優遇（情報開示，環境規制，独禁法，立地規制など）および倒産からの免除もこれに寄与する[14]。本章にはこうした優遇措置に関する十分な規律が含まれていない。無差別原則はあくまでSOEの事業活動に関するもので，締約国によるSOEと他国企業の規制上の差別的取り扱いについては，本章は何ら規定していない。17.5条2は行政規制機関による規制の適用に関する裁量に基づ

くSOEの優遇を禁止しているものの，例えば個別の法令それ自体がSOEについてのみ適用除外を規定する場合は同項の範囲外となる。

対象投資財産については，ホスト国において同国のSOEとの間での規制上の差別があれば，投資章の内国民待遇（9.4条）や待遇の最低基準（9.6条）によってある程度規律できる。しかし，ISDSによってこれらの義務が実施されるとすれば，規制上の差別によって賠償責任を生じる損害が発生している場合に限定される。

<u>投資行動の合理性確保に関する規律の欠如</u>：今回SWFが規律対象から除外されたが，それ以外のSOEについても，投資行動に関する合理性を担保する規定が含まれていない。商業的考慮に従った行動の義務は物品・サービスの売買に限定され，投資行動をカバーしない（17.4条1(a)，同2(a)）。SOEによる鉱物資源や原材料の分野における権益の確保や権益を有する企業買収の合理性については，我が国不公正貿易報告書においても懸念が示されている[15]。

<u>非商業的援助の規制と政策合理性</u>：例えば中国の鉄鋼，セメント，化学等の重工業の過剰生産能力については，SOEの存在が問題を深刻化させているが，かかる産業の構造調整に対する支援はむしろ競争環境の整備に資するものである。また，環境保護や研究開発におけるSOEの役割を評価した場合，このような活動に対する支援についても一定の合理性が認められる。しかしながら，本章において，非商業的援助の是非はもっぱら市場での経済的影響によって評価され，これらの政策目標や外部性の勘案は行われない。昨今SCM協定に対する同様の批判が展開されているにもかかわらず，本章はこれに対応していない。

<u>非商業的援助の規制の実施に関する課題</u>：本章は紛争解決手続（第28章）によって実施可能である。非商業的援助に関する17.6条ないし17.8条はWTO・SCM協定6条，15条に極めて類似した文言を採用しているため，WTOの関係の先例を参照しつつ，TPP紛争解決パネルがこれを運用することになろう。

しかしながら，補助金案件は，補助金の認定および利益の算定，損害や因果関係の評価など，膨大な資料に基づく事実認定を必要とし，例えば米EU間のエアバス，ボーイングの支援策をめぐる2件の紛争（それぞれ1000頁超，800

頁超），米国・綿花補助金事件（意見書や証拠書面の添付を含めて2000頁超）では，パネルは膨大かつ複雑な報告書を作成した。TPPではパネルを補佐する事務局機能が十分ではなく（27.6条），また，事実認定についても17.15条および附属書17-Bに当事国間の質問ベースでの情報収集手続があるのみで，SCM協定附属書Vのような独立の第三者による手続も具備していない。TPPにおいて果たしてどの程度SCM協定類似の規律が機能するかについては，疑問なしとはできない。

<u>透明性規律の実効性</u>：SCM協定25条により各国はWTOに補助金を通報することになっているが，当該制度は機能していない。これに対して本章は一方的な通報ではなく影響を受ける締約国からの請求によって非商業的援助に関する情報提供が行われる点で，一定の改善が見られる。しかし，情報請求にあたり，請求国は当該SOEの活動・支援の締約国間の貿易・投資に対する影響の明示が条件となっているので（17.10条3柱書および4），請求を受けた締約国はこの点に不備があれば拒否できる。また，そもそも非商業的援助自体に透明性がなければ，情報提供を要求すべき支援策を特定することも困難である。

3．結びに代えて

このようにTPP協定SOE章は適用範囲が狭く，特に米星FTAとの比較でも十分とは言い難い。このため，その直接的な実効性には留保を付さざるを得ないが，このような脆弱性を踏まえつつも本章の規律は革新的（ground breaking）であり[16]，ルールの存在自体をSOE規律の第一歩として評価する意見がある[17]。また，SOE問題の政治的機微に鑑みれば，このような小さな第一歩が賢明であったとも評価されている[18]。

しかし一方で，このような脆弱なルールは，米国が当初目論んだように中国を規律するには甚だ不十分であるとも指摘される[19]。少なくとも，米国議会および背後の産業界が目論んだ水準ではないことは明らかである。TPPの批准を所管する米上院財政委員会のハッチ（Orrin Hatch）委員長は，知的財産権（生物製剤特許の保護期間）と並んでこのSOE規律の不備を懸念しており，批准にあたり行政府に対応を求めている。ハッチ委員長は，SOE規律の具体的実施計画を特にベトナムと合意すべきであると考えており，一案として

労働章の実施について米国がブルネイ，マレーシア，ベトナムと個別に合意した協定適合性計画（consistency plan）の締結を，SOE 章についても提案している[20]。

[注]
1) 経済産業省（2016），392-393 頁。
2) Capobianco and Christiansen（2011），pp. 4-10.
3) 川島（2012），129-131 頁；経済産業省（2016），393-395 頁。
4) *State-Owned Enterprises: Correcting a 21st Century Market Distortion*（July 20, 2011），http://www.esf.be/new/wp-content/uploads/2011/09/Global-Services-Summit-2011-Paper-on-21st-Century-Trade-Issues.pdf
5) *Inside U.S. Trade*, Sept. 29, 2011. 米国の交渉スタンスについては，川島（2015），7-9 頁を参照。
6) 川瀬（2014）；中谷（2013），第 10 講。
7) 川瀬（2014）；東條（2016），8-18 頁。
8) 詳細は武田（2015）を参照。
9) 「政府の権限の行使として提供されるサービス」は，WTO 協定の GATS1 条 3(c)および金融サービス附属書 1 節(b)にある同一の文言と同じ意味と解される（17.2 条 10 注）。
10) 各国留保の概要につき Willemyns（2016），pp. 20-22 を参照。
11) 例えば，前者については米国・中国製品 AD 税および相殺関税事件（DS379），後者については米国・韓国製 DRAM 相殺関税事件（DS296），それぞれの上級委員会報告書を参照。
12) Willemyns（2016），p. 12.
13) Capobianco and Christiansen（2011），pp. 6-7.
14) *Ibid*., p. 6.
15) 経済産業省（2016），393 頁。
16) *Inside U.S. Trade*, Nov. 6, 2015.
17) Lawson（2015）.
18) Elms（2015）.
19) Miner（2016），pp. 98-99；Scissors（2015）. ただし積極的評価として川島（2016）。
20) *Inside U.S. Trade*, Nov. 20, 2015.

[参考文献]
イアン・ブレマー（有賀裕子訳）（2011），『自由市場の終焉—国家資本主義とどう闘うか』日本経済新聞社。
川島富士雄（2012），「中国における市場と政府をめぐる国際経済法上の法現象と課題—自由市場国と国家資本主義国の対立？—」『日本国際経済法学会年報』第 21 号，法律文化社。
―― （2015），「オーストラリアにおける競争中立性規律—TPP 国有企業規律交渉への示唆—」経済産業研究所ディスカッション・ペーパー 15-J-026。
―― （2016），「(『ルールで読み解く TPP の争点～実像と今後～』③) 中国の TPP 協定加入は可能か？—ルールの観点から—」『国際商事法務』44 巻 4 号，国際商事法研究所。
川瀬剛志（2014），「TPP 交渉と国有企業（SOE）規制のルール策定」経済産業研究所 Special Report No. 67，http://www.rieti.go.jp/jp/special/special_report/067.html。
経済産業省通商政策局（2016），『2016 年版不公正貿易報告書—WTO 協定及び経済連携協定・投資協定から見た主要国の貿易政策』経済産業省。

武田邦宣 (2015),「資源国有企業に対する競争法的規律：ガスプロム事件」経済産業研究所ディスカッション・ペーパー 15-J-058。

東條吉純 (2016),「国有企業に対する国際規律—公正競争型ルールの進展—」経済産業研究所ディスカッション・ペーパー 16-J-011。

中谷和弘 (2013),『ロースクール国際法読本』信山社。

Capobianco, A. and Christiansen, H. (2011), "Competitive Neutrality and State-owned Enterprises: Challenges and Policy Options," OECD Corporate Governance Working Papers No. 1.

Elms, D. (2016), "TPP Impressions: Competition and State Owned Enterprises (SOEs)," Talking Trade Blog, Asian Trade Center, Nov. 17, 2015, http://www.asiantradecentre.org/talkingtrade/2015/11/17/tpp-impressions-competition-and-state-owned-enterprises-soes

Lawson, A. (2015) "TPP Delivers Only Glancing Blow to State-Owned Enterprises," LAW360, Nov. 17, 2015. http://www.law360.com/articles/727904/tpp-delivers-only-glancing-blow-to-state-owned-enterprises

Miner, S. (2016), "Commitments on State-owned Enterprises," in Schott, J. and Cimino-Isaacs, C., eds., *Assessing the Trans-Pacific Partnership, Vol. 2: Innovations in Trading Rules*, Peterson Institute for International Economics.

OECD (2015), OECD Guidelines on Corporate Governance of State-owned Enterprises, 2015 edition, OECD Publishing.

Scissors, D. (2015), "TPP: A Bronze-standard Free Trade Agreement (Go for Gold)," AEIdeas, American Enterprise Institute, Nov. 12, 2015, https://www.aei.org/publication/tpp-a-bronze-standard-free-trade-agreement-go-for-gold/

Willemyns, I. (2016), "Disciplines on State-Owned Enterprises in TPP: Have Expectations Been Met?," Leuven Centre for Global Governance Studies and Institute for International Law Working Paper No. 168.

(川瀬剛志)

第12章

TPP交渉と知的財産権
―医薬品をめぐる問題―

はじめに

　TPP協定では第18章に知的財産に関わる章を設けている。その対象となる範囲は多岐にわたり，WTO協定の一部である貿易関連知的所有権協定（TRIPS）第2部第1～7節までの規定対象となるすべての種類の知的財産を指す。「著作権」，「特許」だけでなく，「商標」，「地理的表示」，「意匠」，「開示されていない情報」，「ドメイン名」，「遺伝資源に関連する伝統的な知識」等である。TPP協定ではTRIPSを上まわる水準の保護と知的財産権の行使について規定し，知的財産権の保護と利用の推進を図る両面の性格を持つ。

　TPP交渉中の間，日本国内で懸念する意見があった知的財産に関する主な問題は，著作権と医療に関わる事項に集中していた。そのうち，著作権は，① 著作権が死後50年から70年に伸びる，② 著作権侵害が親告罪から「非親告罪」に変わり，日本では著作権法が改正になる。著作権の期間延長は長い間国内での議論があり意見の対立から結論が得られなかったが，TPPで決着した。非親告罪化は，TPP交渉期間中に懸念する意見が根強くあった。TPP協定文では，著作権，実演家の権利またはレコードに関する権利を侵害する複製に係る罪のうち，故意により商業的規模で行われるものは親告罪にする。一方，非親告罪とする範囲は市場における著作物等の利用のための権利者の能力に影響を与えるものに限定し，悪質な海賊行為等に絞り込み，二次創作等の活動に影響を及ぼさないように国内法を改正する。

　一方，医薬品の知的財産権は，TPP交渉では最後に各国が合意した問題である。なかでも，医薬品のデータ保護期間はTPP交渉の最後まで合意ができず最も交渉が難航した。そこで，本章では，TPP交渉中において反対意見な

どの様々な意見が多く散見された「医薬品の知的財産保護を強化する」制度に焦点をあてる。特に，TPP 交渉参加国にとって，医薬品が国民の生命と健康を守ることに関わり，すべての人々が当事者であり，大きな関心ごとである背景についてとりあげる。

なお，他には，知的財産権保護の視点からみると「営業秘密の不正取得等に対する刑事罰義務化（日本では法制化済）」など重要なものがある。また，第 18 章以外の章でも知的財産に関連する規定がある。

第 1 節　TPP 交渉における医薬品の知的財産権保護

TPP 交渉における医薬品の知的財産保護の規定は，第 18 章 C 節（Section）である。

医薬品の知的財産保護を強化するために，① 特許期間延長制度（48 条），② 特許リンケージ制度の導入（51 条，53.2 条），③ 新薬のデータ保護期間（52 条）等に係るルールの構築を定めている。そのうち，日本は，② 特許リンケージ制度を除くと導入済であるので，特許リンケージ制度について国内法の改正が必要である。

「特許期間延長制度」は，TPP では出願から 5 年，審査請求から 3 年を超過した特許出願の権利化までに生じた不合理な遅滞に対し特許期間（20 年）の延長を認める制度の導入を義務付けている。また，特許出願前に自ら発明を公表した場合等に公表日から 12 月以内にその者がした特許出願に係る発明は，その公表によって新規性等が否定されないとする規定（「新規性喪失の例外規定」）の導入を義務付けている。

「特許リンケージ制度」は，当局が後発品の申請を受けた際に，同時に新薬を発売している企業にその情報を通知する。通知を受けた企業が後発品を申請しようとする企業を相手取って何らかの訴訟を起こした場合，後発品の承認審査が先送りされるというものである。日本では，特許係争があっても医薬品の承認審査には影響しないが，制度導入後は後発品のアクセスの妨げになることが予想される。

「新薬のデータ保護期間」は，新薬を開発した企業が製造販売の承認を受けるために提出した臨床試験などのデータが知的財産として保護される期間を指す。特許による保護期限に加え，新薬の臨床試験などのデータの公開時期を化学合成医薬品のデータ保護期間より長くすることで，後発薬メーカーの参入時期を遅らせることができる。日本では薬事法による再審査期間が該当する。TPP交渉ではバイオ医薬品の臨床試験データを開発者が独占できる「データ保護期間」の共通化が最後まで難航した。「実質」8年にすることで決着したが，日本は現在も「8年」のため安価な後発医薬品を入手できる時期に変更はないと受け止められている。

1．バイオ医薬品とは何か

医薬品は，化学合成医薬品とバイオ医薬品に大別でき，それぞれ新たに開発した創薬（「新薬」）と，特許切れ後に市場に出回る後発薬（後続薬）に分かれる。バイオ医薬品は有効成分がタンパク質由来，生物由来の物質によって生成される医薬品である。化学合成医薬品に比べ分子量が非常に大きく複雑な構造をしているので，その特性，性質は製造工程によって異なる特徴がある。そのため，バイオ医薬品の後発薬は，先行した医薬品と「同一」ではない。「類似」のものとしてバイオ医薬品の後発薬は，ジェネリック薬と呼ばずバイオシミラー（Bio similar）と呼ぶ。

2．新薬のデータ保護期間に係るルールの構築

バイオ医薬品のデータ保護期間が最後まで合意ができなかったのは，新薬開発メーカーの主張を背景に12年を主張した米国と，従来どおりの5年を主張したオーストラリア他の対立である。後者の意見を支持する国は，外資系の新薬開発メーカーを除くと有力な新薬開発メーカーを持たず製薬企業の主体が後発薬メーカーである国々である[1]。

データ保護がもつ意味は次の点である。医薬品の市販には，医薬品規制官庁の認可が必要である。規制官庁は特許医薬品であるか否かとは無関係に「安全性」と「効能性」の両面を審査し，審査のための資料を医薬品メーカーが提出した臨床テスト（治験）のデータに求める。創薬メーカーの特許期間経過後

に，後発薬メーカーが公知技術を用いて同医薬品の製造を始める場合や，創薬メーカーが開発した医薬品の後発薬を後発薬メーカーが市販する場合でも，規制官庁の市販認可が必要である。規制官庁は後発薬メーカーに「安全性」と「効能性」データの提出を要求する。

創薬メーカー提出の治験データを後発薬メーカーが入手するには，創薬メーカーが既に規制官庁に提出した治験データを活用することが多い。そのデータが活用できれば，後発品メーカーは新たな費用と時間を要する治験が軽減できる。ところが，創薬メーカーが規制官庁に提出したデータは，特許とは無関係に一定期間保護される仕組みがある。TPPでは化学合成医薬品とバイオ医薬品に分け，治験等のデータ保護期間を設けた。

TPPの条文（Full Text）の第18章を見ると次のとおり。

① 化学合成医薬品の場合（第18.50条）

> 新薬（化学合成医薬品）：開示されていない試験データその他のデータの保護
> ・販売承認から5年間データ保護。
> ・各国はドーハ宣言による公衆の健康の措置ができる。

（注）第18.50条では公衆衛生についてふれ，「各国はドーハ宣言による公衆の健康の措置ができる」とあることも注目点である。知的財産保護の国際的な基本ルールのベースラインはWTOのTRIPS協定である。

② バイオ医薬品の場合（第18.52条）

バイオ医薬品のデータ保護期間の条文の表現があいまいである。新聞報道等では，①単に「8年で合意」あるいは②「実質8年で合意」と報じているが，「実質8年」についての明確な説明がない。「実質8年」に関連する条文は次のとおり。

> 最初の販売承認の日から少なくとも8年間，第18.50条の規定を準用して実施することによる効果的な市場の保護について定めること……………………………………（a）
> またはその代わりとして，
> 　(1)　最初の販売承認の日から少なくとも5年間，第18.50条の規定を準用して実施すること，……………………………………………………………………………（b）
> 　(2)　他の措置をとること，…………………………………………………………（c）
> および
> 　(3)　市場の環境が効果的な市場の保護にも寄与することを認めることにより，市場における同等の効果をもたらす効果的な市場の保護について定める旨を規定……（d）

（注）(a)，(b)，(c)，(d) は，便宜的に筆者の引用のための付与。
（出所）内閣官房TPP政府対策本部「環太平洋パートナーシップ協定（TPP協定）の全章概要」（2015年11月5日）。

データ保護期間を「8年」とする根拠は第18.50条を準用する（a）である。

それに代わる方法は，条文中の（1），（2），（3）のすべてを満たし「市場における同等の効果をもたらす効果的な市場の保護を規定する」ことが条件である。(1)では最低5年間のデータ保護期間があるので，条文中の（2）および（3）の措置を講じて5年以上の実質的なデータ保護をすることになる。特に「8年」間を保障しているわけではない。

データ保護期間を「8年」とするには，(2)および(3)の措置に要する期間が約3年程度と見込める場合である。その間は他の後発薬メーカーによる参入を認めないことになる。そのためには，(2)および(3)の措置を講じて3年間になる方法が必要になる。そこで，実質「8年」間のデータ保護をするには，(1)のデータ保護期間の5年間の後の3年間は「医薬品としての販売ができない」ための(2)および(3)の措置を講じ，データ保護のための何らかの規制を導入することになる。

ただし，「(2)他の措置をとること」についての具体的な説明が見つけられなかった。米国のUSTR公表文書，ニュージーランドやオーストラリア等の公表文書などにも見出すことができなかった。最後まで結着できずに，このようなあいまいな表現で合意したと受け止めるのが妥当な推測になる。(2)の具体的な規制の方法は，各国の裁量に委ねられているのかもしれない。

また，「(2)他の措置をとること」で実質8年を約束しているのかどうかの手がかりは見出すことはできなかった。オーストラリア等の報道の中には，現状の方法でもよいかのような記述等が散見され，各国の批准手続きを進める中で国内法の改正をどうするのか見極めないと確かなことは言えない。

3．各国の状況

各国の状況は，18章の「Section K: Final Provisions」に説明がある。第12-1表は，その概要である。各国のデータ保護期間をみると，多くの交渉参加国は8年より短い5年である。米国と対立したオーストラリアは5年である。そのため，米国，カナダ等の8年の国以外の交渉参加国は国内での法改正等の措置が必要になる。

第 12-1 表　各国のデータ保護期間

	第 18.50 条 (化学合成新薬)	第 18.52 条 (バイオ医薬品)
ブルネイ*	4 年	4 年
マレーシア*	4.5 年 (18.51 条)	5 年
メキシコ*	5 年	5 年
ペルー*	5 年	10 年
ベトナム*	10 年	10 年 (施行までに 2 年 + a の猶予期間)
ニュージーランド	5 年	5 年 (＋5 年)
オーストラリア	5 年	5 年
米国	12 年 (オバマケア法)	
その他の国 (日本, カナダ他)	8 年	

(注)　*印は, 第 18.52 条規定にしたがい国内法の改正を行う。表の記載内容は, TPP の Chapter18 中の, Section K: Final Provisions より抜き書きし作成。オーストラリア, ニュージーランドは各国の外交貿易省のサイトを参照し記入。なお, EU のバイオ医薬品のデータ保護期間は 10 年である。

【日本の場合】

　日本は「再審査制度 (新薬の場合は 8 年間)」がデータ保護期間と同等の役割をもつので, 日本市場においては影響がない。ただし, 再審査制度の本来の目的は市販後の安全性等の再確認である。追加承認時に臨床試験で必要になる医薬品データ保護が目的ではない。

【米国が 12 年を主張する背景】

　米国におけるバイオ医薬品のデータ保護期間は 12 年である。「"オバマケア"法：Patient Protection and Affordable Care Act (患者保護並びに医療費負担適正化法, PPACA), 2010 年発効」の第 7 部 (「革新的医学治療へのアクセス改善」) で, バイオ医薬品のデータ保護期間を FDA (連邦食品医薬品局) の認可から 12 年を規定している。ただし, この規定は発効後 10 年後に再協議を行うとしている。

　12 年を主張するのは, 米国研究製薬工業協会 (PhRMA) と米国バイオ産業協会 (BIO) が中心である。PhRMA の主張を支持するハッチ上院財政委員長

をはじめとする TPP 批准に大きな影響力をもつ有力議員の存在も無視できない。

米国には，12 年より短いデータ保護期間を主張する意見もある。後発薬メーカー主体の米国ジェネリック医薬品協会（GPhA），その傘下のバイオシミラー協議会（BC）や，国境なき医師団（MSF）などの NGO 団体などである。米国政府内にも，保険医療支出を削減するためにデータ保護期間を短くするように国内法の修正を求める考えもある。

12 年を主張する理由の一つは，研究および開発が負うリスクに対し対価を与え医薬品の承認プロセスの長期化とコストのバランスを採るインセンティブをめぐり，連邦議会で得られた結果だとする主張である。バイオ医薬品の開発は容易ではなく，巨額なコストと期間が必要である。そのコストを回収するにはデータ保護期間を長くすることが好ましく，バイオ医薬品の損益分岐点は平均 12.9〜16.2 年であることをあげている。

また，保護期間が短くなると費用回収のために高額な薬価となる問題がある。この問題は第 2 節でとりあげる。

4．健康保険制度等医薬品の関連事項

TPP は日本の国民健康保険制度に影響があるのではないかなど危惧する意見があった。そうした意見に対する主な事項の記述は，下記（参考）のとおりである。

① 国民健康保険制度
第 26 章（「透明性および腐敗行為の防止」）の附属書のタイトルの注記に健康保制度に関する記述があり，影響を与えない。

② ISDS（Investor-State Dispute Settlement：投資家と国家間の紛争処理）
第 26 章の注記に ISDS の対象としない記述がある。

③ 政府調達
医薬品と医療機器の政府調達には「附属書（26-A）」（脚注 11）を適用しない。

こうしたことから，協定締約国の現状の健康保険制度に影響を与えないと受け止めることができる。

参考：医薬品にかかわる 18 章以外の主な TPP 条項　Schedule to Annex 26-A（附属書 26-A）—抜粋—

- 締約国の現状の健康保険制度への影響なし
  ――「より明確には，締約国は，医薬品と医療機器について締約国が適用できるシステムの様相に関するこの章の透明性と公平な手続きの目的を確認する。第 26 章の義務に影響を与えることなく，どんなことにおいても締約国の健康保険制度，または医療費の優先順を決定する締約国の権利を修正することはない（Paragraph 26-A.9）
- ISDS の対象外
  ――「この附属書は，ISDS の対象ではない。」（Paragraph 26-A.6）
- 政府調達の対象外
  ――「この附属書は，医薬品と医療機器の政府調達には適用しない。医療サービスを提供している公共団体が医薬品と医療機器の政府調達に関わっていて，国家の医療当局によるそのような活動に関する所定の開発・管理は，政府調達の影響と考えられるべきである。(Paragraph 26-A.11)

- 社会保障・社会保険等の公共目的の社会事業サービスについての内国民待遇等の義務
  （附属書 II　投資・サービスに関する留保）
  日本は留保（日本　P2875-2876）
- 社会保障にかかわる法律上の制度
  適用除外（第 11 章（金融サービス）11.2 条 3）

第 2 節　医薬品をめぐる問題～「データ保護」期間が紛糾した背景

1．「医薬品」問題の特徴的側面

医薬品のデータ保護の問題には，多くの側面がある。

第 1 は，「医薬品」は国民の生命，健康にかかわり，すべての人が「利害関係者」である。TPP における交渉は自国民の生命と健康に深くかかわる問題に対し，どう向き合うかとの視点が外せない。米国の国内でも政治力がある創薬メーカー・団体やその支援を受ける有力政治家の考えがすべてではない。医療保険の未加入者が 3300 万人もいる（2014 年時点）。医療費の高騰で医療保

険の費用増加に悩む米国民は多い。米国内には米国（USTR）の主張に批判的な意見も根強くある。

　日本は国民皆保険制度があり薬価は保険の対象である。高額な治療費、高額な医薬品に対しては個人負担を軽減する措置がある。ただし、健康保険制度の薬剤費に占める割合は大きく、医療費に加え薬剤費の支払い額をいかに抑えていくかは大きな課題である。

　オーストラリア、ニュージーランドは医薬品価格を国家がきめる制度である。薬の購入費用の一部を国が補助する制度があるために、薬剤費の増加にともなう財政負担を抑えたいのは日本と同じである。

　TPP ではバイオ製剤の後発薬の開発にあたり、創薬企業の治験等のデータ保護期間を長くした。この問題が各国間の利害が合わずもめたのは、自国民の生命と健康を守る問題に深く関わっていることによる。国全体の医療支出（特に医薬品の支払い）が年々増加し、国民の健康増進を図りつつ財政支出の増加を抑える必要があること。個人負担の軽減も大切だ。この問題は各国共通の課題だ。合意した内容に基づいて各国は国内法を改正するので、それを見極める必要がある。

　第2は、生命と健康を守るために新薬の開発をどう進めていくのかの課題である。新薬の開発は莫大な費用と長期にわたる研究開発が必要である。費用と時間を費やしても成果があがるとの保障はなく、成功とはいえない結果が多く見受けられる。

　一方、近年開発されたバイオ医薬品の効能はきわめて優れているものが多く、人の生命や患者の生活の質向上の効果をもたらしている。そのため、新薬の開発を促進すること、特許権およびデータ保護期間を過ぎた後は安価な後発薬を普及させること、国の財政や患者の経済的負担を軽減すること、等が可能になる取り組みが不可欠である。

　TPP では医薬品の知的財産保護について TRIPS 協定を上回る水準で合意した。バイオ医薬品のデータ保護期間を化学合成医薬品より長くすることで、バイオ医薬品の創薬事業にインセンティブを与える配慮をした。

　第3に製薬企業の状況により医薬品に対する知的財産保護への取り組みに差があること。

製薬企業は，新薬を開発することを中心にした医薬品を製造する「創薬企業」と，特許権が失効した医薬品を主として製造している「後発薬企業」に大別できる。「後発薬企業」が中心である国では「創薬企業」が持つ特許等の知的財産権保護の期間が短い方が，自国での医薬品製造に有利である。また，「創薬企業」の知的財産権の保護が手厚くなく十分でない場合もある。

TPP では後発医薬品主体の国に配慮し，バイオ医薬品のデータ保護期間を米国が主張する 12 年とせず，前述のとおり各国の裁量の余地を残している。

第 4 は，バイオ医薬品は高価で，医療費（特に薬剤費）の財政負担が膨らみ健康保険制度（医療保険制度）の運営への影響を懸念する。バイオ医薬品の後発薬が普及することは医療費（薬剤費）の支出の抑制につながるとの期待は大きい。ただし，データ保護期間を短くすると，創薬の価格は高額になりかねない恐れがある。

第 5 に，公衆衛生の視点から，医薬品を多くの患者に対し，いかに「供給」するのか，「価格」はどうあるべきかが問われている。世界は感染症の流行に常に晒され，多くの人々の健康を守るための対策を必要としている。1990 年代の AIDS の蔓延に対し，エイズウイルス（HIV）の画期的治療薬の恩恵を受けられる患者の数が富裕国と貧困国で大きな差があるとして問題になった。2003 年には WTO 一般理事会で途上国に対し他社の特許が存在する医薬品を製造・輸出しようとする場合に，一定の条件のもとで TRIPS 協定上の義務を免除する旨の決定に合意し，その合意を恒常的なものとするため TRIPS 協定の改正が行われている（2005 年）。

2．創薬開発の中心はバイオ医薬品

医薬品の創薬開発の中心はバイオ医薬品である。2014 年の世界で販売額が大きい医薬品上位 10 品目のうちバイオ医薬品が 8 品目を占め，上位 10 品目の売上高の 84.3％を占めている。2013 年は上位 10 品目中 7 品目で，上位 10 品目の売上額の 73.5％を占めていた（第 12-1 図）。

2011〜2014 年の 3 年間にバイオ医薬品は上位医薬品の売上高は 3789 億ドル増えたのに対し，化学合成医薬品は 3624 億ドルの減少である。売上高が大きい医薬品をみると 1 位から 6 位までがバイオ医薬品である。1 位が 125.4 億ド

第 12-1 図　世界医療用医薬品売上高上位 10 位内にあるバイオ医薬品の売上高と割合

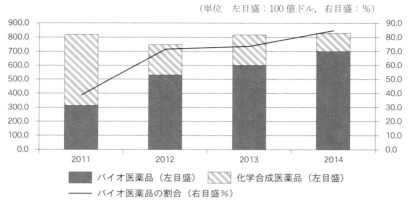

(出所) メディサーチ（株）の調査結果（売上高ランキング）をもとに集計し作図。

ルの「ヒュミラ」，3 位が「レミケード」（約 97 億ドル），2 位の「ソバルディ」（102.8 億ドル）は C 型肝炎治療薬，5 位の「リッキシブ（リツキサン）」はがん治療に使われる。6 位の「ランタス」は糖尿病治療，4 位の「エンブレル」，7 位「アバスティン」は抗関節リウマチ他の治療に使われる。

3．高額なバイオ医薬品と高騰する医療支出

　バイオ医薬品は高価なものが多い。2014 年の医薬品売上高ランキングでは 1 位の「ヒュミラ」は 3 年連続し変わらなかった。2 位の経口 C 型肝炎治療薬の「ソバルディ」は初めて登場し，発売 1 年で一気に 100 億ドルを超える売り上げとなった。前年比でみると約 73 倍増である。

　日本でも発売され 1 錠当たりの薬価は 6 万 1799 円と高価である[2]。12 週間の服用で治癒に要する薬剤費は併用薬を含め約 550 万円。ただし，日本の健康保険は高額療養費制度があり自治体による助成制度もあるので，患者の負担は月 1 万〜 2 万円で済む。C 型肝炎の治療ができると中長期的には肝臓がんなどにかかる医療費を節減できる可能性がある。一方，すべて公的保険や助成の対象にして，仮に 50 万人の患者が利用すると薬剤費だけで 2 兆円を超え国民負担は大きい。

　日本の国民医療費（2014 年度の概算医療費）は 40 兆円を超え 12 年連続し

過去最高を更新した。高齢者医療費，薬剤費とともに高額医療費の増加が著しい。国民皆保険制度では自己負担額が月当たり約8万円を超える高額医療の場合は自己負担分を公的に扶助する仕組み（高額療養費制度）がある。高額医療費の支払い増加は，高齢化に伴い「がん治療」など高額の医療費が必要な疾病の増加が背景にある。医療技術が進歩し分子標的薬やバイオ医薬品の登場も大きく関係している。バイオ医薬品は，がんやリュウマチなど難病の治療に大きな恩恵をもたらしている一方，高額療養費を押し上げる原因の一つになる。こうした状態が続けば高額療養費の一層の増加は確実である。

なお，医薬品は世界一律に近い価格で売られているわけではない。国によって価格差があることがWTOの調査で明らかにされている。抗がん剤の価格（Ex-Factory Price）は最も低い国の価格と1.5倍前後の価格差がある。肺がんやすい臓がんの治療に使われる「ゲムシタビン」の価格差は4.8倍もあった[3]。

また，先のソバルディはメーカー（Gilead Sciences Inc.）は1000ドル/錠で販売している国がある一方，C型肝炎患者が多いエジプトなどの途上国では後発薬を10ドル/錠で販売している。特許有効期間にかかわらず，インドの後発薬メーカー11社に後発薬のライセンス生産を認め4.29ドル/錠での販売を認めている。そうした価格戦略は公衆衛生の視点から必要な対応と説明している[4]。

人々の健康と生命を守り高騰する医療費をいかに抑制するのか，高額な開発費の回収とより良い医薬品の開発促進とともに，医薬品の価格をどう決めていくのか，大きな課題である。

まとめにかえて

医薬品は国民の生命と健康を守るために不可欠なものである。最近の重要な新薬はバイオ医薬品が圧倒的に多く，TPP協定ではバイオ医薬品のデータ保護を化学合成医薬品より長い期間を設定し，バイオ医薬品の創薬開発に有利となる条件を設定した。

一方，最近の技術革新によってもたらされた新薬の価格は，従来では考えられない高額なものになった。日本のように高額医療および薬価に対し患者の負担を軽減する制度がある国では，高額薬価の財政負担が深刻化している。高額な薬価を個人負担せざるをえない制度の国では，多くの人々の命を救うことは厳しい。

　世界保健機構（WHO）の「必須医薬品薬モデルリスト」の最新版（19版）でリストアップした新たな医薬品は，ソバルディなど「高価すぎる」と指摘されている医薬品ばかりである。より良い新薬を開発するための技術革新を奨励することと手頃な価格で提供することの間に適切なバランスを見つけることが，ますます重要になる。前述のとおり，ソバルディは特許有効期間中に後発薬メーカーによるライセンス生産を認め，途上国の患者には低価格で供給する方策を採りいれ途上国の患者に対する配慮をした。一方，先進国では高額な先発薬を販売し，研究開発費の回収と収益を確保する方法を選択している。

　また，今後，バイオ医薬品の特許が切れバイオシミラーの開発競争の激化は確実である。TPPで医薬品の知的財産権保護ルールが整備され，輸出しやすい状況になる。新薬の場合はデータ保護期間があるので開発の遅れは緩和される。一方，バイオシミラーは先行した企業が有利である。化学合成医薬品の後発薬の開発費に比べ，バイオシミラーは数十倍以上が掛かるとされ技術も必要である。開発費を償還し利益を出すには，国内の先行薬の一定以上のシェアを獲る等，バイオシミラーのメーカーにとって相当のリスクを伴い容易ではない。

　日本は米国，欧州に次ぐ創薬基盤があり創薬メーカーが多い。一方，バイオ創薬，バイオシミラーの開発力が高いとは言えない。それだけに，日本もこの分野の取り組み強化が欠かせず，国内ばかりでなく国際市場にも安価で供給できるバイオ医薬品の開発戦略が求められている。

［注］
1）医薬品の売上高ランキング上位40社（2013年）を，TPP交渉参加国別に数えると24社。米国（15社），日本（7社）に対し，カナダは1社（Valeant Pharmaceuticals International, Inc.：主として神経学，皮膚科学，ブランドジェネリックの分野における多国籍のスペシャリティーファーマ），オーストラリア系企業は1社（CSL Behring：現在の本社所在地は米国，血漿分画製剤の専門企業）。TPP交渉参加国でない企業はイスラエル1社を除く15社が欧州企業である。

2）【日本の高額医薬品の価格引下げ】2016 年度から高額な医薬品については公定価格を引き下げることにした。「ソバルディ」も対象である。
3）【WHO による医薬品の価格調査】EU（15 カ国）とオーストラリア，ニュージーランドの 17 カ国を対象に行った抗がん剤の価格調査は分子標的薬など 21 世紀に相次いで発売となった新薬の 31 品目。価格差が最大であるのは肺がんやすい臓がんの治療に使われる「ゲムシタビン」で，ニュージーランド（209 ユーロ（約 2.5 万円））とオーストラリア（43 ユーロ（約 5160 円））との価格差は 4.8 倍である。なお，「ゲムシタビン」の日本での価格は先発薬が 1 万 8789 円，後発薬が 1 万 2649 円である（2015 年 12 月時点）。
4）【ソバルディの価格】"His Job Is to Sell a $1,000 Pill for $10 Without Losing Money"（bloomberg.com 2016-02-29 付）の記事を参照。

[参考文献]
USTR："TPP FULL TEXT".
　　　（日本）TPP 対策本部『TPP（訳文）』・
特許庁「TPP 協定を担保するための特許法の改正について」平成 28 年 2 月 12 日。
増田耕太郎（2014），「TPP と医薬品」石川幸一・馬田啓一・渡邊頼純編著『TPP 交渉の論点と日本―国益をめぐる攻防―』文眞堂。
増田耕太郎（2015），「C 型肝炎の特効薬・ソバルディの国別販売価格―新薬開発と必須医薬品の供給の共存を目指す」フラッシュ 278 号，国際貿易投資研究所。

（増田耕太郎）

第13章

TPPと環境

はじめに

　TPPの環境章が，既存のFTA環境章と異なる特徴の一つは，WTOドーハ・ラウンドで妥結しなかった「漁業補助金の規律化」に大きなスペースをとっている点にある。

　TPPの「環境」を巡る議論の背景には，次の二つがある。

　第一に，自由貿易の維持拡大を理念とするGATTの時代（1948〜94年）は，「環境」よりも国々の経済発展が最優先されたが，WTOの時代（1995年〜）になると，その協定前文に「貿易と環境の両立」が謳われ，さらに2000年代以降は地球規模の動植物資源の枯渇[1]や温暖化の問題に，WTOを含めた関連の国際組織がグローバルに協調して取り組む体制に変わりつつあることである。

　第二は，2001年にスタートしたWTOドーハ・ラウンドでは，農業，NAMA，サービス，貿易円滑化，ルール，環境，知財，開発の8分野で交渉が続けられ，一括合意に至らなかったものの，「ルール」の交渉分野で公海上の魚類資源の枯渇を防ぐ方策として漁業補助金[2]の削減などが議論されたことである（WTO協定には漁業補助金を規律化するルールが存在しない）。

　前者はマクロ的，後者はミクロ的な貿易と環境をめぐる国々の取り組みにかかわる。

　他方，TPP交渉を主導した米国が過去に締結したFTAの環境規定は，それまでの附属書や補完協定の形で組み込む形式から，2004年の米・チリFTA締結以降，FTA本協定に組み込む形式に変わっている。TPPの環境章もその流れに沿っている。

第13章　TPPと環境　*177*

　TPP 協定の環境章には，その策定に向けて米国政府（USTR）が公開したグリーン・ペーパー（後述）に示された漁業補助金の規律化などの提案がほぼすべて盛り込まれたため，米国を含む他のいずれの FTA 環境章をも上回る詳細かつ細分化された構成となった。

　その意味で，TPP の環境章は WTO ドーハ・ラウンドの漁業補助金の規律化を先取りする意図も見えるが，同ラウンドにおける漁業補助金の規律化をめぐる国々の対立構図は，TPP 交渉下でも変わっていない。その結果，TPP 環境章の中で特に大きなスペースを占める漁業補助金に関わる規律化は，国々の漁業に対する現状の国内措置を大きく変更させるものにはならなかった。

　TPP 交渉をリードする米国は，既存の FTA の中でも特に環境保全への取り組みを明確に示すことで，消費者・生活者の利益保護にも配慮したルールを目指したとも言える[3]。

第1節　TPP 交渉と環境

　2010 年 3 月に P4 の 4 カ国（NZ，シンガポール，チリ，ブルネイ）を含む，米国，オーストラリア，ペルー，ベトナムの 8 カ国でスタートした TPP 交渉は，同年 10 月にマレーシアが参加し，同年 11 月の APEC 横浜宣言で，APEC の 21 カ国・地域が目指す FTAAP（アジア太平洋自由貿易圏）は ASEAN+3，ASEAN+6 および TPP の三つを基礎に追求されるべきことが明記された。翌 2011 年 12 月になると，米国通商代表部（USTR）が，TPP 環境章のいわゆるタタキ台を公表した。後にこれは「グリーン・ペーパー」と呼称されることになる。

　その中には，TPP の全加盟国が環境保全の対象とすべき領域として，「陸上の野生生物種」，「海上の漁業資源」，「森林・木材」の三つが提案された。ちなみに，TPP のベースとなった P4 協定には，労働と環境は章立てがなされず附属書の形で明記され，その扱いは協定本文よりも弱かった。

　他方，当初より環境 NGO は TPP を批判的に見ていた。

　というのも，TPP 交渉では，先進国と途上国を区別しない一律ゼロ関税を

原則に，国境を超えた流通ネットワーク（グローバル・サプライチェーン）の構築が進むとされ，そうなると消費者の利益よりも大企業（生産者）の利益が優先されるのではないかとの懸念があったからである。しかも TPP 交渉そのものが非公開とされたため，逆に TPP 交渉の中身をリークすることが消費者（生活者）利益の確保に繋がるという風潮もあった。

そのこともあって，2012 年にメキシコ（6 月 18 日）とカナダ（同 19 日）が TPP 交渉に参加した翌月の 7 月のサンチェゴで開催された第 13 回 TPP 会合では，初日のみ NGO も出席できる機会が設けられた（だが TPP の実質的な交渉は翌日から行われた）。

翌年，2013 年 7 月には日本が 12 番目の参加国として TPP 交渉に参加するに至った。

2015 年 10 月 5 日に全 12 カ国による TPP 大筋合意，翌 2016 年 1 月 26 日には，TPP 協定文が正式に公開された。

第 2 節　WTO ドーハ・ラウンドでの漁業補助金の議論

「はしがき」で述べたように漁業補助金の規律化は WTO ドーハ・ラウンドにおける八つの交渉分野のうち「ルール」交渉分野において検討された。特に 2005 年の WTO 香港閣僚会議で，過剰漁獲能力＆過剰漁獲（乱獲）を増長する補助金の禁止および，この規律強化に向けた議論がなされたが，国々の事情が異なり，その後も合意に至らなかった。そもそも工業分野の補助金の規律化を定めた WTO の SCM 協定では，輸出補助金や国内産品優遇補助金など，貿易歪曲効果がある補助金のみを禁止の対象としており，生物種の保護にかかわる漁業補助金を規律化するルールは WTO のどの協定にも無かった。米国とニュージーランドは乱獲の有無とは無関係に，（工業分野の補助金と同じ扱いとして）漁業補助金そのものを原則禁止すべきと主張していた。

WTO ドーハ・ラウンドで漁業補助金をめぐる国々の立場は次の三つに大別される。

第一は，アルゼンチン，オーストラリア，チリ，コロンビア，ニュージーラ

ンド，ノルウェー，アイスランド，パキスタン，ペルー，米国の10カ国からなる通称「漁業フレンズ」の国々である。これらの国々は，過剰漁獲を防止・禁止する目的上から（例外を除き）漁業補助金は原則すべて撤廃すべきであり，公海での操業に関わる（大型漁船の建造費補助金を含む）補助金は，排他的水域と公海を含めて先進国・途上国問わず公平に禁止すべきと主張する[4]。漁業フレンズの国々は，年間140億ドルから205億ドル（全WTO加盟国の漁業総収入の約20〜25％に相当）の補助金が漁業部門へ支出されており，これらが過剰な漁獲能力と過剰漁獲（乱獲）の原因と主張する。つまり，各国の漁業補助金が20％削減されれば，漁獲量も20％削減できるという論法である。

　第二は，日本，韓国，台湾，EU，カナダなど漁業を保護する立場の国々である。これらの国々はWTO香港閣僚宣言に従って過剰漁獲につながる補助金だけに限定してこれを禁止すべきであり，漁業者への所得補償の役割を持ち漁業の持続的発展に必要な補助金は禁止すべきではないと主張する。

　第三は，保護すべき漁業が国内に存在しない中立的立場のシンガポールなどである。

　なお，インド，中国，インドネシアなどの途上国は，「補助金の原則禁止」が，自国の漁業の発展を妨げるとして反対するとともに，途上国に対する特別の配慮を求めている。

　このように漁業補助金をめぐる立場はWTOのメンバーであるTPP加盟12カ国の間で異なる上に，TPP協定において漁業補助金を原則禁止と規律化してしまえば，TPPがFTAAPのベースとなるに不可欠な加盟国数の拡大余地を失うことになる。

第3節　TPP協定の環境章

　当初，労働と環境は，P4協定の構成と同様にTPPの本協定に組み込まれずに，附属書の形で明記されるとの予想もあったが，実際には，TPP本協定の中で第19章に「労働」，第20章に「環境」が組み込まれた。さらに，米国政府（USTR）のグリーン・ペーパーには明記が無かったオゾン層の保護を目的

としたモントリオール議定書の順守を定めたルール（第20.5章），遺伝子資源の利用に関わるルール（第20.13章），繁殖力の強い外来の動植物「侵略的外来種」の侵入を規制・禁止するルール（第20.14章），さらにTPP協定に関わる環境問題が発生した場合の協議・処理の手続きも，他のFTA諸協定に類を見ないほどに段階的なルール（第20.19〜20.23章）が設けられた。

　その意味で，TPPは他の国々が設けているFTAに比べて貿易と環境の両立に配慮した先端的な一面がある。他方，生物多様性条約（Convention on Biological Diversity：以下「CBD」）は加盟国の数が196カ国（2015年現在）にも達するにもかかわらず，米国を含むいくつかのTPP加盟国が加盟・批准していないために，TPP環境章では，TPP加盟国に対してCBDおよびその国内法の遵守は求めない代わりに，独自に設けた遺伝子保護ルール（第20.13および同14章）を遵守するよう求めている。

　今後の米EU間のメガFTA（TTIP）で，環境に関わるルールが設けられる際には，EU側はCBDそのものの遵守を米国に求めるはずである。その場合，今のTPP環境章との間に齟齬が発生する可能性がある。

第4節「環境」ルールから見たTPPとP4の違い

　TPPの原加盟国（4カ国）によって2006年5月に発効したP4協定（通称）は，全体で20の章から構成され，「環境」と「労働」に関する規定はその欄外に環境協力協定・労働協力に関する覚書として組み込まれている。P4協定には元々，環境と労働の規定は想定されていなかったのが，主導国であるニュージーランドの当時の与党（労働党）により，国内の労働団体や環境保護団体の支持を得るために盛り込まれたとされる。

　これは，その後にTPP交渉を主導することになる米国の与党（民主党）が，米国民の支持を得るために労働と環境をアピールしていた現象と似ている。

　ところで，P4協定の環境ルールに関する記述で，メンバー国に求められたのは，第一に高いレベルの環境保護と多数国間環境協定の順守義務，第二に，

それら国際的な環境約束に調和した国内環境法の制定，第三に，環境保護に関わる各国の主権の尊重，第四に，貿易投資の受入れを促進する目的で国内の環境法や環境規制を緩めるべきではないことの四つであるが，これらすべてはTPPの環境章にもほぼ同じ文言で構成されている。

例えば，TPP環境章の「多数国間環境協定（以下 MEA）」（第 20.4 章）では，TPP加盟国は自国が加盟するMEAの履行を約束すること，「定義」（20.1 章）で，各国の国内環境法が多数国間環境協定の元で生じる義務を果たすために設けられるべきことを定めている。「一般約束」（20.3 章）の中では，加盟国が自国の国内環境保護の水準を自ら定める主権を有することを明記している。「目的」（20.2 章）では，加盟国が自国の貿易・投資利益を守るために，環境保護を理由として環境規制やルールを緩める措置（いわゆる「偽装的な貿易制限」）は不適切であるとしている。

このように見れば，TPPの環境ルールは，P4協定のそれを踏襲している面はあると言える。

異なるのはP4協定では「環境」が単に附属書の扱いであったのが，TPPでは，一つの章として組み込まれたことに加え，後述のように，各国が設けている関連の国内環境法を遵守する姿勢が一層強化された点にある。ただし，WTOドーハ・ラウンドで対立関係を生み出していた海洋資源の保護につながる漁業補助金のTPP環境章での規律化は，当初の予想よりもやや緩くなった感がある。

第 5 節　当初の米国提案との比較

2011 年 12 月，米国政府（USTR）は，TPP交渉に向けて通称「グリーン・ペーパー」と呼ばれる環境保全のための提案文書を公表した（既述）。

その中で，米国政府はTPP加盟国間で共通合意が得られたMEA（多数国間環境協定）に違反する産品については，TPP加盟国が輸入禁止措置をとるよう提唱した。同文書ではTPP加盟国が環境保全を理由に保護すべき対象領域を次の三つに分けていた。

第一に,「陸上の野生生物種」(wildlife)の保護については,すべてのTPP交渉参加国が締結しているCITES(「絶滅のおそれのある野生動植物の種の国際取引に関する条約」：通称「ワシントン条約」)などのMEAを順守するよう求めた。第二に,「海上の漁業資源」(marine fisheries)の保護については,過剰漁獲(乱獲)・漁船の過剰漁獲能力に繋がる漁法の規制および漁業補助金(撤廃)規律の順守を提案し,WTOドーハ・ラウンドで議論された漁業補助金規律(案)を参考にするよう求めた。第三に,「森林・木材」(illegal logging)の保護(原木および床板や家具などの木材加工製品を含む),つまり違法伐採の排除については政府間の取極めや環境NGOなどとの連携を図りつつ,自国内法が順守されているか否かの情報を当該国政府が開示するよう求めた[5]。

　実際のところ,これら三つはTPPの環境章にすべて盛り込まれ,加えて地球温暖化の問題に取り組む「モントリオール議定書」を順守するための国内法への厳守も明記された。モントリオール議定書の特徴は,関係物質の規制措置を自力で実施するための十分な資金・技術がない開発途上国(議定書第5条1適用国。通称「5条国」)には,先進国(通称「非5条国」)が拠出する基金により技術協力支援を行う旨,定めた点にある。

第6節　米国のFTAとTPP環境章

1．TPP 6カ国とのFTA

　2015年10月現在,米国はTPP加盟12カ国中,6カ国(カナダ,メキシコ,チリ,豪州,シンガポール,ペルー)との間で締結済みの二国間貿易協定(FTA/TPA)に「環境」の規定を設けている。

　「環境」が補完協定の形で盛り込まれているメキシコ・カナダとのNAFTA(北米自由貿易協定)を除けば,その他のチリ,豪州,シンガポール,ペルーとのFTA協定はすべて本協定に「環境章」として盛り込まれている(米国はペルーとはTPAを締結)。具体的には,米・チリFTA(2004年発効)の第19章,米・シンガポールFTA(2004年発効)の第18章,米・豪FTA(2005

第 13 章　TPP と環境　　183

第 13-1 表　米韓 FTA と TPP の「環境」章

【米韓 FTA 環境章の構成】
第 20.1：保護の水準
第 20.2：多数国間環境協定
第 20.3：環境法の適用と施行試行
第 20.4：手続き事項
第 20.5：環境効率を高めるメカニズム
第 20.6：制度的取り決め
第 20.7：公衆参加の機会
第 20.8：環境協力
第 20.9：環境協議とパネル手続き
第 20.10：多数国間環境協定への関わり
第 20.11：定義
附属書 20-A

【TPP 環境章の構成】
第 20.1：定義
第 20.2：目的
第 20.3：一般的な約束
第 20.4：環境に関する多数国間協定
第 20.5：オゾン層の保護
第 20.6：船舶による汚染からの海洋環境の保護
第 20.7：手続事項
第 20.8：公衆の参加のための機会
第 20.9：公衆の意見の提出
第 20.10：企業の社会的責任
第 20.11：環境に関する実績を向上させるための任意の仕組み
第 20.12：協力の枠組み
第 20.13：貿易および生物の多様性
第 20.14：侵略的外来種
第 20.15：低排出型のおよび強靭な経済への移行
第 20.16：海洋における捕獲漁業
第 20.17：保存および貿易
第 20.18：環境に関する物品およびサービス
第 20.19：環境に関する小委員会および連絡部局
第 20.20：環境に関する協議
第 20.21：上級の代表者による協議
第 20.22：閣僚による協議
第 20.23：紛争解決
附属書 20-A／附属書 20-B

年発効）の第 19 章，米・ペルー TPA（2009 年）の第 18 章に，それぞれ「環境」の規定が盛り込まれている。

　これら TPP 加盟国以外との FTA にも米・バーレーン FTA（2006 年）の第 16 章，米・モロッコ FTA（2006 年）の第 17 章，米・オマーン FTA（2009 年）の第 17 章，米・韓 FTA（2012 年）の第 20 章[6]，にそれぞれ「環境」章（chapter）として組み込まれている。これら米国が締結済みの FTA の中で最も精緻化されたものは，米韓 FTA の環境章といわれる[7]。

2．米韓 FTA の環境章

　以下では，まず TPP 協定における環境章の位置付けとその特徴を見るために，米国が締結済みの FTA の中では最も詳細な環境規定を盛り込んでいると

される米韓FTA（通称：KORUS）の環境章との比較を行うことにする。米韓FTAは2006年に交渉が開始され翌年2007年6月に署名後，再度の交渉を経て2013年3月に発効した。

米韓FTAは全体で24章から構成され，第20章に「環境」ルールを定めている。この米韓FTA環境章は，「保護の水準」（第20.1章）から「定義」（第20.11）までの11項目から成り，附属書には加盟国（米韓）が遵守すべき諸協定として，「CITES」（ワシントン条約），「モントリオール議定書」，「MARPOL条約」（船舶による汚染防止のための国際条約），「ラムサール条約」，「CAMLR」（南極の海洋生物資源の保存に関する委員会），「国際捕鯨取締条約」，「IATTC議定書」（全米熱帯マグロ類委員会）の7つの国際環境協定を列記している。環境章のこれら7つの環境協定からなる附属書と同じものは，米国とペルーのFTA（2009年）にも見られる。

他方，TPP環境章は，第20.1（定義）から第20.23までの23項目から成り，米韓FTA環境章のおよそ2倍近くの項目に拡充されている。米韓FTAには見られないTPP環境章の特徴は次のようになる。

第一は，「オゾン層の保護」（第20.5）および「船舶による汚染からの海洋環境の保護（Protection of the Marine Environment from Ship Pollution）」（第20.6）に見られるように具体的な国際環境協定を明記した上で，TPP加盟国へこれらに基づく国内法を遵守するよう定めている点である。前者ではモントリオール議定書，後者ではMARPOL条約を掲げている（これら二つの国際条約に加えて附属書として各国が遵守すべき関連の国内法を列記している）。

第二は，第20.13（貿易および生物の多様性）および第20.14（侵略的外来種）に見られるように，具体的な国際環境協定を明記しないで，それに準じた国内ルールを遵守するよう定めている点である。というのも，これら二つは既存の環境協定である生物多様性条約（CBD）が管轄する分野であるが，TPP加盟12カ国の中で，米国，オーストラリア，カナダ，チリ，シンガポール，ブルネイの6カ国は生物多様性条約のカルタヘナ議定書を批准していない。カルタヘナ議定書は，当該遺伝子組換え産品の安全性が証明されない限り，予防原則に基づいて当該産品を輸入禁止にできることを定めている。米国は，従来から予防原則を受け入れない姿勢にあり，逆にEUは予防原則を支持する姿勢

にある。

　第三は，第20.16（海洋における捕獲漁業）に定めたように，WTOドーハ・ラウンドで議論中の漁業補助金の問題をいわば先取りして，これをルール化している点である。だがここでの禁止される漁業補助金については，WTOドーハ・ラウンドで「漁業フレンズ」グループが提唱していた「一切の漁業補助金の原則禁止」ではなく，「漁獲に対する補助金であって，乱獲された状態にある魚類資源に悪影響を及ぼすもの，および違法・無報告・無規制の下で操業する（illegal, unreported, and unregulated fishing：IIU）漁船への補助金」を禁止するにとどまった。よって，日本や韓国による漁業者への所得補償を目的とした補助金は現状のまま維持される。

　第四は，国内の環境問題をTPP環境章のルールでまず解決する姿勢が「環境に関する小委員会および連絡部局」（第20.19），「環境に関する協議」（第20.20），「上級の代表者による協議」（第20.21），「閣僚による協議」（第20.22）および「紛争解決」（第20.23）の5つの構成によって明確にされた点である。なお一般市民の意見も取り入れてここで未解決となった場合は，TPP本協定の第28条（紛争解決）に委ねる道筋も設けられた。

第7節　今後の課題

　貿易と環境に関わるグローバルなMEA（多数国間環境協定）の中でも特に，絶滅の危機に関わる動植物の貿易取引を禁じるCITES（ワシントン条約），生物の多様性を保全するために遺伝子の保護や遺伝子利用から得られる利益の公平な配分を定めた生物多様性条約（CBD），オゾン層を破壊する恐れのある物質の生産・消費・取引を規制するモントリオール議定書，の三つは世界の大半の国々が参加・締結している。

　特に生物多様性条約のカルタヘナ議定書では，予防原則に基づく取引の一時的禁止が輸入国側に認められている。予防原則は，米国とEUが牛肉ホルモン紛争を中心にGATT/WTO下で長らく対立した考え方であり，「当該産品の輸出国側が安全性を証明できるまで，輸入国は一時的にそれを輸入禁止にでき

る」とするものである。遺伝子組換え作物をグローバルに輸出したい米国，カナダ，オーストラリア。他方，EU は安全性が疑わしい輸入産品は，予防原則に基づき輸出国側がその安全性を科学的に証明するまで輸入禁止の状態を維持できると主張する。今後，米 EU 間のメガ FTA 交渉（TTIP）では，この問題をどのように調整するのであろうか。

漁業資源の枯渇を防止するための措置として，WTO ドーハ・ラウンドでは米国などの「漁業フレンズ」グループが公海上の漁業補助金の全面禁止を主張している。しかし TPP 加盟国間だけが規制しても公海上の魚類資源の枯渇を防ぐことは不可能である。単純化すれば，魚類は当該国の領海内を回遊するケース，公海を主に回遊するケース，領海内と公海上をまたいで自由に回遊するケースの三つがある。故に公海上の漁獲を一部の国々だけが規制したり，そこで操業する大型漁船の建造補助金を禁止してもその効果は小さい。

つまり TPP の加盟国の間だけで公海上の漁獲量を規制しても，その分，TPP 非加盟国の公海上での漁獲量が増大するので，全体としての漁獲量は減らない。結果的にグローバルな漁業資源の枯渇は続く。これを防ぐためには，漁業に携わるすべての国が，応分に漁業補助金を削減するか，魚類捕獲割り当てに参加するなどの仕組みが望まれる。他方，このような仕組みは，自由な競争原理をベースとする市場経済主義の GATT/WTO 体制には馴染まないものであったはずだが，ここにきて TPP を含む FTA をめぐる国々の議論の方向は，特に「環境」に関わる貿易ルールについては競争よりも協調の路線に向かっている。これは国々が従来に比べ，環境保全に配慮する姿勢へシフトしていることを示唆する。

［注］
1）WTO ドーハ・ラウンド交渉分野では，動植物のように再生可能な資源の保護のための規律化は議論されるが，化石燃料や鉄・銅など鉱物資源についての議論がない。
2）WTO の SCM 協定（「補助金および相殺措置に関する協定」）は，貿易歪曲的な効果を生じさせる輸出補助金や国内産品を優遇する補助金のみを禁止の対象としている。他方，2001 年からスタートした WTO ドーハ・ラウンドでの漁業補助金は，貿易歪曲効果の視点ではなく，漁業資源の枯渇を防ぐという（従来の GATT/WTO 理念とは異なる）「非貿易的関心事項」を意識したルール策定がなされたことになる。
3）従来まで米国の主要産業界には，排ガス規制などの環境規制を強めることは自国経済の発展にはマイナスであるとの主張があったがその後，米国政府（民主党オバマ政権）は，自国の環境財・環

境サービスの国際競争力が増すにつれて，それらの米国の輸出を拡大するには，相手国の環境財・サービスの貿易を妨げている非関税障壁の緩和・撤廃が必要とする姿勢に変わっている。
4）当時のWTOルール交渉議長ペーパーでは，漁業に関わる禁止すべき補助金として，「漁船の購入，建設，修理，改善のための補助金（造船施設を含む）」，「漁船の第三国移動のための補助金」，「漁船の操業コスト補填」，「漁業港湾施設への補助金」，「漁業従事者収入への補填」，「魚産品価格の補填」，「他のWTO加盟国の漁業区域アクセス権のための補助金」，「違法漁業に従事する漁船への補助金」の八項目をSCM協定の附属書8として記載することが示された。しかし，WTOドーハ・ラウンドが進展せず2015年現在も未採択のままである。
5）これら三つは，民主党オバマ政権を支持する環境保護団体への配慮という一面に加え，「産品非関連PPMs」に基づくTPP域内の環境保護・保全の強化に繋がる可能性も秘めていた。
6）米韓FTA（2007年6月30日署名，2012年3月15日発効）の環境規定は，環境保護のレベル，多国間環境協定，環境法の適用と施行，手続き，保護の実効を高めるためのメカニズムなど，既存の環境保護（協定，国内法）の実施に力点が置かれている。

[参考文献]

Meltzer, P. Joshua (2014), *The Trans-Pacific Partnership Agreement, the environment and climate change*. *Tania Voon* (ed), Trade Liberalisation and International Co-operation: A Legal Analysis of the Trans-Pacific Partnership Agreement, Edward Elgar.

USTR (2011), *Green Paper on Conservation and the Trans-Pacific Partnership*. <http://www.ustr.gov/about-us/press-office/fact-sheets/2011/ustr-green-paper-conservation-and-trans-pacific-partnership>

アジア経済研究所（2011），「地域貿易協定における環境条項」『途上国の視点から見た貿易と環境問題』<http://www.ide.go.jp/Japanese/Publish/Download/Report/2011/pdf/116_ch6.pdf>。

岩田伸人（2004），『WTOと予防原則』農林統計協会。

八木信行（2001），「環境的関心事項の分析視角から見たWTO漁業補助金交渉」RIETI Policy Discussion Paper Series 09-P-001。

（岩田伸人）

第 3 部

域外国の影響と対応

第 14 章

TPP と ASEAN
―TPP 合意の AEC と各国へのインパクト―

はじめに

　2015 年 10 月 5 日には，遂に環太平洋パートナーシップ（TPP）が大筋合意された。そして 2016 年 2 月 4 日には，TPP が全参加国によって署名された。TPP はアジア太平洋地域の 12 カ国によるメガ FTA である。TPP の交渉進展と大筋合意は，ASEAN と東アジアの経済統合の実現に大きな影響を与えている。

　東アジアでは ASEAN が域内経済協力・経済統合の嚆矢であり，東アジアの経済統合をリードしてきた。1967 年に設立された ASEAN は，1976 年から域内経済協力を開始し，1992 年からは ASEAN 自由貿易地域（AFTA）を推進し，2015 年末には ASEAN 経済共同体（AEC）を創設した。また東アジアにおいては，ASEAN を中心として重層的な協力が展開してきた。そして 2008 年からの世界金融危機後の構造変化の中で，TPP が大きな意味を持ち始め，ASEAN と東アジアの経済統合の実現に大きな影響を与えてきた。

　2015 年 10 月の TPP 大筋合意と 2016 年 2 月の署名は，さらに ASEAN 経済統合と ASEAN 各国経済に大きなインパクトを与えている。ASEAN 加盟国においては，P4 の時代から参加しているシンガポールとブルネイに加えて，2010 年からはベトナムとマレーシアが参加している。現在，フィリピン，インドネシア，タイも参加への関心を表明している。

　本章では，TPP と ASEAN について考察する。筆者は世界経済の構造変化の下での ASEAN 域内経済協力・経済統合を長期的に研究してきている。本章ではそれらの研究の延長に，TPP が ASEAN 経済統合にどのような影響を与えるか，また ASEAN 各国経済にもどのような影響を与えるか，を考察し

たい[1]。

第1節　ASEAN 経済統合と TPP 交渉

1．ASEAN 経済統合の展開と AEC

　東アジアでは，ASEAN が域内経済協力・経済統合の嚆矢であった。1967年に設立された ASEAN は，当初の政治協力に加え，1976年の第1回首脳会議と「ASEAN 協和宣言」より域内経済協力を開始した。1976年からの域内経済協力は，外資に対する制限のうえに企図された「集団的輸入代替重化学工業化戦略」によるものであったが挫折に終わり，1987年の第3回首脳会議を転換点として，1985年9月のプラザ合意を契機とする世界経済の構造変化をもとに，「集団的外資依存輸出指向型工業化戦略」へと転換した[2]。

　1991年から生じた ASEAN を取り巻く政治経済構造の歴史的諸変化，すなわちアジア冷戦構造の変化，中国の改革・開放に基づく急速な成長と対内直接投資の急増等から，さらに域内経済協力の深化と拡大が進められ，1992年からは ASEAN 自由貿易地域（AFTA）が推進されてきた。そして冷戦構造の変化を契機に，1995年にはベトナムが，1997年にはラオスとミャンマーが，1999年にはカンボジアが加盟した。その後1997年のアジア経済危機以降の構造変化のもとで，ASEAN にとっては，さらに協力・統合の深化が目標とされた。

　2003年10月の第9回首脳会議における「第2 ASEAN 協和宣言」は，ASEAN 経済共同体（AEC）の実現を打ち出した。AEC は，2020年までに物品（財）・サービス・投資・熟練労働力の自由な移動に特徴付けられる単一市場・生産基地を構築する構想であった[3]。2007年1月の第12回 ASEAN 首脳会議では，ASEAN 共同体創設を5年前倒しして2015年とすることが宣言され，2007年11月の第13回首脳会議では，AEC の2015年までのロードマップである「AEC ブループリント」が発出された。2010年11月には，「ASEAN 連結性マスタープラン」も出された。2010年1月には先行加盟6カ国で関税が撤廃され AFTA が完成した。先行6カ国では品目ベースで99.65％の関税が

撤廃された。こうして ASEAN では，AFTA を核として，AEC の実現に着実に向かってきた。

また ASEAN は，ASEAN+3 や ASEAN+6 などの東アジアにおける地域協力においても中心となってきた。ASEAN と日本，ASEAN と中国，ASEAN と韓国のような 5 つの ASEAN+1 の FTA も，ASEAN を軸として確立されてきた。

2．世界金融危機後の変化と TPP

2008 年の世界金融危機後の構造変化は，ASEAN と東アジアに大きな転換を迫ってきた。ASEAN にとっては，AEC の実現がより求められてきた。ASEAN と東アジアは，他の地域に比較して世界金融危機からいち早く回復し，現在の世界経済における主要な生産基地と中間財市場とともに，主要な最終消費財市場になってきた。一方，世界金融危機後のアメリカにおいては，過剰消費と金融的蓄積に基づく内需型成長の転換が迫られ，輸出を重要な成長の手段とした。その主要な輸出目標は成長を続ける東アジアであり，オバマ大統領は 2010 年 1 月に輸出倍増計画を打ち出し，アジア太平洋にまたがる TPP への参加を表明した。

TPP は，2006 年に P4 として発効した当初はブルネイ，チリ，ニュージーランド，シンガポールの 4 カ国による FTA にすぎなかったが，アメリカ，オーストラリア，ペルー，ベトナムも加わり大きな意味を持つようになった。2010 年 3 月に 8 カ国で交渉が開始され，10 月にはマレーシアも交渉に加わった（第 14-1 図，参照）。TPP がアメリカをも加えて確立しつつある中で，それまで日中が対立して停滞していた，東アジア全体の FTA も推進されることとなった。2011 年 8 月の ASEAN+6 経済閣僚会議において，日本と中国は，日本が推していた東アジア包括的経済連携（CEPEA）と中国が推していた東アジア自由貿易地域（EAFTA）を，区別なく進めることを共同提案したのである。

2011 年 11 月のハワイでの APEC に合わせて，日本は TPP 交渉参加へ向けて関係国と協議に入ることを表明した。そして同月の ASEAN 首脳会議では，ASEAN が，これまでの CEPEA と EAFTA，ASEAN+1 の FTA の延長

に，ASEANを中心とする新たな東アジアのFTAであるRCEPを提案した。RCEPはその後，急速に交渉へ動きだした[4]。

2013年3月15日には日本がTPP交渉参加を正式に表明し，東アジアの経済統合とFTAにさらにインパクトを与えた。それまで停滞していたFTA交渉が動き出し，3月には日中韓FTAへ向けた第1回交渉がソウルで開催され，5月にはRCEP第1回交渉が行われた。7月には第18回TPP交渉会合に

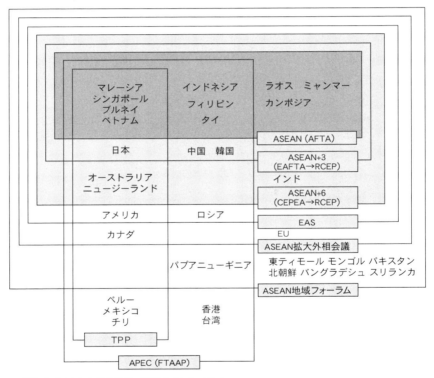

第14-1図　ASEANを中心とする東アジアの地域協力枠組みとTPP

(注) (　) は自由貿易地域（構想を含む）である。
　　ASEAN：東南アジア諸国連合，AFTA：ASEAN自由貿易地域，EAFTA：東アジア自由貿易地域，EAS：東アジア首脳会議，CEPEA：東アジア包括的経済連携，RCEP：東アジア地域包括的経済連携，APEC：アジア太平洋経済協力，FTAAP：アジア太平洋自由貿易圏，TPP：環太平洋経済連携協定。
(出所) 筆者作成。

おいて日本が TPP 交渉に正式参加し，さらにインパクトを与えた。

こうして世界金融危機後の変化は，ASEAN と東アジアの経済統合の実現を追い立てることとなった。世界金融危機後のアメリカの状況の変化は，対東アジア輸出の促進とともに，東アジア各国の TPP への参加を促した。さらにアメリカを含めた TPP 構築の動きは，日本の TPP への接近につながり，AEC と東アジアの経済統合を加速させることとなったのである。

ただしその後 TPP 交渉会合が何回も開催されたが，2013 年においても 2014 年においても，交渉妥結には至らなかった。TPP 交渉主要国である日米協議においては，日本は農産物の市場開放に，アメリカは自動車の市場開放に応じなかったからである。また競争，知的財産権などに関してはマレーシアやベトナムがアメリカと対立していた。しかしその後の日米協議の進展と 2015 年 6 月のアメリカの貿易促進権限（TPA）法案の可決は，TPP 妥結への道を開いた。

第 2 節　TPP 大筋合意と AEC 創設

1．TPP 大筋合意

2015 年 10 月 5 日には，アメリカのアトランタで開催された TPP 閣僚会議において，遂に TPP 協定が大筋合意された。2010 年 3 月に 8 カ国で交渉開始してから約 5 年半での合意であった。そして 2016 年 2 月 4 日には，TPP 協定がニュージーランドのオークランドにおいて署名された。

TPP は高い貿易自由化レベルを有することと，新たな通商ルールを含むことが特徴である。貿易の自由化率に関しては，TPP 参加の 12 カ国平均で工業品では 99.9％，農林水産品では 97.1％が関税撤廃されて，物品貿易が自由化される。また TPP は，従来の物品の貿易だけではなく，サービス貿易，投資，電子商取引，政府調達，国有企業，知的財産，労働，環境における新たなルール化を含んでいる[5]。

TPP 協定は，第 1 章「冒頭の規定および一般的定義」から第 30 章「最終規定」まで全 30 章から構成される[6]。いくつか ASEAN に関係する点を述べて

おくと,「原産地規則」(第3章) では,「完全累積」を採用し,TPP 参加国で生産された部品は,付加価値基準を満たしていなくてもすべて付加価値に加算できる[7]。AFTA の原産地規則よりも,付加価値の加算が容易な規則となっている。「原産地規則」では,「ヤーン・フォワード」ルールも規定された。

「政府調達」(第15章) の規定は,内国民待遇,無差別待遇,公開入札,オフセットの禁止などが規定されている。シンガポール以外の ASEAN 参加国では初めての規定である。ただし第4節で述べるように,「政府調達」には,いくつかの例外が認められた。

「国有企業」(第17章) の規定は,WTO やこれまでの FTA にない新たな規定であり,マレーシアやベトナム等に影響する。ただし,こちらも後述するようにいくつかの例外が認められた。

また,「労働」(第19章) と「環境」(第20章) は,これまでの東アジアの FTA では含まれていなかった規定である。次節以降では,このような TPP が ASEAN 経済統合と ASEAN 各国へ与える影響を考察する。

2. AEC の創設

ASEAN は,着実に AEC の実現に向かい,2015年12月31日には AEC を創設した。AEC では,関税の撤廃に関しては,AFTA とともにほぼ実現を果たした。AFTA は東アジアの FTA の先駆であるとともに,東アジアで最も自由化率の高い FTA である。先行加盟6カ国は,2010年1月1日にほぼすべての関税を撤廃した。2015年1月1日には,新規加盟4カ国 (CLMV 諸国) の一部例外を除き,全加盟国で関税の撤廃が実現された (なお,CLMV 諸国においては,関税品目表の7%までは2018年1月1日まで撤廃が猶予される)。ASEAN10カ国全体での総品目数に占める関税撤廃品目の割合は95.99%に拡大した。原産地規則の改良や自己証明制度の導入,税関業務の円滑化,ASEAN シングル・ウインドウ (ASW),基準認証等も進められた。サービス貿易の自由化,投資や資本の移動の自由化,熟練労働者の移動の自由化も徐々に進められている。また輸送プロジェクトやエネルギープロジェクト,知的財産権,経済格差の是正等多くの取り組みもなされてきている[8]。

2015年11月の首脳会議では,2025年に向けての ASEAN 統合のロードマッ

プである「ASEAN2025」を採択し，新たなAECの目標(「AECブループリント2025」)を打ちだした。「AECブループリント2025」は，「A．高度に統合され結合した経済」，「B．競争力のある革新的でダイナミックなASEAN」，「C．連結性強化と分野別統合」，「D．強靭で包括的，人間本位・人間中心のASEAN」，「E．グローバルASEAN」の5つの柱を示した[9]。ASEANは2025年に向けて，さらにAECを深化させようとしている。

第3節　TPPとASEAN経済統合

1．TPPのASEAN経済統合への影響

　TPPのASEAN経済統合への影響をより詳しく考えてみよう。第1に，TPPはASEAN経済統合を加速し，追い立てるであろう。例えばTPP確立への動きとともに，2010年11月には「ASEAN連結性マスタープラン」も出された。TPP交渉の進展に追い立てられながら，ASEANの経済統合は2015年末のAEC実現へ向けて着実に進められてきた。TPPの大筋合意と署名は，さらにAECの深化を促すであろう。ASEANでは，2015年末にはAECが創設された。また2015年11月には2025年へ向けてのAECの目標(AEC2025)が打ち出された。ASEANにとっては自身の統合の深化が不可欠であり，AECの深化が必須である。

　第2に，TPPが東アジアの広域の経済統合の実現を追い立てることが，さらにASEANの統合を追い立てるであろう。ASEANにとっては，常に広域枠組みに埋没してしまう危険がある。それゆえに，自らの経済統合を他に先駆けて進めなければならない。そして同時に東アジアの地域協力枠組みにおいてイニシアチブを確保しなければならない。

　ASEANにおいては，域内経済協力が，その政策的特徴ゆえに東アジアを含めより広域の経済協力を求めてきた[10]。ASEAN域内経済協力においては，発展のための資本の確保・市場の確保が常に不可欠であり，同時に，自らの協力・統合のための域外からの資金確保も肝要である。すなわち1987年からの集団的外資依存輸出指向工業化の側面を有している。そしてこれらの要因か

ら，東アジア地域協力を含めた広域な制度の整備やFTAの整備は不可避である。しかし同時に，協力枠組みのより広域な制度化は，常に自らの存在を脅かす。それゆえに，東アジア地域協力の構築におけるイニシアチブの確保と自らの協力・統合の深化が求められるのである。

現在までは，ASEANは，AFTAを達成しAECを打ち出して自らの経済統合を他に先駆けて進めることと，東アジアの地域協力枠組みにおいてイニシアチブを確保することで，東アジアの広域枠組みへの埋没を免れ，東アジアの経済統合をリードしてきた。1989年からのAPECの制度化の際にも，埋没の危惧はあった。しかしその後のAPECの貿易自由化の停滞により，またAFTAをはじめとする自らの協力の深化によって，それを払拭してきた。1990年代後半からのASEAN+3やASEAN+6の制度化という東アジアの地域協力の構築の際には，それらの地域協力においてASEANが中心であること，ASEANが運転席に座ることを認めさせてきた。例えば2005年からのEASにおいては，ASEANが中心であるための三つの参加条件を付けることができた。すなわち，ASEAN対話国，東南アジア友好協力条約（TAC）加盟，ASEANとの実質的な関係の三つの条件であった。

TPP確立への動きは，EAFTA，CEPEA，ASEAN+1のFTA網の延長に，ASEANによるRCEPの提案をもたらし，これまで進展のなかった東アジアの広域FTAの実現にも，大きな影響を与えた。ASEANにとっては，東アジアのFTAの枠組みは，従来のようにASEAN+1のFTAが主要国との間に複数存在し，他の主要国は相互のFTAを結んでいない状態が理想であった。しかし，TPP確立の動きとともに，日本と中国により東アジアの広域FTAが進められる状況の中で，ASEANの中心性（セントラリティー）を確保しながら東アジアFTAを推進するというセカンドベストを追及することとなったと言えよう。そしてこのRCEP構築の動きも，ASEAN経済統合の深化を迫るのである。

第3に，TPPの規定がASEAN経済統合をさらに深化させる可能性もある。例えば次節で述べるマレーシアやベトナムの政府調達や国営企業の例などである。現在，2015年創設のAECにおいては，政府調達の自由化は対象外であるが，マレーシアやベトナムはTPPで政府調達の自由化を求められてお

り，TPPの自由化がAECにおける政府調達の自由化を促進する可能性がある[11]。原産地規則，原産地証明，通関手続き等に関するTPPの規則が，今後，AECに影響する可能性も考えられる。

2．TPPが与えるASEAN経済統合への緊張

　TPPにおいては，ASEANの中に参加国と非参加国が存在し，今後の展開によってはASEAN統合に緊張を与える可能性がある。シンガポール，ブルネイ，マレーシア，ベトナムは交渉参加国であり，タイやフィリピンなどは参加を検討してきた。他方，インドネシアは，不参加を表明してきた。

　ASEAN加盟国のTPP参加に関しては，アメリカへの輸出をはじめ貿易自由化の利益などが背景にある。またアメリカとの関係強化など政治的理由も考えられる。他方，インドネシアの不参加表明は，2010年1月のACFTA発効により，インドネシアにおいて中国からの輸入が急増し，国内産業が深刻な打撃を受けたことが大きな要因になったと考えられる。

　このようにASEAN加盟国の中でTPP参加国とTPP不参加国が存在することは，今後の展開によっては，いくつかの緊張を与えるかもしれない。ASEANにおいては，各国の状況の違いがあり，そもそもいくつかの統合への遠心力を抱えてきている。長年ASEAN統合の遠心力になっていたミャンマーの民主化は進展してきた。しかし各国の政治の不安定，発展格差，各国の自由貿易へのスタンスの違い，南沙諸島を巡る各国の立場の違いがあり，それにも関連する中国との関係の違いは，依然統合の遠心力となっている。これらのいくつかの遠心力が，TPPとの関係でさらに顕在化してくる可能性もある。

　しかし，TPP実質合意後には，フィリピンとタイが参加への関心を表明し，前政権では不参加を表明してきたインドネシアも　参加への関心を表明するに至った。アメリカへの輸出などの貿易自由化の利益とともに，TPPに関連するサプライチェーン網から排除される不利益や投資の減少，あるいは安全保障に関係するアメリカとの関係強化も背景にあるだろう。

　今後は，現在不参加の各国が参加する可能性は高い。今後の展開においては，RCEPのように，TPPにもASEAN全体が参加する可能性もある。TPPへの参加国と不参加国が存在することがASEAN統合に緊張を与えるという

可能性は，低下していくであろう。ただし，ASEAN 全体が TPP に参加した際には，TPP においてどのように ASEAN としてイニシアチブを確保できるかが課題になってくるであろう。

第4節　TPP と ASEAN 各国

1．TPP が参加各国へ与える影響
(1) TPP の参加国への影響

　TPP は ASEAN の参加各国に対しても大きな影響を与える。TPP により自国市場の開放を迫られるが，自由貿易の利益や対アメリカ輸出が促進される大きな利益が考えられる。対アメリカ輸出は，ASEAN 各国にとって依然大きい。そしてシンガポール以外の ASEAN 諸国にとっては，TPP はアメリカとの FTA 締結となる。また TPP 参加は，TPP 参加国のサプライチェーンに入ることを意味する。直接投資の増加や国内資源配分の効率化も考えられる。2007 年から 2025 年にかけて TPP が参加国の GDP を，ブルネイで 1.1％，シンガポールで 2.0％，マレーシアで 6.1％，ベトナムで 13.6％押し上げるという試算もある[12]。また，より早い段階で交渉に参加することは，ルール交渉で自国に有利な条件を引き出す効果があると考えられる。

　しかし他方では，自国経済へ緊張を与えることが考えられる。P4 からの参加国であり自由貿易を推進してきているシンガポールとブルネイにとっては，不利益は少ないと考えられるが，マレーシアやベトナムにとっては，自由貿易による多くの利益とともに，いくつかの不利益が予想された。

(2) マレーシアの例

　マレーシアにとっては，アメリカの交渉参加が TPP への交渉参加を後押ししたと考えられる[13]。マレーシアは，アメリカと二国間 FTA の交渉を進めていたが，政府調達の点において合意できず交渉が中断してしまったため，アメリカとの FTA 交渉を，TPP という多国間の FTA 交渉によって進めることとした。TPP への参加はアメリカとの FTA 締結を意味し，アメリカ向け輸

出やTPP参加国向け輸出が増加するであろう。対アメリカの繊維製品の輸出が増加する可能性も大きい。さらにTPP参加国のサプライチェーン網に入ることによって，自国への投資が増加するであろう。原産地規則の「完全累積」のルールが，さらに投資を増す可能性が大きい。またマレーシアでは，2014年の対外直接投資残高は対内直接投資残高を上回っており[14]，マレーシアの対外投資においてもプラスとなるであろう。

　ただしアメリカとの二国間FTAの場合と同様に，政府調達の点が問題になると考えられてきた。またマレーシア独自のブミプトラ政策が維持できるかどうかも問題とされてきた。しかし，大筋合意によって明らかになった内容では，マレーシアではほぼすべての中央政府機関を「政府調達」の対象とし，投資開発庁（MIDA），貿易開発公社（MATRADE）なども対象とするが，地方政府等は対象外となった[15]。また「政府調達」では，一部建設サービスにおいては，最大30％までブミプトラのコントラクターが担当できることとなった。そして国有企業は，毎年の調達の40％までにブミプトラ企業，中小企業からの優先調達ができることとなった。「投資」・「サービス」では，ブミプトラ政策を維持するために，マレーシア政府が投資・サービスに関する新たなライセンス制度を導入することが認められた[16]。こうして政府調達等においてマレーシアの要求が一定程度達成され，ブミプトラ政策は多くの面で維持された。早くに交渉参加したことのメリットとも言える。

　TPPは，これまでのWTOやFTAにはない「国有企業」に関する規定を含み，国有企業への非商業的援助の禁止や締約国企業への無差別待遇の付与なども規定されている。この規定は，自国経済における国有企業の比率の大きいマレーシアに影響を与えるであろう。ただしこの項目においても，各種の留保規定が付けられた。しかし今後は国有企業の改革が必要となるであろう。それは今後のマレーシアの発展にとって必須であろう。

(3) ベトナムの例

　ベトナムにおいては，貿易自由化によるアメリカ向け輸出の拡大，とりわけ縫製品のアメリカ向け輸出拡大が，TPP交渉加盟の理由と考えられる。さらに南沙諸島を巡る中国との対立があり，安全保障に関連するアメリカとの関係

強化も，重要な要因になってきたと考えられる。アメリカ向け輸出は主要各国向け輸出の中で最大で，2014年にも19.1％を占め，参加4カ国でも最大である。そしてその中で縫製品の比率は大きい。またTPPへの参加により，TPPに参加していない中国に対して，アメリカ向け縫製品輸出で有利になることが期待される。TPP参加国のサプライチェーン網に入ることによって，投資も増加するであろう。上記のTPPが参加国のGDPを押し上げる効果においても，ベトナムが13.6％と最大とされている。

ただしTPPにおいては，「ヤーン・フォワード」ルールが適用され，自国の糸から加工して製品を作らなければならないことが懸念されてきた。糸に関しては中国等からの輸入品を使う場合が多いからである。TPP大筋合意においても，縫製品の「原産地規則」においては，「ヤーン・フォワード」ルールが採用され，糸の製造，生地の製造，裁断・縫製という三つの工程をTPP参加国で行わなければならないとされた。しかしながら，供給不足の物品の一覧表（ショートサプライリスト）が付けられ，条件が緩くなっている。

またTPP交渉中からTPP締結後を見越して，中国企業や台湾企業などが，ベトナムでの綿糸製造等へ多くの投資を行って来ている。例えば，2014年の中国のベトナムへの投資では，主な案件は，天虹紡績集団（テクスホン）による北部クアンニン省での繊維・縫製品製造，同集団による同省ハイハー工業団地造成，百隆東方による南部タイニン省での綿糸製造といった縫製関連案件であった[17]。

上記の「国営企業」の規定は，マレーシアと同様にベトナムにも影響するであろう。ベトナムにおいても国営企業の改革が迫られるであろう。

マレーシアとベトナムの例に見るように，これまで懸案とされてきた項目に関して，両国は交渉相手国から一定の譲歩を獲得することができた。TPPは参加途上国に対してもいくつかの配慮がされたFTAとなった。このことは，不参加各国のTPPへの参加可能性を増すであろう。

2．TPPが不参加各国へ与える影響

TPPはASEANの不参加各国に対しても大きな影響を与える。TPP不参加の各国は，対アメリカ輸出やTPP参加国への輸出において不利となるであろ

う。ASEAN の不参加各国においても，対アメリカ輸出は依然重要であるが，TPP 不参加は，アメリカとの FTA を締結できないことを意味する。投資や国内資源の効率化が進まないことも考えらえれる。上記の TPP 不参加国の GDP 増減に関しては，インドネシアが -0.2%，フィリピンが -0.3%，タイが -0.7% と試算されている[18]。

また TPP 不参加は，TPP 参加国のサプライチェーンに参加できないことを意味する。現在の東アジア各国の急速な発展の要因の一つは，東アジアにおけるサプライチェーンあるいは生産ネットワークの構築と参加である。また原産地規則では「完全累積」が採用され，付加価値の「累積」がより容易になったため，不参加による不利益は一層大きくなった。各種の工程を担う外国投資も減少する可能性がある。あるいは，従来の生産拠点が TPP 参加国へ移転する可能性も出てくる。

不参加各国では，以上の理由によって，TPP 大筋合意後に参加への関心の表明が相次いだと考えらえる。タイでは，インラック首相時代に参加への関心を示した後に進展はなかったが，大筋合意後の 2015 年 11 月 27 日には，ソムキット副首相が東京で TPP 参加に強い関心を表明した。タイは，TPP 参加国 12 カ国のうち 9 カ国との間で既に FTA を締結しており，また対アメリカ輸出においても主要輸出品の多くでゼロ関税が適用されており，輸出に関する影響は限られるが，TPP 参加国のサプライチェーンに参加できない不利益が認識され，TPP 参加への圧力となっていると言える。インドネシアでは，前政権時代には TPP 不参加を表明してきたが，大筋合意後の 2015 年 10 月 26 日には，ジョコ大統領がホワイトハウスでオバマ大統領に TPP 参加への意欲を表明した。フィリピンでは，2015 年 11 月 18 日にアキノ大統領が，APEC 首脳会議に合わせてオバマ大統領に TPP 参加への関心を表明した。また 2016 年 2 月 16 日に初めてアメリカで開催された ASEAN とアメリカの首脳会議においては，オバマ大統領が ASEAN 各国の TPP 参加増加への期待を表明している。

おわりに

　世界経済の構造変化の中で ASEAN は域内経済協力を進め，AEC の実現に向かってきた。世界金融危機後の変化は TPP 交渉へとつながり，ASEAN と東アジアの経済統合に大きな影響を与えた。2015 年 10 月には遂に TPP 大筋合意が達成され，2015 年末に ASEAN は AEC を創設した。

　TPP は ASEAN の経済統合を加速させるであろう。そして東アジアの経済統合が，ASEAN の経済統合をさらに追い立てる。TPP は，ASEAN 各国に対しても大きな影響を与える。TPP 参加国は多くのプラス効果を得るであろう。現在の不参加国については，TPP 参加国への輸出の増加等とともに TPP 参加国のサプライチェーンへの参加が，投資とも関連して，TPP 参加へ向かわせる大きな要因となるであろう。

　今後の ASEAN にとっては，TPP が確立していく中で，AEC をさらに深化させること，同時に RCEP を推進し東アジアの経済統合においても核となり続けることが課題である。さらには TPP あるいはその延長の FTAAP を含めたアジア太平洋の地域協力枠組みにおいてもイニシアチブを発揮することが，長期的に課題となるであろう。

　TPP が大筋合意され協定が署名された今日，次の課題は TPP の各国での国内手続きの完了である。TPP 発効においては，日米の国内手続きの完了が必須である。日本は，できるだけ早く TPP 協定を承認しなければならない。アメリカが TPP 協定を承認することも不可欠である。しかし 2016 年 11 月の大統領選挙を前に，TPP の行方は混沌としている。ASEAN 各国も，現在，日米の状況を様子見の局面と言える。

　日本は早期に TPP 協定を承認し，アメリカの TPP 協定承認を後押しする必要がある。TPP は，日本が参加したゆえにここまで進んできたとも考えられる。そして日本には，TPP と RCEP を進めるとともに，TPP と RCEP を繋げてアジア太平洋全体の FTA（FTAAP）へ導く役割も期待される。WTO による貿易自由化とルール化が停滞している今日，TPP を梃子に世界貿易の自

由化と通商ルール作りを進めることが肝要である。TPPと世界経済における日本の役割は大きい。

[注]
1) TPPとASEANに関しては，清水（2013）も参照されたい。また最近のTPPとASEANに関しては，石川（2016）も参照されたい。
2) 本節に関して詳細は，清水（1998, 2008, 2013）を参照。
3) AECに関しては，石川・清水・助川（2009, 2013）等を参照。
4) RCEPに関しては，清水（2014），参照。
5) 各項目に関しては，本書各章を参照されたい。
6) TPP協定に関しては，"Text of the Trans-Pacific Partnership"（https://www.mfat.govt.nz/en/about-us/who-we-are/treaty-making-process/trans-pacific-partnership-tpp/text-of-the-trans-pacific-partnership），日本語訳に関しては「TPP協定」（訳文）（http://www.cas.go.jp/jp/tpp/naiyou/tpp_text_yakubun.html），参照。
7) 完全累積に関しては，石川（2016）4-5頁が詳しい。
8) AECの実現状況に関しては，ASEAN Secretariat（2015a, b），清水（2016）等，参照。
9) ASEAN Secretariat（2015c）。
10) 清水（2008），参照。
11) 石川（2016），参照。
12) Petri, Plummer and Fan（2012）。
13) 以下，各国の記述はTPP協定と各種報道による。石川（2016）や『通商弘報』（ジェトロ）等も参照。
14) 『通商弘報』2016年1月25日号。
15) 『通商弘報』2016年1月29日号。
16) 『通商弘報』2016年1月25日号。
17) 『通商弘報』2015年12月15日号。
18) Petri, Plummer and Fan（2012）。

[参考文献]
ASEAN Secretariat, *ASEAN Documents Series*, annually, Jakarta.
ASEAN Secretariat, *ASEAN Annual Report*, annually, Jakarta.
ASEAN Secretariat (2008), *ASEAN Economic Community Blueprint*, Jakarta.
ASEAN Secretariat (2010), *Master Plan on ASEAN Connectivity*, Jakarta.
ASEAN Secretariat (2015a), *ASEAN Economic Community 2015: Progress and Key Achievements*, Jakarta.
ASEAN Secretariat (2015b), *ASEAN Integration Report*, Jakarta.
ASEAN Secretariat (2015c), *ASEAN 2025: Forging Ahead Together*, Jakarta.
Petri, P. A., Plummer, M. G. and Fan, Zhai (2012), *The Trans-Pacific Partnership and Asia-Pacific: A Quantitative Assessment*, Peterson Institute for International Economics, Washington, DC.
Petri, P. A. and Plummer, M. G. (2016), *The Economic Effects of the Trans-Pacific Partnership: New Estimates*, Peterson Institute for International Economics, Washington, D.C.
"Text of the Trans-Pacific Partnership."
石川幸一（2013），「TPPと東アジアのFTAのダイナミズム」石川・馬田・木村・渡邊（2013）。

石川幸一 (2016),「TPP の ASEAN への影響」『ITI メガ FTA 研究会報告 (4)：ITI 調査研究シリーズ No. 32』。
石川幸一・馬田啓一・木村福成・渡邊頼純編 (2013),『TPP と日本の決断―「決められない政治」からの脱却―』文眞堂。
石川幸一・馬田啓一・高橋俊樹編 (2015),『メガ FTA 時代の新通商戦略―現状と課題―』文眞堂。
石川幸一・朽木昭文・清水一史編 (2015),『現代 ASEAN 経済論』文眞堂。
石川幸一・清水一史・助川成也編 (2009),『ASEAN 経済共同体―東アジア統合の核となりうるか』日本貿易振興機構 (JETRO)。
石川幸一・清水一史・助川成也編著 (2013),『ASEAN 経済共同体と日本』文眞堂。
馬田啓一 (2015),「TPP とアジア太平洋の新通商秩序：課題と展望」石川・馬田・高橋 (2015)。
馬田啓一・浦田秀次郎・木村福成編 (2012),『日本の TPP 戦略　課題と展望』文眞堂。
清水一史 (1998),『ASEAN 域内経済協力の政治経済学』ミネルヴァ書房。
清水一史 (2008),「東アジアの地域経済協力と FTA」高原明生・田村慶子・佐藤幸人編／アジア政経学会監修 (2008),『現代アジア研究 1：越境』慶応義塾大学出版会。
清水一史 (2011),「アジア経済危機とその後の ASEAN・東アジア―地域経済協力の展開を中心に―」『岩波講座　東アジア近現代通史』第 10 巻, 岩波書店。
清水一史 (2013),「TPP と ASEAN 経済統合―統合の加速と緊張―」石川・馬田・木村・渡邊 (2013)。
清水一史 (2014),「RCEP と東アジア経済統合」『国際問題』(日本国際問題研究所), 632 号。
清水一史 (2016),「世界経済における ASEAN 経済共同体と日本」『アジア研究』(アジア政経学会) 62 巻 2 号。

（清水一史）

第15章

TPP と韓国の対応

はじめに

　韓国における FTA の歴史は浅く，2004 年 4 月 1 日におけるチリとの締結が最初である。しかしながら，その後のスピードは速く，2015 年 12 月 20 日には，中国，ベトナム，ニュージーランドとの FTA が発効し，2016 年 3 月末現在[1]で発行済みの FTA は 14（51 カ国）となった。発効した 14 の FTA の中には，アメリカや EU との FTA も含まれており，韓国でよく使われる用語である「経済領土」，すなわち，韓国と FTA を締結している国・地域の GDP の合計が世界全体に占める割合は，2015 年末で 75％と，チリの 85％，ペルーの 78％に次いで世界第 3 位となっている[2]。

　このように積極的に FTA の締結を進めている韓国ではあるが，2016 年 3 月末時点では TPP に参加していない。2013 年 11 月 29 日に開催された第 143 次対外経済長官会議[3]において，TPP 参加の可能性を打診するため，すでに参加している国と参加条件について予備協議に入ることを表明した[4]。ただし，この会議の報道資料では，「関心表明」の段階であることを強調しており，韓国政府は現時点でも TPP への正式な参加表明は行っていない。

　本章では，韓国が今後，TPP に対してどのような対応をとっていくのか検討する。第 1 節では，韓国ですでに発効している FTA と TPP との関係を整理する。第 2 節では，韓国政府の TPP に対する立場を政府関係者の発言から見ていく。第 3 節では，TPP へ参加することにともない日本との貿易自由化が進むことによる影響を検討する。そして最後に本章の結論を示す。

　なお，TPP は医療，知的財産権，紛争処理など貿易自由化以外の要素が大きいが，本章では貿易自由化に焦点を絞って論ずることとする。

第1節　韓国ですでに発効しているFTAとTPPとの関係

　韓国はすでに14の国・地域とFTAを締結しているが，TPP参加国との重なりが多い。TPP参加国で韓国がすでにFTAを締結している国は，GDPが大きな順に，アメリカ，カナダ，オーストラリア，マレーシア，シンガポール，チリ，ベトナム，ペルー，ニュージーランド，ブルネイの10カ国である。このうち，マレーシア，シンガポール，ベトナム，ブルネイは，韓・ASEAN FTAの枠組み内での締結であり，シンガポールおよびベトナムとは2カ国間でもFTAを締結している。TPP参加国で現時点において韓国とFTAを締結していない国は，日本とメキシコの2カ国である。韓国は日本およびメキシコとFTA交渉をいったん開始したが，その後，交渉が頓挫し，韓国側では「交渉再開要件調整」の国・地域に分類されている。IMFが推計した2015年の各国のGDPから見ると（World Economic Outlook Database），TPP参加国の中で，韓国とFTAをすでに締結している国の比率は，80.8％に達している。

　次に，FTAが発効した順に自由化率と自由化除外品目を見ていこう（第15-1表）。1番目は2004年4月に発効した韓・チリFTAである。韓国側の品目数基準の自由化率（以下，「自由化率」とした場合，すべて品目数基準とする）は96.3％である。自由化対象外となった品目は，譲許除外とされたコメ，りんご，なし，WTO・ドーハ・ラウンド以降再協議されることとなった牛肉，鶏肉，酪農製品，にんにく，タマネギ，唐辛子，季節関税が適用されたブドウなどである。チリ側の自由化率は99.0％であり，自由化対象外品目の主なものは洗濯機および冷蔵庫である。

　2番目は2006年3月に発効した韓・シンガポールFTAである。韓国側の自由化率は91.6％であり，自由化対象外品目は，揮発油など石油製品，プロピレン，テレビ受信機，コメ，りんご，なし，タマネギ，にんにく，牛肉など（譲許除外）である。シンガポール側は，すべての品目の関税を即時撤廃した。

　3番目は2007年6月に発効した韓・ASEAN FTAである。このFTAについ

いては自由化率を見る前に品目分類について説明する。各国の品目は，ノーマルトラック品目，センシティブリスト品目，高度センシティブリスト品目に分類される。ノーマルトラック品目は，韓国は2010年まで，ASEAN6（TPP加

第15-1表　韓国が締結したFTAの自由化率

	韓国側		相手国側	
	品目数	（輸入額）	品目数	（輸入額）
チリ ＜韓・チリFTA＞	96.3	—	99.0	
シンガポール ＜韓・シンガポールFTA＞	91.6	—	100.0	
ブルネイ ＜韓・ASEAN FTA＞	90.8	（91.6）	99.2	（90.0）
マレーシア ＜韓・ASEAN FTA＞			91.2	（90.3）
シンガポール ＜韓・ASEAN FTA＞			100.0	（100.0）
ベトナム ＜韓・ASEAN FTA＞			90.1 ＜87.1＞	（76.9）
ペルー ＜韓・ペルーFTA＞	99.1	（100.0）	99.9	（100.0）
アメリカ ＜韓・米FTA＞	99.7	（99.1）	100.0	（100.0）
オーストラリア ＜韓・オーストラリアFTA＞	98.4	（99.8）	100.0	（100.0）
カナダ ＜韓・カナダFTA＞	98.1	（99.5）	97.8	（100.0）
ニュージーランド ＜韓・ニュージーランドFTA＞	98.1	（96.5）	100.0	（100.0）
ベトナム ＜韓・ベトナムFTA＞	95.4	（94.7）	89.9	（92.4）

（注）1．自由化率は，関税が最終的に撤廃される品目，すなわち，譲許除外，現行関税維持，季節関税など関税が残る品目を除いた品目の比率。
　　　2．チリおよびベトナムの輸入額基準の自由化率は出所の資料に記載がなかった。
　　　3．ブルネイ，マレーシア，シンガポール，ベトナムは，韓・ASEAN FTAでノーマルトラック品目以外の数値。
　　　4．韓・ASEAN FTAの数値はHS6桁基準。なお，ベトナムにおける下段＜　＞内の数値はHS8桁基準。
（出所）産業通商資源部のウェブサイト「FTA強国Korea」から得られる各FTAの詳細説明資料による。

盟国ではマレーシア，シンガポールおよびブルネイ）は2012年まで，ベトナムは2018年までに関税撤廃を完了する。またセンシティブリスト品目は，韓国とASEAN6は2016年1月1日時点，ベトナムは2021年1月1日時点で関税率を0～5％にまで引き下げる。そして，高度センシティブリスト品目は，譲許除外とされる，あるいは現行関税の20％あるいは50％に相当する幅で税率が引き下げられるなどの措置がとられる。センシティブリスト品目でも関税が残る可能性があるため，ノーマルトラック品目のみを自由化対象品目とみなすと，韓国側の自由化率は90.8％である。韓国の自由化対象外品目は，コメ，にんにく，タマネギ，豚肉，鶏肉，麦などである。ASEAN側の自由化率は，ブルネイが99.2％，マレーシアが91.2％，シンガポールが100％，ベトナムが90.1％である。自由化対象外品目は，ブルネイが，ゴム製タイヤ，車両部品，冷蔵庫，マレーシアが，ビール，玄米，豚肉，鶏肉，ベトナムが，タバコ，スクーター，サトウキビ，塩などである。

　4番目は，2011年8月に発効した韓・ペルーFTAである。韓国側の自由化率は99.1％，自由化対象外品目はコメ（譲許除外），牛肉，唐辛子，にんにく，タマネギ，りんご，ミカン，スケソウダラなど（現行関税），ブドウ，オレンジ（季節関税）である。ペルー側の自由化率は99.9％であり，自由化対象外品目はコメ（譲許除外）である。5番目は，2012年3月に発効した韓・米FTAである。韓国側の自由化率は99.7％，自由化対象外品目は，コメ（譲許除外），大豆，じゃがいも，ハチミツ（現行関税＋TRQ[5]）などである。アメリカ側の自由化率は100％であり，一部品目が10年以上かけて関税が撤廃されるものの，最終的に関税が残る品目はない。

　6番目は，2014年12月に発効した韓・オーストラリアFTAである。韓国側の自由化率は98.4％であり，自由化対象外品目は，コメ，練乳，豚肉，ハチミツ，タマネギ，みかん，リンゴ，にんにく，唐辛子，スケソウダラ，カキ，ウナギ（譲許除外），大豆（現行関税＋TRQ），ブドウ，キウィー（季節関税）などである。オーストラリア側の自由化率は100％であり，発効後10年以上といった長期間かけて関税を引き下げる品目もない。7番目は，2015年1月に発効した韓・カナダFTAである。韓国側の自由化率は98.1％であり，自由化対象外品目は，コメ，牛肉，鶏肉，チーズ，マツタケ，栗，みかん（譲許

除外），ハチミツ，大豆（現行関税＋TRQ）などである。カナダ側の自由化率は97.8％であり，チーズ，バター，ソーセージ（譲許除外）などである。

　8番目は，2015年12月に発効した韓・ニュージーランドFTAである。韓国側の自由化率は98.1％であり，自由化対象外品目は，コメ，ハチミツ，鶏肉，豚肉，乳糖，唐辛子，にんにく，りんご，なし，ブドウ，みかん，スケソウダラ（譲許除外），とうもろこし，大豆（税率50％引き下げ），かぼちゃ（季節関税）などである。ニュージーランド側の自由化率はおおむね100％である。ただし，航空機部品，衣類付属品，時計部品など32品目が，これらが使用される最終財により譲許段階が決定される扱いとなっている。

　9番目は，2015年12月に発効した韓・ベトナムFTAである。このFTAでは，韓・ASEAN FTAにおいて自由化対象とならなかった品目の一部を自由化対象とした。注意が必要な点は，韓・ASEAN FTAにおいては，韓国，ベトナムともHS6桁で品目を区分していたが，韓・ベトナムFTAでは韓国がHS10桁，ベトナムがHS8桁で品目を区分している。韓・ASEAN FTAの韓国側の自由化率は91.3％（HS10桁基準），ベトナム側は87.1％（HS8桁基準）であったが，韓・ベトナムFTAではそれぞれ，95.4％，89.9％に高める。

　ここまで韓国とTPP参加国の間で締結されたFTAについてその自由化率および自由化対象外品目を見てきたが，重要な点は，総じて自由化率が高いことである。特に，相手国の自由化率が高く，シンガポールはさておき，アメリカ，オーストラリア，ニュージーランドが100％であり，99.9％である国も3カ国ある。そして，比較的自由化率が低い国は，ベトナムとマレーシアにとどまっている。韓国も総じて自由化率が高く，アメリカに対する自由化率は99.7％であり，オーストラリア，カナダ，ニュージーランドに対する自由化率も98％を超えている。

　つまり韓国は，TPP参加国の大半とFTAを締結しており，その自由化率も高い。よって貿易の側面のみ見れば，韓国がTPPに参加することにより期待される効果としては，日本およびメキシコが新たな自由化協定締結国となること，マレーシアやベトナムの自由化率が高まることが考えられる。また後述するTPPにおける累積原産地規則の恩恵を受ける可能性もある。

第2節　韓国政府のTPPに対する立場

　韓国政府がTPPに対して公式に立場を示したものとして，2013年11月29日に開催された第143次対外経済長官会議，2015年10月6日の国会企画財政委員会2015年国政監査が挙げられる。
　まず2013年11月29日に開催された第143次対外経済長官会議における「TPPに対する関心表明」についてである。この会議において韓国政府は，TPP参加の可能性を打診するためにすでに参加している国と参加条件について予備協議を行うことを表明した。この会議に先立って，産業通商資源部は，同年11月15日に公聴会を開催した。公聴会ではシンクタンク，大学の専門家が意見を述べた後，質疑応答が行われた。
　公聴会においては，①TPPに参加した場合，発効後10年後の実質GDPが2.5～2.6％高まるが，不参加の場合は0.11～0.19％低下する，②累積原産地規則が適用されるため競争力にプラスの効果があるといった，TPPに賛成する意見が出された。一方で，①TPPは韓・米FTAの枠組みと大きく異なるものではなく，TPPに参加してもしなくても韓国経済に与える影響は小さい，②韓国の農業に与える影響が未知数である点に考慮すべきなどの慎重意見も出された[6]。
　公聴会の結果も踏まえて，韓国政府は「TPPに対する関心表明」を行ったが，有力紙は「関心表明」は「事実上の参加宣言」であり，決定の背景には日本の動向があると報道した。日本は2013年3月安倍総理がTPP交渉への参加を表明し，同年7月にはTPP交渉に正式に参加した。日韓間の輸出品の競合度は高く，日本より有利な輸出環境を築くことに注力してきた韓国政府にとって，日本がTPP交渉へ参加したことに対する危機感は想像に難くない。しかしながら，現時点においても韓国がTPP参加を正式に表明するには至っていない。
　そのようななか，2015年10月6日の国会企画財政委員会2015年国政監査において崔炅煥（チェ・ギョンファン）副総理兼企画財政部長官（以下，「崔

副総理」とする）はTPPについて発言を行った。重要な点は大きく三つであり，以下では，発言を要約し言葉を補いつつ紹介する。

　第一にこれまでTPPに参加しなかった経緯である。TPPは2008年にアメリカが交渉開始を表明してから注目されたが，当時の韓国は，アメリカとのFTAが妥結した状態であった。さらに，EUおよび中国とのFTA交渉が進んでおり，EUや中国とのFTAに注力することが最優先であるとした李明博（イ・ミョンバク）政権の方針から，TPPへの参加を見送った。その後，日本が参加を表明したものの，当時は，すでに参加していた国の間で交渉が進展しており，その間に韓国が入り，交渉に影響をおよぼすことは難しい状況であった。そこで，韓国は交渉の動向を注視しつつ，交渉が妥結すれば，参加するか否か決めて交渉に入るといった立場をとってきた。

　第二に韓国がTPPに参加した場合に韓国経済が受ける影響である。TPPには累積原産地規則が盛り込まれており，韓国が参加した場合，韓国の輸出にプラスの影響をおよぼすと見ている。コメの自由化が最も懸念される問題ではあるが，コメについては対象外とするとした立場を堅持する。韓・米FTA，韓・中FTA，韓・EU FTAのすべてで譲許除外としており，日本もTPP交渉の際にコメを対象外としているので，これは堅持する。

　第三に今後のTPP参加に向けた見通しである。まずはTPPの協定文を綿密に分析したうえで，韓国の通商手続法にもとづいた手続き，すなわち公聴会など様々な手順を踏んだうえで，参加の有無と時期を決めていく。ただし，協定文の内容を精査するとともに，韓国経済に与える影響を分析するためには時間がかかる。さらに，参加を正式に表明したからといってすぐに認められるわけではない。参加国のすべての同意を受けて韓国の参加が可能となるが，相手国がある話であり，今後何年後に参加できるか確定的なことは明言できない。いずれにせよ，それ以前に韓国がTPPに参加する前向きな姿勢を持たなければならないので，TPPの得失について綿密な分析結果を示し，国民から共感を得なければならない[7]。

　以上が崔副総理の発言の要約であるが，ここから，韓国政府が今後TPPへの参加表明をするか否か，するならばどのタイミングで表明するのか考えてみよう。崔副総理は，アメリカがTPPへの参加を表明した後，韓国も参加を検

討したが，EUや中国とのFTA交渉に集中するため参加を見送ったと発言している。さらに，日本が参加を表明した後にも参加を検討したが，すでに交渉に影響を与えることできる時期を過ぎていたため，やはり参加を見送ったと述べている。

現在の状況を見ると，韓国が交渉中と発表しているFTAは4つである。このうち，日・中・韓FTAと東アジア地域包括的経済連携（Regional Comprehensive Economic Partnership：RCEP）については，交渉が行われているものの，ほとんど進展がないといっても過言ではない。また，韓・中米（パナマ，コスタリカ，グアテマラ，ホンジュラス，エルサルバドル，ニカラグア），韓・エクアドルFTAについては，交渉がそれほど難しいFTAではない。よって，TPP参加国と交渉を行う余力はある。ただし今となっては，韓国は妥結されたTPPの枠組みを受け入れざるをえない。よって，焦って参加表明する必要もなく，参加する場合でも，日米両国で批准がなされ，TPPの発効が確実になった段階で参加表明を行うと考えられる。

崔副総理は，TPPの得失について綿密な分析結果を示し，国民から共感を得なければならないと発言している。TPP参加が韓国経済に与えるプラスの影響の一つは，累積原産地規則による競争力強化である。山下（2013）によれば，現在の国際貿易の特徴は，素材や部品の貿易が最終製品の貿易より活発になっている。様々な国や地域にまたがる広大なサプライチェーンが形成されており，最終製品は様々な国や地域の素材や部品から構成されている。よってTPPが累積原産地規則を採用したということは，二国間のFTA以上の貿易促進効果を持つこととなる。韓国は，TPP加盟国の大半である10カ国とすでにFTAを結んでいるが，それぞれは個別の国や地域とのFTAであり，韓国はTPPに参加することで累積原産地規則によるプラスの影響を享受することができる。

TPP参加が韓国経済に与えるマイナスの影響としては農業の打撃が考えられるが，農産品の競争力が強い参加国との関係では，韓国はすでに締結したFTAを通じて，コメを除いた大半の農産品について自由化することが義務づけられている。崔副首相は，TPPに参加した場合，コメは自由化の対象外とすると発言しているが，コメさえ例外となれば，TPPに参加しても追加的な

影響は限定的といえる。

　崔副首相が示した影響だけ考慮すれば，韓国経済にTPPへの参加はプラスであると判断できる。ただし，崔副首相が述べなかった影響がある。これは，TPPへの参加は，日韓間で貿易自由化が進むことを意味している点である。韓国では，日韓間で貿易自由化が進めば韓国経済はマイナスの影響を受けるといった懸念が根強い。

第3節　日本との貿易自由化の影響

　現時点で日本は，韓国側の分類で「交渉再開要件調整」の国・地域に分類されている。両国政府間で公式にFTA交渉開始が合意されたのが2003年10月であるが，その後，2004年11月に行われた第6次交渉を最後に，FTA締結に向けた動きが中断している。奥田（2010）は，交渉が中断した理由について以下のように分析している。韓国政府は表向きには，日本が農産物分野の開放に消極的であったため交渉中断が余儀なくされたと主張している。しかし実際には，自国の主要産業の競争力が日本に比べて劣っている点，日本はほとんどの工業製品の関税をすでに撤廃しており対日輸出を増やす見込みがなかった点を憂慮した結果，韓国政府側が交渉に消極的となった。

　日・韓FTA交渉が中断された理由は，韓・米FTA交渉時の通商交渉本部長としてアメリカ通商代表と渡り合った金鉉宗（キム・ヒョンジョン）の回顧録からも垣間見ることができる。金鉉宗氏は，2003年に盧武鉉（ノ・ムヒョン）大統領にWTOから引き抜かれ，次官補級の通商交渉調整官に就き，2004年には長官級の通商交渉本部長の職に就いた。金鉉宗氏が引き抜かれた当初は，日本とのFTA交渉が行われていた。回顧録には，2003年には対日貿易赤字が300億ドルを超える勢いであり，日・韓FTAが締結されれば，韓国の製造業は，基本的な部品素材産業に致命的な影響を与えかねず，第二の日韓併合になるかもしれないといった懸念が記されている。そして，日本をFTAの相手国にすることは戦略的次元から間違った選択だと考えていたようである。

　韓国では日本の間で自由化を進めることは，製造業が打撃を受けるといった

認識が根強いと考えられる。そしてこれまでの韓国のFTA戦略を見ると，日本より早く主要輸出国とFTAを結ぶことで，日本より有利な競争環境を整えることに注力してきたといえる。

韓国貿易協会（2016）は，2017年にTPPが発効した場合，TPPが発効しなかった場合と比較して韓国の2030年時点のGDPが0.3％減少すると予測した研究を紹介している[8]。そして，0.3％の減少は，貿易転換効果によるものよりも，アメリカ市場において，韓・米FTAにより日本より優位であった競争環境が剥落することによるものと分析している。韓国がTPPに参加しても，日本に対する優位な環境が剥落することによるマイナスの影響を解消することはできない。ちなみにこの研究では，参加国である日本の2030年時点のGDPが2.5％増加することを予測しているが，この理由としては，日本がほとんどのTPP参加国と個別のFTAを結んでおらず，大きな貿易転換効果を期待できる点が考えられる。よって韓国がTPPに参加したとしても，このような大きなプラスの効果は期待できない。

一方，TPPに参加して日本との貿易自由化が進むことにより，韓国経済がどのような影響を受けるかについては明らかではない。現在，韓国対外経済政策研究院などの研究機関が，2015年11月におけるTPP合意内容，韓国がすでに締結しているFTAなどを勘案した上で，韓国がTPPに参加した場合の経済効果を分析しており，2016年の上半期には結果を出す予定である[9]。一般均衡モデルでFTAの効果を分析する場合，基本的には参加した方が，経済全体にプラスの効果をもたらす結果が出る。しかしながら，韓国の場合，TPPに参加する12カ国のうち10カ国とFTAを結んでいるうえに，多くのFTAにおいて自由化のレベルが高いため，TPPに参加してもそれほど大きな効果は期待できない。一方，日本からの輸入増により，製造業の一部業種が生産減や雇用減などのマイナスの影響を受けることを予測した結果が出るものと思われる。

まとめ

　韓国はすでに TPP に参加する 12 カ国のうち 10 カ国と個別に，総じて自由化レベルの高い FTA を締結している。よって TPP に参加することで日本が享受するほど大きな効果は期待できないが，累積原産地規則などによりプラスの影響を受けることが予想される。現在の韓国政府は，あせって TPP 交渉に参加を決断しなければならない状況ではなく，日本やアメリカで批准され TPP の発効が確実になった時点で参加を表明すると考えられる。

　これまで韓国政府は，日本との競争環境を有利にするために FTA を締結する戦略をとってきた。TPP に参加しない場合，累積原産地規則などにより，TPP 参加国の市場において日本と比較して競争環境が不利となる。よって，韓国政府がこれまでの FTA 戦略を貫くならば，日本からの輸入が増加して製造業の一部業種が打撃を受けたとしても，TPP に参加すると考えられる。しかし，参加を表明する際には，TPP に参加して日本との貿易自由化が進んだ場合，韓国の製造業が受けると予測される打撃に対処する方策を打ち出すことが国内における合意形成には必要であろう。

［注］
1）本章で現時点とした場合，2016 年 3 月末現在を意味する。
2）関税庁「最近 3 年間の輸出物品原産地検証 5 倍増加」（報道資料：2015 年 12 月 28 日）による。
3）対外経済長官会議とは，対外経済政策を審議・調整するための長官級会議（日本の大臣級）であり，企画財政部長官，未来創造科学部長官，外交部長官，農林畜産食品部長官，産業通商資源部長官，環境部長官，国土交通部長官，海洋水産部長官（部は日本の省に相当），国務調整室長，大統領府経済首席秘書官などで構成される。
4）産業通商資源部他「環太平洋経済同伴者協定（TPP）に関心を表明」（報道資料：2013 年 11 月 29 日）による。
5）TRQ とは，輸入クォータである。
6）産業通商資源部「環太平洋経済同伴者協定（TPP）公聴会開催（11.15）結果」（報道資料：2013 年 11 月 15 日）による。
7）国会事務処「2015 年度国政監査 企画財政委員会議事録（2015 年 10 月 6 日）」による。
8）紹介された研究は，Peter A. Petri and Michael G. Plummer, "The Economic Effects of the Trans-Pacific Partnership: New Estimates," Working Paper January 2016, PIIE. である。
9）産業通商資源部「"TPP2 年内に加入すれば GDP が 20 兆増える"という題の記事（'16.2.4, ソウル経済）」による。

[参考文献]

(日本語)

奥田聡(2010),『韓国のFTA』アジア経済研究所。

山下一仁(2013),「TPP累積原産地規則による日韓競争力逆転の可能性」(WEBRONZA：2013年9月17日)。

(韓国語)

関係部処共同(2012),『韓・米FTA重要内容』。

関係部処共同(2014),『韓・カナダFTA詳細説明資料』。

関係部処共同(2014),『韓・オーストラリアFTA詳細説明資料』。

関係部処共同(2015),『韓・ニュージーランドFTA詳細説明資料』。

関係部処共同(2015),『韓・ベトナムFTA詳細説明資料』。

金鉉宗(キム・ヒョンジョン)(2010),『韓・米FTAを語る』弘盛社。

外交通商部・対外経済政策研究院(2003),『韓・チリFTAの重要内容』。

外交通商部・対外経済政策研究院(2005),『韓・シンガポールFTAの重要内容』。

外交通商部・対外経済政策研究院(2007),『韓・ASEAN FTAの重要内容』。

韓国貿易協会(2016),「環太平洋経済同伴者協定(TPP)正式署名」("Trade Brief" 2016.02.04)。

(高安雄一)

第16章

TPPと中国の対応[1]

はじめに

本章ではTPP合意の中国のFTA政策について与える影響について取り上げる。その中でTPPに新たに盛り込まれた国有企業条項をはじめとする「新しい交渉分野」の影響について焦点を当てる。

第1節 中国のFTA政策の概要

以下では中国のFTA政策の概要について,中島(2015)の内容に,その後の情報を追加し紹介する。

1. 中国のFTA締結状況

中国のFTA政策は2001年のWTO加盟以降,本格化したといえる。中国のFTA締結状況は第16-1表に示したようになっている。現在ASEANとの協定を含め,12件の協定が発効中である。さらに2015年には韓国,オーストラリアとの二国間FTAが,それぞれ調印されている。

第16-1表 中国のFTA締結状況(2015年11月現在)

現状	相手国・地域	交渉経緯	現状
発効・調印	ASEAN(注1)	2002.11 枠組協定調印, 2004.11 物品協定調印, 2007.1 サービス協定調印	2004.1 アーリー・ハーベスト措置開始 2005.7 発効(物品) 2007.7 発効(サービス)
	香港	2003.6 調印	2004.1 発効
	マカオ	2003.10 調印	2004.1 発効

	チリ	2005.1 開始，2005.11 調印 2008.4 サービス貿易補充協定調印	2006.11 発効
	パキスタン	2005.4 開始，2006.11 調印	2007.7 発効
	ニュージーランド	2004.12 開始，2008.4 調印	2008.10 発効
	シンガポール	2006.10 開始，2008.10 調印	2009.1 発効
	ペルー	2008.11 開始，2009.4 調印	2010.3 発効
	台湾	2010.6 調印	2010.9 発効
	コスタリカ	2009.1 開始，2010.4 調印	2011.8 発効
	アイスランド	2007.4 開始，2013.4 調印	2014.7 発効
	スイス	2011.1 開始，2013.7 調印	2014.7 発効
	オーストラリア	2005.5 開始，2015.6 調印	
	韓国	2012.5 開始，2015.6 調印	
交渉中	GCC（注2）	2005.4 開始	
	ノルウェー	2008.9 開始	2010.12 交渉中断
	日中韓FTA	2013.3 開始	
	RCEP（注3）	2013.5 開始	
	スリランカ	2014.9 開始	
共同研究他	SACU（注4）		2004.6 交渉開始合意
	インド		2006.11 交渉開始合意
	コロンビア		2012.5 共同研究開始合意
	モルディブ		2015.1 共同研究開始
	ジョージア		2015.3 共同研究開始

(注) 1．ブルネイ，カンボジア，インドネシア，ラオス，マレーシア，ミャンマー，フィリピン，シンガポール，タイ，ベトナムの10カ国。
    2．サウジアラビア，UAE，オマーン，カタール，クウェート，バーレーン6カ国による関税同盟。
    3．ASEAN10カ国，日本，中国，韓国，インド，オーストラリア，ニュージーランド。
    4．南アフリカ，ボツワナ，ナミビア，スワジランド，レソト5カ国による関税同盟。
(出所) JETRO（2015）他，各種資料より筆者作成。

2．主要FTAの事例分析

　中国の既存のFTAの中で，主要なもので，またそれぞれ特徴を持つと考えられるASEAN，チリ，パキスタン，ニュージーランドとの四つの協定について，中島（2015）では第16-2表のようにその締結の要因を整理している

　中国にとって初めての本格的FTAとなったASEANとのFTAは，WTOへの正式加盟前から交渉が進められていた。2000年11月にシンガポールで開かれたASEAN+3首脳会議において，中国がASEANとのFTAの共同研究を提案した。その後の交渉で，中国はASEANに対し，農業品の関税撤廃をFTAの発効に先立って実施するアーリー・ハーベスト（Early Harvest）の実

第 16-2 表　中国の FTA の締結要因の整理

相手国	締結の主な要因
ASEAN	政治的要因と経済的要因の両方
チリ	経済的要因が主（ラテンアメリカにおける経済的橋頭堡）
パキスタン	政治的要因が主（安全保障上の同盟関係）
ニュージーランド	経済的要因が主（先進国（OECD 加盟国）との初めての FTA）

(出所) 中島 (2015)。

施，ASEAN の後発メンバー（ベトナム，ラオス，ミャンマー，カンボジア）に貿易自由化の実施に 5 年の猶予を与える，WTO 未加盟の ASEAN メンバーに対して，中国が最恵国待遇を与える，といった魅力的な条件を示した。

　このうち特にアーリー・ハーベストは熱帯性農産物の中国市場への輸出を目指す ASEAN 諸国にとって，大きなプラスと考えられた。このような好条件を受けて当初は FTA 交渉に消極的であった ASEAN 側も態度を変え，2001 年 11 月にブルネイで開催された ASEAN+3 首脳会議で交渉の開始に合意した。その後，2002 年 11 月にカンボジアのプノンペンで開催された ASEAN+3 首脳会議において，アーリー・ハーベストの内容を定めた「包括的経済協力枠組協定」が調印され，農産品 8 分野の関税引き下げが 2004 年 1 月から開始された。その後，FTA の本体である物品貿易協定が 2004 年 11 月に調印され 2005 年 7 月に発効，サービス貿易協定が 2007 年 1 月に調印され同 7 月に発効，投資協定が 2009 年 8 月に調印され 2010 年 1 月に発効している。

　中国が上記のような好条件を提示してまで，ASEAN との FTA 締結を進めた理由として，経済的要因よりも政治的要因の重要性を指摘する先行研究が多い。一方で経済的要因に関しては，Yang (2009) は中国と ASEAN の貿易構造が補完的ではなく，むしろ競合的であるため，FTA の中国経済へのプラスの効果は大きくないとの見解を紹介している。これに対してトラン・松本 (2007) は，特に ASEAN 原加盟国のうち，タイ，マレーシア，シンガポール，フィリピンに関しては，製造業品において水平的分業体制が成立しつつあり，FTA の経済効果は期待できるとの見解を示している。

　チリはアジア以外の国としては最初の FTA パートナーとなった。2005 年 1 月に交渉を開始し，同 11 月に調印，2006 年 11 月に発効している。

　チリは FTA に積極的であり，すでに 30 カ国以上と FTA を締結している。

南米におけるFTAのハブ的存在といえる。中国はかつてNAFTAの成立によって，米国市場においてメキシコ製品との競合で不利益を受けた。この経験から，交渉開始時点で構想されていた，両米大陸を網羅するFTAA（米州自由貿易地域）に警戒感を持ち，これに対抗するため南米における橋頭堡としてチリとのFTA交渉を進めたとされる。またチリは，ラテン・アメリカで最初に中国のWTO加盟を認めた国であり，またラテン・アメリカで最初に中国を「市場経済」と認定した国である。こうした外交的経緯も後述するニュージーランドの事例と同様に，FTA交渉を促進する要因となったと見られる。

パキスタンは南アジアで始めてのFTAパートナーとなった。交渉は2005年4月に開始され，2006年11月に調印，2007年7月に発効している。パキスタンは中国にとって，安全保障面で長く同盟国的立場にある（Yang 2009）。両国は共に，インドという南アジアの大国と対立関係にある。またパキスタンは人権問題，台湾問題などでは常に中国の立場を擁護してきた。さらに中国の経済が発展し，海外へのエネルギー依存度が高まる中，中東の産油国に近接したパキスタンの戦略的立地は重要性を増している。

一方で両国間の貿易額は小さく，経済的関係は密接とは言いがたい。パキスタンとのFTAを安全保障面の政治的要因が大きく働いた典型例と位置付けることができる。

ニュージーランドとのFTAは，OECD加盟国との最初のものである。すなわち先進国との最初の協定となった。交渉は2004年12月に開始され，2008年4月に調印，2008年10月に発効している。同FTAは中国にとって初めての包括的協定であり，当初から物品貿易に加え，サービス貿易，投資の分野を含んでいた。さらに知的財産権，人の移動などの分野についても協定に盛り込まれており，先進的な内容となっている。

中国が先進国との初めてのFTAをニュージーランドと結んだ理由としては，経済規模が小さく中国経済への負の影響が少ないこと，貿易構造が補完的であること，などいくつかの経済的要因が指摘できるが，同時に政治的には，中国のWTO加盟を認めた最初の先進国であり，また中国を「市場経済」と認定した最初の先進国であるという外交的経緯が影響している。このことは，ほぼ同時期に交渉を開始したオーストラリアとのFTAが，経済的重要性で上

回っていると見られるにも関わらず，結果として締結が大きく遅れた事実からも傍証しうる。

以上の4例をFTA締結の要因から分類すると，チリとニュージーランドは主に経済的要因から，パキスタンは主に政治的要因から，ASEANは政治，経済の両面からという形で整理できると思われる。このように中国の締結するFTAはそれぞれに政治，経済双方の要因を見ていく必要がある。また経済的要因が主因であったと考えられるチリ，ニュージーランドの事例においても，両国が交渉相手として優先的な扱いを受けた背景には，それまでの経済外交の経緯があったといえる。したがって，経済的要因が大きいケースにおいても，個々の外交関係に着目することは重要と言える。

3．香港・マカオおよび台湾とのFTA

香港およびマカオは，現在は中国の特別行政区であるが，関税政策においては独立しており，それぞれ独自にWTOに加盟する関税地域となっている。また台湾は中国のWTO加盟後の2003年に，WTOに加盟し，やはり独立した関税地域となっている。これらの地域は中国と特殊な政治的関係を有しているが，それぞれ中国とFTAを締結している。

4．FTA政策の方向

北東アジアの韓国および日本を含むFTAについては，いくつか大きな動きが見られる。まず韓国との二国間FTAについて共同研究が終了し，2010年9月から政府間事前協議が開始されていたが，2012年5月に政府間交渉が開始された。また日中韓の三国間FTAは政府レベルでの共同研究が2011年12月に終了し，2013年3月から政府間交渉が開始された。

さらには，日中韓を構成員として含む二つの東アジアの広域FTA構想としては，これまで中国の提唱したEAFTA（ASEAN+3）と，日本の提唱したCEPEA（ASEAN+6）が並立し，交渉の具体化が進まない状況が続いてきた。しかし，2012年11月東アジアサミットにおいてASEAN+6の枠組みの東アジア包括的地域連携（RCEP）として交渉開始の合意がなされ，2013年5月に交渉が開始された。

中島（2015）はこれらの進展の背景には，日本のTPP交渉への参加が大きく影響を与えていることを指摘している。

今後のFTA交渉の方向について見ると，米国，EUといった大規模先進経済とのFTAについては，いまだに具体的な構想は出されていないことが指摘できる。先進国とのFTAにおいては，知的財産権，政府調達，環境規制，労働問題，競争政策など，現状では中国の合意が困難な分野が交渉に含まれることが一般的であり，交渉開始のハードルは高いと考えられる。こうした点から2015年11月に大筋合意に至った，米国を主要メンバーとして含むTPPについては，近い将来において交渉に加入することは困難と判断される。

第2節　TPPの影響とその対応

上記のように今後の中国のFTA政策の中でTPPは大きな論点となっている。以下ではTPPの中国経済に与える影響とそれに対する中国の対応について整理する。

1．中国への経済的影響

ここではPetri and Plummer（2016）をもとに，TPPの中国経済への影響を概観する。この分析はPetri and PlummerがワシントンDCのPeterson Institute for International Economics（PIIE）において継続的に行ってきた応用一般均衡（CGE）モデルを用いた，TPPの経済効果シミュレーションの最新のものであり，最終合意の内容を前提条件として盛り込んでいる。

シミュレーションに用いられたモデルは基本的に静学的モデルである。シミュレーションの前提として，まず世界経済の成長について一定の仮定をおいたベースラインが設定されている。それに対して関税の撤廃など，TPPによる自由化が上乗せされ，シミュレーションによる変化分で経済効果の規模を測定するものである。

中国のGDPへの影響は第16-3表のようになっている。2030年の時点でベースラインからの乖離は-0.1％であり，ほぼ無視できる範囲と言える。一方で日

本は2.5%，米国は0.5%，それぞれベースラインを上回るとしている。

第16-3表　TPPの中国のGDPへの影響

	ベースライン予測値 (10億米ドル：2015年価格)				TPPによる変化分 (10億米ドル：2015年価格)			TPPによる変化分 (%)		
	2015	2020	2025	2030	2020	2025	2030	2020	2025	2030
中国	11,499	16,053	21,689	27,839	−1	−8	−18	0.0	0.0	−0.1
日本（参考）	4,212	2,262	4,693	4,924	39	91	125	0.9	1.9	2.5
米国（参考）	18,154	20,734	23,372	25,754	29	88	131	0.1	0.4	0.5

(出所) Petri and Plummer (2016).

中国の輸出への影響は第16-4表のようになっている。2030年において中国の輸出は0.2%，ベースラインを上回るという結果が得られている。これは，TPPによってアジア太平洋地域の貿易が拡大することの中国の輸出に対するプラスの影響が，中国がTPPに含まれないことによる貿易転換効果のマイナスの影響を上回るということを示している。

第16-4表　TPPの中国の輸出への影響

	輸出額（10億米ドル：2015年価格）			
	ベースライン予測値		TPPによる変化分（2030年）	
	2015	2030	金額	(%)
中国	2,339	4,976	9	0.2
日本（参考）	849	1,190	276	23.2
米国（参考）	2,184	3,904	357	9.1

(出所) Petri and Plummer (2016).

中国の対内・対外直接投資への影響は第16-5表のようになっている。2030年における対内直接投資はベースラインを0.2%上回る。また2030年における対外直接投資はベースラインを0.4%上回る。いずれもTPPによるアジア太平洋地域の経済成長が，中国にもプラスの影響をもたらす結果を示している。

沈（2016）においても，TPPの経済的影響のシミュレーション結果がいくつか示されているが，マクロ的影響は同様に大きくないとしている。また，産業分野別に生産額で見た場合は，デジタル製品では影響は少なく，機械類で−3〜5%程度，労働集約的な繊維製品で−10〜20%程度としている。

このように中国経済がTPPによって受けるマイナスの経済的影響は概して大きくないことが示されており，また貿易額や投資額はプラスの影響を受ける

第 16-5 表　TPP の中国の対内・対外直接投資への影響

	対内直接投資額 (10 億米ドル：2015 年価格)				対外直接投資額 (10 億米ドル：2015 年価格)			
	ベースライン予測値		TPP による変化分 (2030 年)		ベースライン予測値		TPP による変化分 (2030 年)	
	2015	2030	金額	(％)	2015	2030	金額	(％)
中国	3,078	8,153	19	0.2	750	2,064	8	0.4
日本 (参考)	222	310	92	29.8	983	1,575	63	4.0
米国 (参考)	4,236	6,690	128	1.9	5,980	10,002	149	1.5

(出所) Petri and Plummer (2016).

ことも示された。

2．これまでの中国の対応

　TPP 交渉が進められ，その内容が具体化する中で中国政府が取ってきた対応について中島（2015）は以下の点を指摘している。

　2013 年 11 月に開催された中国共産党第 3 回中央委員会全体会議（三中全会）では，中国経済の改革の促進のために，より強力な市場経済原理の導入が謳われた。

　津上（2014）によれば，会議の結果文書には「市場に，資源配分における決定的な作用を働かせる」という新表現が用いられた。また FTA 政策については「環境，投資，政府調達，電子取引等のニューアジェンダの交渉を加速する」「グローバルで高水準の FTA を実現する」といった記述が用いられており，TPP を意識していることがうかがわれる。

　これに関連して，三中全会に先立って 2013 年 9 月に発足した上海自由貿易試験区では，ネガティブリスト方式による金融，専門サービスなどのサービス部門の自由化，外資に対する設立前内国民待遇の付与，一部業種での合弁持分比率の緩和・撤廃，などの貿易投資に関する規制緩和策がとられた。これらの内容はこれまでの中国の FTA および投資協定において，中国側が認めてこなかったものである。この意味で上海自由貿易試験区は，TPP など新たな内容を含む FTA への対応を，地域を限定した形で試みるものと見ることができる。TPP 交渉参加に向けて，重要な一歩と位置付けられる。

3. 今後の展望

　こうした展開の中で，中国政府は今後どのような政策選択をしていくのだろうか。中国政府の通商政策について，政策形成に近い立場にあると思われる中国社会科学院の沈銘輝は，以下のような分析を示している（沈 2016）。

　物財の貿易に与えるマイナスの影響についてはそれほど大きくないとしている。一方で，TPP で取り上げられる新しい分野のうちで，中国の政治経済に大きな影響を与える項目として，国有企業，労働，知的財産権の三つを上げている。さらにサービス，電子商取引，環境，政府調達等の分野については，三中全会で定義された開放型経済の新体制を構築する方向性に合わせた重要な領域に含まれるとし，現状では中国経済の発展段階が（TPPに示される）高度の開放を受け入れる能力がないことを認めている。

　こうした状況に対応する手段として，第一にRCEPなどのTPP以外の大規模な地域FTAの交渉を推進することを上げている。第二には現在交渉中の米国との二国間投資協定[2]を推進し，実質的な自由化を実現していくことを上げている。

　さらに長期的な展望としては，APECにおいてAPEC全域を対象とするアジア太平洋自由貿易地域（FTAAP）の研究も進められており，今後の米中間の協力の可能性は大きいとしている。

おわりに

　中国のFTA政策は近隣諸国とのネットワーク形成を終え，先進諸国との本格的なFTAを視野に入れる段階に至りつつある。その前提として，サービス貿易，投資の自由化に加え，知的財産権，環境，労働に関する協定など，これまで中国が締結してきた発展途上国同士のFTAには含まれなかった分野への対応が必要となる。

　TPPはそうした今後の先進国との協定の中でも，ひときわ重要性を持つものと言える。今後，中国のTPPへの参加の可能性を展望するとき，大きな障害となるのは，物財の関税撤廃などの既存の分野ではなく，上記のような新し

い分野である。特に国有企業をめぐる問題は，中国国内の経済構造改革に直接関連している。三中全会の結果に示されるように中国国内ではTPPを契機として，改革を推進していこうとする動きも見られる。一方で，経済，産業の枢要部分を占める国有企業の改革には，既得権益を持つ層からの政治的抵抗も大きい。中国のTPPに対する今後の対応には，大きな不確定要素が残されているといえよう。

[注]
1）本研究はJSPS科研費（25380352）の助成を受けている。
2）同協定交渉では2015年段階において，中国側が自由化の度合いが高まると考えられるネガティブリスト方式の導入を認めている。

[参考文献]
馬田啓一（2014），「TPPと競争政策の焦点：国有企業規律」石川幸一・馬田啓一・渡邊頼純編著『TPP交渉の論点と日本』文眞堂．
加藤弘之・渡邉真理子・大橋英夫（2013），『21世紀の中国 経済編 国家資本主義の光と影』朝日新聞出版．
木村福成（2011），「東アジアの成長と日本のグローバル戦略」馬田啓一・浦田秀次郎・木村福成編著『日本通商政策論』文眞堂，第15章．
クゥエイ，エレイン・S（2006），「中国の二国間貿易主義：依然として政治主導」ヴィニョード・K・アガワル，浦田秀次郎編／浦田秀次郎，上久保誠人監訳『FTAの政治経済分析』文眞堂，第6章．
沈銘輝（2016），「TPPの中国に対する潜在的な影響及び中国の対応」[2016北東アジア経済発展国際会議（NICE）イン新潟］発表論文，2016年1月29日開催．
トラン・ヴァン・トゥ，松本邦愛（2007），「ASEAN―中国のFTAの政治経済学」トラン・ヴァン・トゥ，松本邦愛編著『中国―ASEANのFTAと東アジア経済』文眞堂，第2章．
津上俊哉（2013），『中国台頭の終焉』日本経済新聞出版社．
津上俊哉（2014），『中国停滞の核心』文藝春秋．
中島朋義（2015），「中国のFTA政策とTPP」石川幸一・馬田啓一・国際貿易編著『FTA戦略の潮流―課題と展望』文眞堂，第13章．
日本貿易振興機構（JETRO）（2015），「世界と日本のFTA一覧」日本貿易振興機構．
丸川知雄（2013），『現代中国経済』有斐閣．
Hoadley, S. and J. Yang (2010), "China's Free Trade Negotiations: Economics, Security and Diplomacy," in Saori N. Katada and Mireya Solis (eds.), *Cross Regional Trade Agreements: Understanding Permeated Regionalism in East Asia*, Springer, Germany.
Petri, Peter A. and Michael G. Plummer (2016), "The Economic Effects of the Trans-Pacific Partnership: New Estimates," Working Paper series, WP16-2, Peterson Institute for International Economics, Washington D.C., USA.
Wang, Min (2011), "The Domestic Political Economy of China's Preferential Trade Agreements," in Vinod K. Aggarwal and Seungjoo Lee (eds.), *Trade Policy in the Asia-Pacific: The Role of Ideas, Interrests, and Domestic Institutions*, Springer, Germany.
Yang, Jian (2009), "China's Competitive FTA Strategy: Realism on a Liberal Slide," in Mireya Solis,

Barbara Stallings and Saori N. Katada (eds.), *Competitive Regionalism: FTA Diffusion in the Pacific Rim*, Palgrave Macmillan, UK.

(中島朋義)

第17章

TPP と EU（欧州連合）の対応
―TPP は EU にどのようなインパクトを及ぼすのか―

はじめに

　2010年3月に交渉が開始された TPP（環太平洋パートナーシップ）は2015年10月に米国アトランタで大筋合意に至り，その後ニュージーランド・オークランドで参加12カ国により2016年2月に署名された。本章執筆の段階（2016年5月）の時点では未発効ではあるが，以下の考察は TPP 協定が米国・日本などが批准手続きを無事終えて，TPP の規定にあるように「（参加国の）GDP の合計の85％以上を占める，少なくとも6カ国の承認を得て」発効することを前提として論を進めていることをまずお断りしておきたい。

第1節　TPP 合意の意義―EU との関係を中心に―

　TPP が大筋合意された2015年という年は戦後の国際政治史において重要な「一里塚」的意味を持っている。以下では70年前，60年前，30年前，20年前，10年前と5つの歴史上の出来事を振り返りながら TPP をとらえ直し，その中で EU との関係を考えてみたい。

(1) 2015年はまず「**戦後70年**」という重要な区切りの年であった。日米両国が太平洋を戦場として激しく戦った第二次世界大戦のアジア戦線が終わって70年の記念の年に日米を軸とする貿易と投資の法的枠組みが整ったことは意義深い。ヨーロッパでは戦後いち早く1952年に欧州石炭鉄鋼共同体（ECSC）が誕生し，1958年には現在の EU の基礎とも言える欧州経済共同体（EEC）

が設立されるなど「地域統合」が戦後復興の基調となっていたことを勘案すると，太平洋地域における日米の市場統合はまさに半世紀以上遅れてしまった。もちろんその背景には欧州では「冷戦構造」が成立し東西陣営間の武力衝突が回避されたのに対し，アジアでは中国の国共内戦，朝鮮動乱，ベトナム戦争など激しい「熱戦」が繰り広げられたという厳しい歴史的現実があった。

　日米間のFTA（自由貿易協定）についてもこれまで議論はあったものの，特に日本の農業分野の市場開放に対する抵抗が強く，貿易収支の不均衡に起因するいわゆる「貿易摩擦」をその場しのぎ的に乗り切る形でしか対応して来なかった。問題となる産業分野は繊維，鉄鋼，ボールベアリング，カラーテレビ，半導体，自動車などと時代と共に変わったが，いつも日米協議で「政治決着」させて，具体的には日本側による「輸出の自主規制」（voluntary export restraints）というGATT（関税貿易一般協定）枠外の措置で乗り切ってきた[1]。その日米経済関係に戦後70年を経てようやく経済パートナーシップに関する包括的な法的枠組みができたことはアジア太平洋地域にようやく市場統合のメカニズムが構築されたことを意味する。

(2) 次に2015年は日本の**GATT加盟から60年**の節目の年に当たる。戦後，敗戦国日本が国際社会復帰の最初の関門と位置付けていたのがGATTへの加盟である。貿易立国を目指す日本にとってはまさに悲願のアジェンダであったわけだが，これを支持し支援したのは米国であった。1953年にようやくオブザーバー資格を得た日本が加盟を認められるのはその2年後1955年のGATT総会においてであった。しかし，やっとGATT加盟ができたと喜んだのも束の間，イギリス，フランス，ベネルクス三国など西ヨーロッパの諸国が新規加盟国に対し最恵国待遇や内国民待遇などGATT上の権利を認めないとするGATT35条を日本に対し援用したのである。その後日本は西欧諸国に35条援用を撤回してもらうために「対日数量規制」を二国間の通商条約で容認するなど「対日差別」を甘受することでGATT上の待遇を獲得する道を選択する[2]。

　フランスやイタリアなどで見られた日本車に対する差別的な数量制限は実にウルグアイ・ラウンドが終了する1994年まで続くことになる。GATT加盟をもって貿易自由化のプロセスに参加した日本の前途は多難を極めたが，60年目にしてTPPという完成度の高いFTAに参加できたことは意義深いと言わ

ざるを得ない。

(3) 2015 年は 1985 年 9 月の**プラザ合意から 30 年目**の年に当たる。これはどのような意味を持つのだろうか。プラザ合意とはニューヨークのプラザ・ホテルで開催された G5 財務大臣・中央銀行総裁会議で円安・ドル高から円高・ドル安へシフトすることで合意されたものであるが，変動相場制に移行して以来初めての本格的為替調整が主要国間で行われた。

　プラザ合意前の円ドル相場は 1 ドル = 248 円前後であったが，合意以降は瞬く間に 1 ドル = 180 円台にまで円高・ドル安になった[3]。この急激に進んだ円高に対応するため日本の製造業各社，とりわけエレクトロニクスや自動車部品関係のメーカーは ASEAN（東南アジア諸国連合）のタイ，インドネシア，マレーシア，フィリピン，シンガポールなどへ直接投資（FDI）を活発に行い，部品の現地生産を開始した。これら諸国の積極的な投資誘致の政策と合致したことに加え，各国通貨が米ドルにペッグされ連動していたことも円高に苦しむ日本の製造業には好都合であった。こうして部品生産が日系の現地企業で行われるようになり，部品が ASEAN 各国や中国，韓国，台湾などでもそれぞれ異なる工程を経て中間財を生産，その中間財がさらに国境を越えて別の域内国でさらに付加価値を付けて半完成品，さらには最終財となって自由港シンガポールから欧米市場へ向けて輸出されるというパターンが構築されていく。このような生産ネットワークは「バリュー・チェーン」とも呼ばれ，国境を越えた企業内貿易が「ビジネス先導型の事実上の統合」（*de-facto* business-driven integration）として次第に確立されていく。

　日本の通商政策はこの生産ネットワークのメリットをさらに確実なものとすべく 21 世紀に入ると ASEAN 諸国を対象として日本版の FTA である EPA（Economic Partnership Agreement，経済連携協定）交渉を積極的に推進する。その先陣を切ったのが「日シンガポール新時代経済連携協定」であり，同協定は 2002 年 11 月に発効している。その後「日 ASEAN 包括的経済連携協定」（AJCEP）を含めると日本は ASEAN 各国との継ぎ目のない，いわば「シームレスな」FTA 関係構築に成功している。かくして日本は「事実上の統合」だけではなく，これを補完する形で EPA を通じた「法的な統合」（*de-jure* integration）も達成したと言えるだろう。そして ASEAN 各国との二国

間のEPAとAJCEPのネットワークをさらに「深掘り」する枠組みとしてTPPが合意された。その意味では日本にとってASEANとのEPAの延長線上にTPPがあると言っても過言ではない。

このような日本のFTA戦略と比較してEUの対アジアFTA戦略はどうだろうか。EUは東アジア地域においては，これまで韓国（2011年7月暫定発効），シンガポール（2013年），ベトナム（2015年）の3カ国とのみFTA交渉を成功裡に終了しているが，ASEAN全体との交渉は頓挫したままである[4]。

本来ならEUとしては東アジアの生産ネットワークに食い込むためにもっと早い段階から日本とのFTAを志向するべきであったが，EUはむしろこれには消極的であった。EUはまずはWTOの「ドーハ・ラウンド交渉」に優先順位を置くといったような理由で日本とのFTA交渉を回避してきた経緯がある。日本が野田政権（2011－2012年）の頃にTPP交渉に積極姿勢に転換したことを受けてEUはようやくその重い腰を上げ，『事前交渉』に相当する「スコーピング・エクササイズ」を提案してきた。その背景には2008年7月以降「ドーハ・ラウンド交渉」が完全に停滞したことで「日本とはWTO優先」というEUの従来からの方針を維持する理由が消失したという事情もある。

いずれにせよ，EUは日本のTPPへの参加の可能性を極めて低く予測していた。このため2013年3月15日の安倍政権によるTPP交渉参加の正式決定はEUにおいては大きな驚きをもって受け止められた。今から当時を振り返れば，EUはプラザ合意以来の *de-facto* integration の展開とこれを強化するためのEPAによる *de-jure* integration の進捗を十分に掘り下げて評価していなかったことがこの「油断」ないしは「予断」に繋がったと言えるかもしれない。

(4) 2015年はWTO設立（1995年）から20年目の節目の年でもある。GATTから多国間貿易体制の要（かなめ）の役割を引き継いだWTOであるが，2001年11月に開始された多国間貿易交渉「ドーハ・ラウンド」（正式名称は「ドーハ開発アジェンダ」）は2016年になった今日でもまだ決着していない。前身のGATTがケネディ・ラウンド（1964－67年），東京ラウンド（1973－1979年），ウルグアイ・ラウンド（1986－94年）など累次の重要な多

国間交渉を成功裡に終了させてきたのとは対照的ですらある。交渉のフォーラムとしてのWTOが然るべく機能していないのとは裏腹に「貿易紛争処理のフォーラム」としてのWTOは極めて適切に機能しており，過去20年間に400件以上の紛争事案を取り扱ってきている。したがって，交渉のフォーラムとしてのWTOが機能不全に陥っていることだけを以ってWTO不要論を唱えるのは誤りであろう。

とはいえやはりドーハ・ラウンドが行き詰まり，市場アクセスのための関税引き下げ交渉ができないだけではなく，新たな通商ルール策定のための交渉ができないことは多国間貿易体制にとっては深刻な問題である。そのような背景のもと多くの国はマルチの交渉に見切りをつけ，二国間・複数国間のFTA締結に傾いた。その結果，JETROの調査（2014）によれば250件を超える特恵的取極めが世界中にあふれる事態になった。

EUの原初形態であるEEC（欧州経済共同体，1958年発足）は関税同盟としてスタートし，現在では単一市場と通貨同盟を内包する「経済通貨同盟」（Economic and Monetary Union）として完成度の高い地域統合を実現している。EUはそもそも地域主義を具現する統合体であり，その影響力は世界中に及んでいる。中南米におけるLAFTA（ラテンアメリカ自由貿易地域）やMERCOSUR（南米共同市場），東南アジアのASEAN経済共同体（AEC），北米のNAFTA（北米自由貿易協定），アフリカのAU（アフリカ連合）などが欧州統合に触発されて，あるいはEUに対抗するために設立された地域的特恵貿易取極めである。その意味ではTPPもEUの深化と拡大の過程に刺激を受けてアジア太平洋地域に展開していた生産ネットワークを12カ国で固定化（consolidate）する試みと捉えることができる。

EUはアジア太平洋では必ずしもビッグプレーヤーではないが，他方で米国との間で「環大西洋貿易投資パートナーシップ」（TTIP），日本との間で日EUFTAを交渉している。これらの地域間メガFTAが成功裡に交渉され，締結された暁には日米EU（加えてカナダ，豪州，ニュージーランド等）が一層協調することで市場アクセスや新たな通商ルールをWTOにフィードバックすることができるかもしれない。そこにASEANや太平洋同盟（Allianza del Pacifico）諸国[5]を巻き込んで「クリティカル・マス」を形成して推進力を醸

(5) 2015年は日メキシコEPAの発効（2005年）から10年目に当たる。日本にとってメキシコとのEPA交渉は本格的に農産物交渉に焦点が当たった初めての交渉だった。メキシコの対日輸出の約20％が農産品で，その半分が豚肉という極めてセンシティブな産品を抱えての難交渉であった。豚肉の他にも牛肉と鶏肉，オレンジ・ジュースとオレンジの生臭が最後まで争点となったセンシテイブ品目であった。2003年10月にはフォックス大統領（当時）の国賓待遇での訪日にもかかわらず一旦は決裂したものの，その5カ月後には何とか大筋合意にこぎ着けた[6]。

難交渉をまとめる「秘策」は何だったのか？　その答えは「特恵的関税割り当て」（preferential tariff quota）である。これはFTAパートナー国に対し一定の数量を上限としてその産品に対しMFN譲許税率より低い税率の特恵的税率を適用する制度である。日本は豚肉については「差額関税制度」という特殊かつ保護主義的な関税制度を設けているが，これは基準価格以下の低価格の豚肉についてはキロ当たり382円という従量税を付加し，フィレやロースなど高価格帯の豚肉には4.3％という比較的低率の従価税を課す制度である。メキシコは当初この制度の廃止を求めて来ていたが，交渉が終盤に差し掛かると実質的に日本の豚肉市場のシェアを拡大する戦略に転換した。「名を捨てて実を取る」作戦に転じたのである。こうして差額関税制度は維持されたまま高価格帯の豚肉に対する従価税は4.3％から2.2％に引き下げられ，この特恵税率が適用される数量枠として初年度3万8千トンが割り当てられた。加えて発効後5年間でこの数量枠が最大8万トンまで拡大されることも合意され，センシティブ品目ナンバーワンであった豚肉は決着をみた。

このセンシティブな農産品については「特恵的関税割り当て」で対応するという交渉スタイルはその後日豪EPAにおける牛肉やTPPにおける牛肉・豚肉についても踏襲された。その意味で発効から10年の歳月を経たに日メキシコEPAはその後のFTA交渉における「重要品目」（センシティブ品目と同義）の決着に一つのモデルを提供してきたと言えるだろう。

日本はEUとのFTA交渉においても多数の農産品分野で「重要品目」を抱えている。EU側が日メキシコEPAにおける農産品決着のパターンを「学習」

して現実的な対応を取ることが日EUEPA妥結へ向けての重要な試金石と言えよう。

このように見てくるとTPP合意が成立した2015年は世界の貿易体制にとって，また日本の通商政策にとって，そしてEUとの通商関係にとって重要な歴史的転換点となっていることがわかる。次節ではこのTPP決着についてEU側がどのように反応しているかを欧州の識者の見解を中心に明らかにしたい。

第2節　TPP合意に対するEUの反応

2015年10月5日にアトランタでTPP合意が成立したことはEU各国でも注目された。欧州の貿易問題の専門家たちはどちらかと言えば警戒感をもってTPP合意のニュースを受け止めたようだ。警戒感は大別すると⑴アジア太平洋市場におけるEUの競争力劣化を懸念する見方，⑵将来の貿易ルール作りでEUが米国主導のルールを押し付けられるのではないかとの懸念に由来する。以下ではより詳細に検討する。

1．市場アクセスにおけるEUの競争力低下

経済統合には必ず「貿易創造効果」と「貿易転換効果」が生じるが，域外国にとって心配なのは後者である。これは関税同盟やFTAができたことでそれまでは競争力をもっていた供給国が域外国となり，域内国に当該産品の供給先がシフトすることで貿易が転換してしまい，その域外国にとっては損失となるような状況である。EUからTPP諸国への輸出はEUの域外輸出の約30％を占めているが，この「貿易転換効果」が原因でTPPが発効するとEU産の産品に対する需要が低下することになるとある専門家は述べている[7]。

この専門家によれば，TPPにより最も深刻な打撃を受けるのはTPPの枠外に留まった場合の中国で，中国は毎年570億ドルの輸出所得を失うとしている。これに比べるとEUが失う輸出所得は2025年まで毎年380億ドル程度であり，EUの総輸出所得が2025年には7兆4310億ドルに達することを勘案すると，TPPの潜在的なマイナス効果を過大評価すべきではないとしている。

欧州国際政治経済研究センター（ECIPE）は，「TPP はアジア太平洋市場へのアクセスについて EU と米国の間の競争関係を変化させるだろう」と指摘し，「EU は TPP メンバー国のいくつかと二国間の FTA を交渉しているが，アジア太平洋地域における貿易政策面での協力やグローバルな貿易問題に対応するために継続的に用いられるようなより大きなシステムとなり得る TPP に匹敵する戦略的な構想を EU は全く持っていない」と批判している[8]。

ブリュッセルのシンクタンクであるブリューゲルのシニア・フェローのアンドレ・サピールは，「TPP が参加国の間での貿易自由化において成功すればするほど TPP 参加国との EU の貿易にとってのダメージはより現実のものとなり，そうなればなるほど益々 TPP メンバー国である日本や ASEAN とのバイの FTA や TTIP を推進する誘因が EU にとって大きくなる」と述べている[9]。

パリ政治学院の名誉教授であるパトリック・メスランも同様の指摘をしている。「TPP に起因する最大の損失は，米国や日本の市場において米国，日本その他の TPP 参加国からのすべての輸出品について EU の輸出者が不利な待遇になるという点だ」と指摘し，TPP に対抗するために「EU は日本との貿易交渉を加速させ，規制協力を拡大すると共に，RCEP（東アジア包括的経済連携）への参加を真剣に検討するなどより野心的な『アジアへの転換』（pivot to Asia）を進め，かつ TTIP 交渉を継続するといった取り組みが必要」と述べている[10]。

同様の発言はシンクタンクの「フレンズ・オブ・ユーロップ」の政策部長であるシャダ・イスラムからも聞こえてくる。「EU・ASEAN の FTA 交渉を早急に開始することは戦略的に重要になってきた。EU はさらに EU・ASEAN・豪州・ニュージーランド間の FTA の可能性も検討するなどより野心的になるべきである。アジアと欧州のパートナーシップのフォーラムである ASEM（アジア欧州会合）の中で貿易と投資の協定について考えるべきではないか」と提案している[11]。

2．新たな通商ルール作りにおける「劣勢」懸念

TPP で合意された新たなルールについてのスタンダードが将来の貿易協定の「テンプレート」になり，これが時間の経過と共に広く受け入れられるよう

になるのではないかと危惧する専門家もいる[12]。この専門家は著作権の問題をあげており，TPP 合意が WTO の TRIPS 協定を超える内容になっていることに注目している。

またこの専門家は TPP の社会的・環境的スタンダードが EU で現在施行されているものより弱い水準のものであることから，TTIP のような将来の通商協定でより低いレベルのスタンダードを受け入れるよう EU 側に圧力がかかるのではないか，と懸念している。

このような懸念は特に欧州の消費者団体から表明されている。欧州消費者連合会（the European Consumer Organisation）のブログ"Consumer Corner"掲載の論文は「TPP から学べること：EU が TTIP でするべきではないこと」と題して以下の 4 点を挙げている[13]。

① TPP が TTIP 交渉にも直接的影響を及ぼすことを懸念している。TPP 参加 12 カ国の内 8 カ国は「サービス貿易協定」（Trade in Services Agreement：TiSA）を EU とも交渉していることを挙げ，TTIP や TiSA 交渉で EU に対する風当たりが強くなることを警戒している。「米国はアジア太平洋地域における利害を手中に収めただけではなく，EU が将来アジア太平洋諸国と交渉する通商協定の中身にも影響を与えることができるようになった。日 EUFTA 交渉を含め，これらの交渉における EU のマニューバーの余地（the margin of manoeuvre）は減少した。なぜなら日本は日 EUFTA 交渉においても TPP で容認された自由化のレベルに合わせようとするだろうし，TPP の譲許と類似の譲許を EU に対しても求めてくるはずだからだ」。

② 薬価が高値で維持され，消費者のアクセスが制限されることに警鐘を鳴らしている。「ジェネリック薬品と"biosimilar"と呼ばれる，使用がすでに許可されているバイオ薬品に類似の薬品の市場に TPP は悪影響を及ぼし得る」と述べた WHO のマーガレット・チャン事務局長の発言（2015 年 11 月 12 日）を引用して TPP のバイオ薬品に関する合意に懸念を表明している。

③ 規制の施行における遅延や規制内容の「骨抜き」への道を開くとして，TPP の「規制の収斂」（Regulatory Coherence）や透明性に関する章を「規

制する権利」を損なうとの観点からTTIPやTiSA交渉で要注意と警鐘を鳴らしている。また，TPPの「規制の収斂」章で規制の提案に先立って「インパクト・アセスメント」を行う上でのガイドラインを規定していることについて，例えば「製品の安全性」などについて消費者保護の規制や措置がこのようなガイドラインにより影響を受ける可能性があることを懸念している。

④　投資に関しての「投資家対国家の紛争処理」（ISDS）については，たばこ関連の措置がTPPで除外されたことに一定の評価をしながらも，現段階ではTiSA交渉ではISDSが規定されないことになっていること，TTIPでは「投資法廷システム」（Investment Court System）が議論になっていることなどを挙げてISDSをけん制している。

このようにEUの通商専門家たちは，アジア太平洋市場のおけるEUの競争劣後とTTIPならびにTiSA交渉における規制緩和の流れが米国寄りになることを警戒している。

第3節　TPPと日EUEPA交渉

日EUEPA交渉は本章執筆の時点ではまだ合意に至っていない。2016年5月5日付の報道によれば，5月3日午後ブリュッセルを訪問した安倍晋三首相はEUのトゥスク欧州理事会常任議長並びにユンケル欧州委員会委員長と会談し，日EUEPAについて年内の大筋合意を目指し交渉を加速させる方針で一致した。また，トゥスク議長は今年後半に定期首脳会議を開き，決着させたい意向を表明したとのことである[14]。

日EUEPA交渉の論点と経緯については本書の他章を参照して頂きたいが[15]，TPP交渉が大筋合意したあと筆者は2015年11月（日EU会議），同年12月（German Marshall Fund主催セミナー），2016年1月（European Policy Centre主催セミナー）と3カ月連続してブリュッセルを訪問し，TPPと日EUEPAについてEU側の専門家と交流する機会に恵まれた。その際，

EU 側の首席交渉官であるマウロ・ペトリチオーネ欧州委員会貿易総局局長らと意見交換することができたので，その内容を本節で紹介したい。

　EU 側は基本的には TPP 交渉で日本側が農産品を含めて 95％の関税撤廃を約束したことを評価しつつも，農産品だけで言えば 81％の関税撤廃に留まっており，極めてセンシティブとされるいわゆる「重要 5 品目」について 3 割程度しか関税撤廃できなかったことを問題視している。その上で TPP の交渉結果は日 EU 交渉のベンチマークとはなり得ず，EU としては米国が満足したレベル以上の農産品市場の開放を日本側に要求することになると主張していた。EU としては 2015 年 8 月にベトナムと合意した FTA の方がむしろ日 EUEPA を考える際のベンチマークになり得るとさえ述べるところがあった。実際に EU はチョコレートやチーズ，畜産品など農産加工品の幅広い分野で関税撤廃を日本側に要求してきている。

　日 EU 交渉は，当初工業品の関税撤廃を求める日本側と非関税障壁撤廃や政府調達・鉄道調達の開放などを求める EU 側という構造だったが，TPP 合意達成以降は農産品・農産加工品の関税撤廃・市場アクセスも EU 側の「ショッピング・リスト」に追加され，日本側は対応に苦慮している。2016 年秋の臨時国会における批准手続きで TPP 対応そのものが困難なイッシューとなっている中，TPP を超えるレベルのオファーはおろか TPP なみのオファーもままならないという国内状況があり，日 EU 間の決着は年末まで予断を許さない。

　TPP も日 EUEPA もどちらも 21 世紀型のハイレベル FTA ではあるが，両者の政治的インプリケーションはやはり異なっている。TPP においては「隠れたアジェンダ」は中国であり，中国をいかに「責任ある大国」（responsible stakeholder，ゼーリック元 USTR）としてアジア太平洋地域にソフトランディングさせるかが TPP のタスクの一つになっている。日 EUEPA にはこのような政治的含蓄は乏しい。中国との尖閣問題でこの領域が日米安全保障条約の適用範囲であることを大統領自ら明確に言明した米国と，アジアインフラ投資銀行（AIIB）設立でブレトンウッズ体制に対する中国の覇権的チャレンジであることを知りながら，いち早く AIIB 支持に回った EU の諸国とでは日本から見た場合に政治安保上の重要性は相当異なってくる。農産品の「重要 5 品目」について相手が同盟国米国だからできた関税譲許がそのまま EU に対してでき

るわけではない。非関税障壁や鉄道調達などですでにある程度の譲許を日本側から獲得した EU は交渉の早期妥結に向けて農産品の市場アクセスについてはより現実的かつ柔軟な対応をすべきであろう。

第4節　結びにかえて
―TPP, TTIP, 日EUEPA を成功させて WTO マルチ体制の再興につなげよう―

　TPP 合意達成の波紋は確実に広がっている。TPP が将来の貿易協定のテンプレートを提供するかは未知数であるが、少なくともグローバルなルールの「たたき台」は提供している。環境や食品の安全を巡る問題で争点となる「予防原則」、農産品・農産加工品の知財問題である「地理的表示」、平行線をたどる自動車の安全基準や ISDS など米 EU 間の「神学論争」はまだまだ続きそうだ。しかし、米 EU 間の TTIP、日米間の TPF、日 EUEPA の三つのメガ FTAs が成立すれば、あとは ASEAN 諸国や自由化に前向きなチリやペルーなどラテンアメリカの途上国を巻き込んで「クリティカル・マス」を形成し、そこからボトムアップで WTO に根差した多国間の貿易体制の再興を目指すことも可能である。TPP 合意はそのための基礎を提供している。

[注]
1) 渡邊頼純 (2012),『GATT・WTO 体制と日本』第 3 章第 1 節参照。
2) 同上。
3) 伊藤元重 (2012),『ゼミナールせ国際経済』日本経済新聞社。
4) 田中友義 (2015b),「日 EU・EPA 交渉の経緯と争点」石川幸一・馬田啓一・高橋俊樹編著『メガ FTA 時代の新通商戦略』文眞堂, 56 頁参照。
5) 太平洋同盟とはメキシコ, コロンビア, ペルー, チリの中南米 4 カ国からなる地域協力の枠組みのこと。英語では the Pacific Alliance と呼ばれている。最終的に FTA になるのか, 関税同盟を目指すのか, 必ずしも明確にはなっていない。
6) 渡邊頼純監修／外務省経済局 EPA 交渉チーム編著 (2008),『解説 FTA・EPA 交渉』(第 2 版) 日本経済評論社。
7) Larissa Arabelle Brunner (2015), "What does the TPP mean for Europe ?," Global Risk Insights, October 21, 2015.
8) Delegation of the EU to New Zealand, October 2015.
9) Delegation of the EU to New Zealand, October 2015, 前掲 Andre Sapir の引用。
10) Delegation of the EU to New Zealand, October 2015, 前掲 Patrick Messerlin の引用。
11) Delegation of the EU to New Zealand, October 2015, 前掲 Shada Islam の引用

12) Larissa Arabelle Brunner (2015), "What does the TPP mean for Europe ?," Global Risk Insights.
13) Lea Auffret (2015), "Lessons to learn from TPP; What the EU should not do in TTIP," Consumer Corner-The blog of BEUC-, The European Consumer Organisation, Dec. 1, 2015.
14) 2016年5月5日付主要各紙参照。一例として，「EPA合意へ交渉加速　日EU首脳が方針一致」『産經新聞』2面など。
15) 田中友義（2015b）など参照。

[参考文献]
浅川芳裕（2016），「TPP　農業界への影響と展望」『農業経営者』No. 239，農業技術通信社。
石川幸一・馬田啓一・渡邊頼純編著（2014），『TPP交渉の論点と日本』文眞堂。
伊藤元重（2015），『伊藤元重が語るTPPの真実』日本経済新聞社。
田中友義（2015a），「EU統合の深化・拡大とFTA戦略」石川幸一・馬田啓一・国際貿易投資研究会編著『FTA戦略の潮流―課題と展望』文眞堂，第11章。
田中友義（2015b），「日EU・EPA交渉の経緯と争点」石川幸一・馬田啓一・高橋俊樹編著『メガFTA時代の新通商戦略―現状と課題―』文眞堂，第4章。
渡邊頼純監修／外務省経済局EPA交渉チーム編著（2008），『解説FTA・EPA交渉』（第2版）日本経済評論社。
渡邊頼純（2011），『TPP参加という決断』ウェッジ。
渡邊頼純（2012），『GATT・WTO体制と日本―国際貿易の政治的構造―』（第2版追補）北樹出版。
渡邊頼純（2015a），「日本・EU経済連携協定（EPA）―新たな日EU関係強化への歩みと展望―」石川幸一・馬田啓一・国際貿易投資研究会編著，前掲書，文眞堂，第6章。
渡邊頼純（2015b），「WTO体制とメガFTA―アジア太平洋地域の市場統合と多国間貿易体制―」，石川幸一・馬田啓一・高橋俊樹編著『メガFTA時代の新通商戦略―現状と課題―』文眞堂，第1章。
渡邊頼純（2016），「TPP合意の意義と展望」『農業経営者』No. 239，農業技術通信社。
Walker, Joshua W. (2016), "Abe's Whirlwind European Mission," Transatlantic Take, The German Marshall Fund of the United States (GMFUS).

（渡邊頼純）

第 4 部

ポスト TPP の通商秩序

第18章

米国のポストTPP戦略

はじめに

　オバマ政権は政権7年目の2015年にTPP締結，TPA復活，貿易円滑化・貿易執行法の制定など貿易政策で歴史的成果を挙げた。TPAの復活によって今後6年間，米政府が貿易交渉を安定的に行える法的基盤が整い，米EU間のTTIP交渉，WTOのサービス貿易，環境物品交渉も加速されることになろう。オバマ大統領は残された在任期間でTPP批准，TTIP交渉決着などを目指すが，目標達成は容易ではない。しかし，全12カ国による早期のTPP発効は今後の米国の貿易政策の遂行に決定的な意味を持つ。APECをベースとするFTAAPの発足は2006年から米国が主張してきた構想であり，TPP締結によってその道筋はより明確になった。TPPとRCEPの統合は米国の意図するところではなく，大統領選の行方とも関係するが，TPPをベースにしたFTAAP創設の動きが2017年以降，本格化するものとみられる。

　本章ではこうした一連の動向を検討するため，第1節では，2015年の歴史的成果を回顧し，新政権の誕生も視野に入れてポストTPP戦略の展開条件を概観する。第2節では，ポストTPP戦略に深く関係するTPP批准について，TPP実施法案審議の時期，TPP協定に欠落していた為替操作国問題，米業界のTPP批判といった観点から検討する。最後に第3節では，米国のポストTPP戦略の柱がTTIP締結とFTAAP創設にあり，FTAAPはTPPの拡大と深化を通して実現するという米国の構想について考察する。

第1節　ポストTPP戦略の展開条件

1．2015年の歴史的成果

　オバマ政権はブッシュ前政権が締結したコロンビア，パナマ，韓国とのFTAを政権発足3年後に発効させたものの，2010年に打ち出した輸出倍増計画は目標倒れに終わるなど，貿易政策では大した進展はなかった。しかし，2015年は多くの課題を解決し，歴史的な一年となった。

　まず第1に，TPP（環太平洋パートナーシップ協定）交渉が10月5日決着した。2010年3月の第1回交渉から5年半を要した。11月5日オバマ大統領は協定締結の意思を議会に通告し，協定批准のための手続きが開始された。TPPは米国の最初のメガFTAであり，同時に米国の世界戦略の重点をアジア・太平洋地域にシフトする「リバランス政策」の重要な柱でもある。

　第2に，TPA（貿易促進権限法）が6月29日制定された。

　TPAは貿易政策の推進に不可欠な，米国独特の制度である。TPAによって，議会は政府が交渉した貿易協定を修正できないため，交渉相手国は安心して米国政府と交渉を進めることができる。議会は貿易協定を批准するため，協定の実施法案を一定の期間内に迅速に審議し，賛否のいずれかを票決する。TPAの成立によって，関税撤廃，医薬品の知財権保護など最後まで難航したTPP交渉がTPA成立の3カ月後に決着した。2015年のTPAは，前身である2002年のTPAが2007年6月末で失効し，8年間の空白を経て復活したものだが，有効期間は2018年6月30日までの3年間。期限前に議会が承認すれば，2021年6月30日まで，さらに3年間延長できる。TPAの復活は，現在進められている米国の2番目のメガFTAである米EU間のTTIP（環大西洋貿易投資パートナーシップ協定，最近米国の表記はT-TIPに変わった）交渉を加速させるほか，WTO（世界貿易機関）のサービス貿易協定（TISA，米国の表記はTiSA）および環境物品協定（EGA）等の交渉を推進させることになる（詳細は滝井2015a）。

　第3にTPAの成立とともに2015年TAAおよび一連の貿易特恵法が延長

された。TPAは民主党の根強い反対により，上院が賛成60票でフィリバスター（議事妨害）を阻止できる最低限の票数，下院は過半数の下限である賛成218票を得て，辛うじて成立したが，これまでTPAと同時に成立してきたTAA（貿易調整支援法）は，民主党の党利党略によって否決されるという事態となった。

このため，2015年貿易特恵制度延長法を成立させて，一連の特恵関係法とともに，TAAを成立させる方法が取られた。この結果，2013年12月末で期限切れとなっていたTAA（2015年貿易調整支援法）が2021年6月末まで，また2013年7月末で期限切れとなっていたGSP（一般特恵関税制度延長法）が2017年12月末まで（経過期間は遡及適用），さらに2015年9月末で期限切れとなるAGOA（アフリカ成長機会延長法）と2020年9月末が期限のハイチ特恵関税延長法[1]が2025年9月末まで，それぞれ延長された。民主党が常に延長を支持し，共和党が反対するTAAが長期間延長されたことは，貿易政策を巡る政治的争点を減らす上で大きな意味を持つ（滝井2015b, 2015c）。

第4が，2015年貿易円滑化・貿易執行法（Trade Facilitation and Trade Enforcement Act of 2015）の成立である。本法は2016年2月24日制定されたが，原法案は2015年2月下院に提出され，最終法案は下院が12月，上院は2016年2月可決された。本法はアンチダンピング法，相殺関税法，知財権保護等を強化したものだが，ベネット・ハッチ・カーパー修正条項と呼ばれる第7編として，為替操作国に対する対抗措置が規定された。この規定は米国の法制としては初めてのものであり，後述するようにTPPの発効と密接に関係する。

2．次期大統領と新政権，新議会

TPAの復活はTPP後の貿易政策を展開する基盤として重要な意味を持つが，貿易政策の内容と方向性は政府および議会が決定する。このため，2017年1月20日に就任する次期大統領および副大統領に誰が選ばれ，1月3日に召集される新議会が党派別にどう構成されるかが，極めて重要となる。

2016年の大統領選挙で注目すべき点は，有力な大統領候補者が誰も合意されたTPPを積極的に評価していないことである。NAFTA（北米自由貿易協

定）を破棄し，TPP からの脱退を主張する共和党のトランプ候補が，米国の大統領に選ばれるとは容易には考えられないが，民主党のヒラリー・クリントン候補も「現在の協定内容では TPP を支持しない」と主張している。2008年の大統領選挙では，当時のオバマ候補が NAFTA の見直しを主張したが，これは選挙のレトリックに終わっている。クリントン候補は国務長官時代の2011 年に「アジアの成長とダイナミズムを活用することは米国の経済と戦略的利益の核心であり，オバマ大統領の最優先課題である」[2]と主張し，TPP 交渉を推進した。こうした経緯を考慮すると，ヒラリー・クリントン候補が大統領に就任しても，オバマ大統領の対外経済政策から大きく外れることはないものと考えられる。なお，1992 年の大統領選挙では，ビル・クリントン候補はブッシュ前大統領が 1992 年 12 月に締結した NAFTA（北米自由貿易協定）に労働と環境に関する協定の追加を主張し，大統領就任後の 1993 年 8 月，労働と環境に関する補完協定を締結し，1994 年 1 月 NAFTA を発効させた。

またクリントン候補が次期大統領に就任すれば，現在進められている米 EU 間の TTIP，WTO のサービス貿易協定，環境物品協定などの交渉，さらに一般特恵および地域特恵制度は継続されることになるであろう。したがって，ポスト TPP の米国の貿易戦略は，TPP の実施法案審議，いわゆる批准審議と深く関係してくる。第 2 節以降ではこの点を焦点に当てて検討する。

第 2 節　TPP 実施法案審議の行方

1．TPP 実施法案の審議

　TPP は，2016 年 2 月 4 日に行われた TPP 署名から 2 年以内（2018 年 2 月 3 日まで）に全 12 カ国が批准した場合は，最後に批准した国が寄託者（ニュージーランド）にその旨を通報した日から 60 日後に発効する。2 年以内に全 12 カ国が批准しなかった場合は，2013 年の GDP の合計額が全体の 85％以上を占める 6 カ国以上の国の批准が発効の条件となっている。この場合の TPP の発効は，最も早ければ 2018 年 2 月 4 日の 60 日後となる（TPP 協定第 30.5 条）。2013 年の GDP のシェアは米国が 60.3％，日本が 17.7％であるから，

第18章　米国のポストTPP戦略　　*249*

　TPP発効には日米両国の批准が不可欠だが，日米両国の批准だけでは「85％以上および6カ国」の条件を満たすことはできない。

　米国のTPP批准は，TPAに基づき，TPP実施法案の上下両院の可決という手順を踏むが，TPP実施法案がいつ下院に提出されるか，まだ決まっていない。議事日程を取り仕切るマコーネル上院院内総務の方針によって，11月8日の大統領および議会選挙前に法案が議会に提出される可能性はなくなったため，法案提出は選挙後のレームダック会期か1月3日の新議会開会後となる。どちらになるかは，次期大統領が誰になるか，上下両院で民主，共和両党のどちらが多数党となるかとも関係する。レームダック会期中に実施法案の審議は行わないとなれば，新政権，新議会の体制固めに要する期間を考慮すると，TPP批准は2017年後半以降にずれ込むものとみられる。

　TPP実施法案が提出されれば，TPAの規定により下院は議会開催日で数えて60日以内，上院は同じく30日以内で審議を終了しなければならない。一旦実施法案が提出されれば，法案審議を中断することはできないから，政府および議会は法案可決のため，万全の準備をして法案を提出することになる。

2．為替操作国問題

　産業界，労働界はTPPの一部協定内容を厳しく批判し，政府に対応を求めているため，TPP実施法案の可決は容易ではない。最大の問題は，TPP協定に為替操作国に対する対抗措置が盛り込まれていなかったことである。

　TPAは第18-1表のとおり，貿易協定を交渉する主要目的（Principal Trade Negotiating Objectives）として21項目を掲げている。米国議会は，貿易協定はこれら主要目的を達成して初めて締結されるという前提に立っているため，為替操作国に対する対抗措置（同表の11，12）のない協定を議会は認めることはできない。この点の批判はほぼすべての産業界，労働界および議会に共通している。

　交渉参加国は協定本文に為替条項を加えることに反対したため，強行すれば交渉は決裂してしまう。そこで米政府が採用した方法は，12カ国が共同宣言に署名し，不公正な為替操作や競争的な通貨切り下げを行わないことを誓約することであった。この誓約を謳った「TPP参加国マクロ経済政策当局共同宣

第18-1表　2015年TPAで規定された主要貿易交渉目的

1	物品貿易の関税・非関税障壁等の排除	12	不公正な利益確保のための長期・大規模な為替市場介入と執拗な通貨安政策への対策
2	サービス貿易の促進と障壁の除去	13	WTOおよび多国間貿易協定の改善
3	米国農産物輸出の競争機会の確保	14	WTO，二国間・地域協定の透明性の向上
4	対内・対外外国投資の促進	15	贈収賄防止
5	知的財産権保護の促進	16	貿易協定の規定強化，WTOの機能強化等による早期紛争解決の促進と罰則等の追求
6	物品・サービスのデジタル貿易と越境データフローに係わる開放的市場環境の促進	17	米貿易救済法の精力的適用とダンピング等市場歪曲行為への対処
7	政府規制の透明性向上，協議機構の創設	18	国境調整措置に関するWTO規則の改定
8	国有・国家管理企業を利する貿易歪曲行為と不公正競争の排除，防止	19	米繊維貿易の諸外国との対等な条件の確保
9	米企業の現地化に対する障壁の排除	20	TTIPにおける反イスラエル活動の排除
10	労働・環境法制の効果的実施，強化	21	キャパシティ・ビルディングによる相手国の良き統治，透明性，法の支配の促進
11	国際収支対策，不公正な利益確保のための貿易協定相手国による為替操作の回避		

（資料）2015年TPA法，第102条（b）。

言」3）は，オバマ大統領が議会にTPP協定締結の意思を通告した2015年11月5日に米財務省から発表された。しかし，共同宣言は今後TPPに参加する国もこの共同宣言に加わることを義務付けているものの，共同宣言に違反した国に対する罰則規定がないため，共同宣言には強制力がないと非難された。これに対応して制定されたのが，米財務省の支持を得て成立した前述の2015年貿易円滑化・貿易執行法の第7編（ベネット・ハッチ・カーパー修正条項）である。

　ハッチ上院財政委員長（共和党）の提案に，民主党のベネット，カーパー両上院議員が共同提案者として加わって作成された「第7編：為替レートおよび経済政策の取り極め」（第18-2表）は，年2回，米国の主要貿易相手国のマクロ経済および為替政策に関する報告を米財務省に求めている。すでに財務省は1988年包括貿易競争力法に基づき，同様の報告書を年2回議会に提出している4）が，第7編が包括貿易競争力法と大きく異なるのは，通貨安政策と対米大幅貿易黒字を是正できなかったすべての国に対して（TPP参加国に限定していない），対抗措置の採用を大統領に義務付けたことである。対抗措置は，①米海外民間投資公社による新規融資および②連邦政府調達の禁止，③当該国のマクロ経済・為替政策の厳格な監視および公式協議，④当該国との貿易協定の締結または交渉参加の是非の検討，という4つの措置から一つ以上を採

第 18-2 表　ベネット・ハッチ・カーパー修正条項の内容

第 701 条
1．財務長官は本法制定後 180 日以内に次の報告書を上院財政委員および下院歳入委員会に提出する（2 回目以降の報告書は前回報告書提出から 180 日以内）。① 米国の主要貿易相手国については，対米貿易収支，過去 3 年間の経常収支の GDP 比，外貨準備の短期債務額比および GDP 比を含む報告書。② 大幅な対米貿易黒字と経常黒字を持ち，長期かつ一方的に為替市場介入を行った米国の主要貿易相手国については，マクロ経済および為替政策に関する高度な分析を含む報告書。高度な分析には，当該国の詳細な市場介入の推移を含む為替市場の展開，実質実効為替レートの変化，通貨の過小評価の度合，資本・貿易規制の推移，および外貨準備高の傾向を含むものとする。
2．財務長官は本法制定後 90 日以内に，高度な分析を行うために使用する諸要素を公表する。
3．大統領は高度な分析の対象国との間で高度な二国間取り極めを開始する。この取り極めは，① 当該国通貨の過小評価の要因に対処する政策の実行を促し，② 通貨の過小評価と黒字がもたらす悪影響に対する米国の懸念を表明し，③ 適切な政策を実行しなかった場合に大統領が取り得る行動を当該国に忠告し，④ 通貨の過小評価と貿易・経常黒字に対処するための行動計画を策定する，ために行われる。
4．高度な二国間取り極めを開始した日から 1 年後に，当該国が通貨の過小評価，大幅な対米黒字の是正に失敗したと財務長官が決定した場合は，大統領は次の一つ以上の行動を取らなければならない。① 海外民間投資公社（OPIC）による新規融資等の禁止，② 連邦政府の当該国からの財・サービスの調達・契約締結の禁止，③ 当該国のマクロ経済および為替政策の厳格な監視および公式協議の要求，④ 当該国との二国間または地域間の貿易協定の締結または交渉参加の是非の検討。

第 702 条
1．財務長官に対して政策を諮問するため，「国際為替レート政策に関する諮問委員会」を設置する。
2．諮問委員会は 9 名の委員で構成し，上院仮議長，下院議長および大統領がそれぞれ 3 名を任命する。任期は 2 年（更新可能）とする。

（注）第 701 条 2. の「高度な分析を行うために使用する諸要素」は 2016 年 4 月末に発表された。詳細は滝井（2016b）参照。各条の番号は筆者が便宜上付したものである。
（資料）2015 年貿易円滑化・貿易執行法，第 7 編。

用することとしている。④が採用されると，TPP に参加を希望しても，参加できないという事態も起こり得ることになる。

3．TPP の協定内容に対する批判

　こうして為替操作国問題は解決されたが，それ以外の業界等の批判はどのように解決され，TPP 実施法案の可決に至るのであろうか。TPP は米国の政治日程から妥結を急いだ面も強いだけに，問題も残る。以下は，貿易政策交渉諮問委員会（ACTPN）の報告書からみた業界の批判の一部である[5]。

- 生物製剤のデータ保護期間が短い：生物製剤のデータ保護期間は米国内法の現行12年間から8年間または5年間に短縮され，生物製剤の定義も狭められた。医薬品業界のドンと言われるハッチ財政委員長は，この点を是正するためUSTR（米国通商代表部）に再交渉を求めたが，USTRは直ちにその要求を拒否した。
- 金融サービス業は現地化禁止規定とISDS（投資家対国の紛争解決）から除外されている：電子商取引企業が締約国で事業を行う場合，締約国は市場参入条件として，締約国製のコンピューター関連設備を締約国内に設置するよう要求してはならないと規定されている。この現地化禁止規定が金融サービス業には認められていないため，締約国市場に参入する場合，コンピューター関連設備の現地化を求められる可能性がある。また，ISDSも金融サービス業には認められていない。
- タバコがISDSの適用から除外されている：米政府がオーストラリアに譲歩してタバコをISDSの対象から除外したことは，TPAの主要貿易交渉目的（第18-1表の16等）に反し，米南東部の農業に重大な被害をもたらす。
- 自動車の域内原産比率が低い：域内原産比率は純費用方式〔（産品の純費用−非原産材料）／産品の純費用）〕で，NAFTAは62.5％（自動車部品は60％）であったが，米・豪FTAは50％，米韓FTAは35％に低下し，TPPでは45％（自動車部品は40％ないしそれ以下）となった。これによって米国製自動車部品の調達量は低下し，中国など域外からの輸入増によって米国内の生産，雇用は大きな影響を受ける。自動車の原産地規則は厳格な運用と抜け穴防止のための強力な監視が必要である。
- 国有企業規律が不十分：国有企業の範囲が狭い。マレーシア，ベトナムなどでは適用除外の範囲が広すぎる。商業的活動の有無が重要な基準になるが，TPPの規定は不十分である。国有企業による損害等の判断基準を1年または1年以上としていることは，取引の実態に合わない。
- 政府調達市場の参入基準：ブルネイ，マレーシア，ベトナムの政府調達市場への参入基準は必要以上に高い。政府は基準引き下げに努めるべきである。
- 労働・環境規定の遵守：関税は削減されたことがすぐに分かるが，労働や環境規定は約束が果たされているか否か分かりにくい。NAFTAによってメ

キシコに雇用が流出したのは，メキシコにおける労働者の権利が不十分なまま放置されていることによる。同様の事態が TPP でも起こらないよう，締約国相互の協力と米国の十分な監視が必須である。

第 3 節　TPP 発効後の貿易政策展開

1．最大の目標は TTIP の締結[6]

　米国は現在 20 カ国との間で 14 件の FTA を発効させている。TPP が発効すれば米国の FTA 相手国数は 25 カ国に増え，さらに TTIP によって EU に加盟する 28 カ国がこれに加わる。TPP と TTIP という二つのメガ FTA によって，米国が締結する FTA の国数は一挙に 53 カ国に増え，その GDP は世界の GDP の 61％を占める。NAFTA 結成が GATT ウルグアイ・ラウンドの合意を導き出したように，米国の二つのメガ FTA の成立は，WTO の多国間貿易交渉および世界の貿易体制に決定的な影響を与えることになろう。

　このため，米国の当面の最優先課題はまず TPP 署名から 2 年以内となる 2018 年 2 月 3 日までのできるだけ早期に，全 12 カ国がそれぞれ批准し，TPP を発効させることである。続いて，2016 年 2 月の第 13 回交渉まで進んだ TTIP 交渉[7]を 2016 年中に終結させることも重要課題である。オバマ大統領は 2016 年 4 月，メルケル独首相との会談で，2016 年中に TTIP 交渉が完結しなければ，米欧ともに政治的移行期に入るため，合意はかなり遅れると述べている。EU 内ではドイツの TTIP 反対運動が最も激しいと伝えられるが，メルケル首相もオバマ大統領に呼応して，「年内に偉大な成功を勝ち取ろう」と通常よりも踏み込んだ発言を行ったと言われる[8]。

　なお，トルコは TTIP に参加を表明し，EU と FTA を締結しているカナダとメキシコも加入を希望しており，TTIP は将来的には参加国が EU 外に広がる可能性もある。また，ピーターソン国際経済研究所のバーグステン名誉所長は，TTIP 域内のマクロ経済と為替政策に関する協調関係を強化するため，TPP と同様の共同宣言を TTIP でも行うべきだと主張している。

2．TPP の拡大と深化による FTAAP の実現

　TPP は新規加盟国を増やし，ルールの見直しを続ける「生きている協定」である。ルールの見直しについては，TPP 協定の関係章にそれぞれ具体的な日程等が書き込まれている。新規加盟国としては，インドネシア，フィリピン，韓国，タイおよびコロンビアが加盟の希望を公にしているほか，台湾も加盟に関心を持っている。このうち韓国とコロンビアの加盟が最も早いとの見方もあり（Congressional Research Service 2016），TPP は参加国の拡大と協定内容の深化によって，より強固なグローバル・スタンダードに進化していく。

　一方，APEC（アジア太平洋経済協力）では，2006 年のベトナムにおける APEC 首脳会議において米国は APEC をベースとする FTAAP（太平洋自由貿易圏）の創設を提案し，2010 年の横浜での APEC 首脳会議で，FTAAP は TPP と RCEP（東アジア地域包括的経済連携）の二つのルートで検討するとの「横浜ビジョン」が採択された。こうして，環太平洋と環大西洋という二つのメガ FTA とともに，米国のポスト TPP 戦略のもう一つの目標である FTAAP の実現が一層具体化してきた。FTAAP 創設については，TPP をベースとする方針の米国と RCEP をベースとしたい中国との角逐が深まりつつあるが，2016 年 11 月の APEC 首脳会議で FTAAP 創設に向けたロードマップが報告されることになっている。

　米国は ASEAN と FTA を締結しておらず，FTA の質が TPP に劣る RCEP に加わる考えはない。同時に，米国には世界の貿易ルールは米国が作り上げるという強い自負がある。したがって，TPP と RCEP とを統合する案は，米国の思考回路には存在しない。どのような FTAAP 実現のためのロードマップが出されようと，米国はあくまで FTAAP は TPP の拡大と深化の延長線上にあるべきものとして捉えていると想定される。それ故に TPP の早期の発効がアジア太平洋圏における貿易体制の構築に不可欠であり，発効の国数が減ったり，発効の時期が遅れたりすれば，FTAAP 実現に向けた TPP の影響力は低下することになろう。

　APEC 21 カ国のうち，TPP の参加 12 カ国と TPP への参加の意向を示している前述の 5 カ国・地域を除けば（コロンビアは APEC に加盟していない），残る APEC 加盟国は中国，香港，パプア・ニューギニア，ロシアの 4 カ国・

地域である。将来，中国がTPPに参加するとすれば，RCEPをベースとするよりも，FTAAPの参加国はAPEC 21カ国により近づくことになる。さらに，中国がTPPに加わることになれば，TPPが地域にとどまらず，世界貿易のグローバル・スタンダードになることは間違いない。

ピーターソン国際経済研究所シニア・フェローのJ.ショットは，次のように展望し，ハイブリッド型のFTAAPの可能性に言及している。「中国のTPP参加が数年内に実現しない場合，APECが目指しているFTAAP創設に向けた動きがいよいよ本格化するだろう。（中略）現在模索されているひとつの方法は，米国と中国の両者が参加し，アジア太平洋地域における既存の二国間FTAや広域FTAを包含するようなハイブリッド型の協定を締結する可能性である」（ジェフリーJ.ショット 2016）。

TPP合意という歴史的快挙を成し遂げた米国が，2021年6月末まで有効なTPAをベースに貿易政策をどう展開していくか。米国のポストTPP戦略の柱となる二つのメガFTAとFTAAP実現の方向は，東アジアに位置する日本にとっても重大な問題である。

[注]
1）ハイチ特恵関税延長法は米国製織物から作られたハイチ製繊維製品に対する免税制度（CBTPA）に関するものである。カリブ海諸国に対する米国の特恵制度は，1984年1月から実施されたカリブ海諸国経済復興法（CBERA：Caribbean Basin Economic Recovery Act，対象国は2015年8月現在19カ国）と2000年10月から実施されたカリブ海諸国貿易パートナーシップ法（CBTPA：Caribbean Basin Trade Partnership Act，対象国は8カ国）の2種類ある。CBERAは全製品が対象となり，CBTPAは米国製織物から作られた主にアパレルを対象にする。ハイチは両者の対象国となっている。CBERAに期限はないが，CBTPAの現在の期限は2020年9月30日。ハイチ特恵関税延長法によってハイチについてはCBTPAの期限が5年延長された。なお，米国の地域特恵制度は現在アフリカ諸国に対するAGOA，カリブ海諸国に対するCBERAおよびCBTPAの3種類ある。アンデス諸国に対してはATPA（Andean Trade Preference Act）およびATPDEA（Andean Trade Promotion and Drug Eradication Act）が4カ国に適用されていたが，コロンビアとペルーが米国とFTAを締結したため，両法は2013年7月31日で失効した。対象国であったボリビアとエクアドルの2カ国は米国のGSP対象国に替わった。
2）Clinton, Hilary（2011），America's Pacific Century，*Foreign Policy*，Nov. および http://www.state.gov/secretary/20092013clinton/rm/2011/10/175215.htm
3）共同宣言の原文と日本語の仮訳は次を参照。https://www.treasury.gov/initiatives/Documents/TPP_Currency_November%202015.pdf，https://www.mof.go.jp/international_policy/others/20151106_thejointdeclaration_4.pdf　なお，「共同宣言」と「ベネット・ハッチ・カーパー修正条項」については滝井（2016a），（2016b）に詳述されている。
4）2016年の第1回報告書（Foreign Exchange Policies of Major Trading Partners of the United

States) が 4 月 29 日発表された.報告書の冒頭に,この報告書は 1988 年包括貿易競争力法 (U.S.C. §5305) と 2015 年貿易円滑化・貿易執行法 (第 701 条) に基づいて作成されたと書かれている.
5) 貿易政策交渉諮問委員会 (ACTPN) とその下部委員会が 2015 年 12 月初旬に議会および政府に提出した報告書 (USTR のウェブサイトで閲覧可能) によった.詳細は滝井 (2016c) 参照.
6) 本稿は英国の EU 離脱決定前に脱稿した.
7) オバマ大統領は 2013 年 3 月 20 日議会に TTIP 締結の意思を通告し,第 1 回交渉が 2013 年 7 月 8〜12 日に首都ワシントンで行われた.
8) Obama Joins Angela Merkel in Pushing Trade Deal to a Wary Germany, *The New York Times*, April 24, 2016.

[参考文献]
石川幸一・馬田啓一・高橋俊樹編著 (2015),『メガ FTA 時代の新通商戦略』文眞堂.
石川幸一・馬田啓一・国際貿易投資研究会編著 (2015),『FTA 戦略の潮流』文眞堂.
ジェフリー J. ショット (2016),「環大西洋パートナーシップ (TPP):その起源と交渉成果」『世界経済評論』5/6 月号,国際貿易投資研究所,発売元:文眞堂.
滝井光夫 (2015a),「2015 年貿易促進権限法の制定—回復する議会の権限」『季刊 国際貿易と投資』100 号記念増刊号,国際貿易投資研究所,10 月.
滝井光夫 (2015b),「混迷する貿易促進権限 (TPA) 法案の米議会審議」(フラッシュ 238) 6 月 22 日;(2015c)「復活した貿易促進権限 (TPA) 法と貿易調整支援 (TAA) 法」(フラッシュ 240) 7 月 7 日;(2016a)「為替操作国に是正・対抗措置—ベネット・ハッチ・カーパー修正条項の制定」(フラッシュ 269) 3 月 14 日;(2016b)「米財務省,外国為替政策報告書を発表—新設した『監視リスト』」(フラッシュ 277) 5 月 12 日;(2016d)「米国の TPP 批准作業はどこまで進んでいるか」(フラッシュ 281) 7 月 1 日,国際貿易投資研究所.
滝井光夫 (2016c)「容易ではない米国の TPP 批准—米国の産業界,労働界は何を問題としているか」『季刊 国際貿易と投資』104 号,国際貿易投資研究所,6 月.その後 2016 年 6 月までの進展状況については滝井 (2016d) 参照.なお,「フラッシュ」,『季刊 国際貿易と投資』ともに http://iti.or.jp で閲覧可能.
Congressional Research Service (2016), *The Trans-Pacific Partnership: Strategic Implications*, February 3. www.crs.gov R44361.
U.S. Department of the Treasury, Office of International Affairs (2016), *Foreign Exchange Policies of Major Trading Partners of the United States*, April 29.
USTR (2013), *Tenth Report to Congress on the Operation of the Caribbean Basin Economic Recovery Act*, December 31.
USTR (2016), *2016 Trade Policy Agenda and 2015 Annual Report of the President of the United States on the Trade Agreements Program*, March.

(滝井光夫)

第19章

中国の一帯一路戦略の行方

はじめに

　中国首脳(習近平国家主席,李克強国務院総理)の外遊が盛んである。外遊先での最優先課題は,一帯一路および伙伴関係(パートナーシップ)の構築および再構築である。2016年1月の習主席の中東3国訪問では,サウジアラビアと伙伴関係を再構築する共同声明が発表されたほか,湾岸協力会議とは,FTA交渉を再開させた。一帯一路戦略がアラブ・イスラム圏と有機的につながりつつある意味は大きい。

　本章では,伙伴関係を軸に一帯一路FTAが構築されるという視点から,一帯一路戦略の行方を論じる。

　一帯一路戦略が発表されたのは2013年9月(一帯),10月(一路)であったが,そのほぼ2年後に,国務院から発表された「FTA戦略の実施を速めることに関する若干の意見」では,一帯一路FTAの構築に関する記述が目立つ。一帯一路戦略は,中国の対外発展戦略の要の位置にあるといっても過言ではない。

　伙伴関係には15種類(筆者整理,2015年12月末時点)ある。ほぼ全世界をカバーしているが,日本,米国,一部中東諸国とは構築されていない。伙伴関係の構築は,両首脳の共同声明をもって構築され,相手国の事情,都合をより反映できる融通性がある。特に,一帯一路沿綫国・地区は,発展途上国が多く,また,宗教,民族,経済の発展段階の異なる国・地区によって構成されており,利害や価値観の相違が少なくない。こうした状況下で,中国は,伙伴関係の構築を入口として,その関係を発展させ,出口をFTAの構築とすることを一帯一路戦略でとろうとしているのではないか。

同時に，一帯一路沿線には，上海協力機構，BRICS，南アジア地域協力連合，湾岸協力会議，東アジア地域包括的経済連携など地域協力の枠組みが存在する。中国は，こうした地域協力の枠組みにおいて，存在感を増しつつある。2015年7月のロシア・ウファでの上海協力機構とBRICSのダブル首脳会議で，一帯一路沿線の大国でありライバルでもあるロシア，インドを，事実上，一帯一路戦略に取り込んだ。

　一帯一路戦略の目的の一つは，欧州経済圏との有機的結合にある。目下，中国とEUとは，経済交流において蜜月状況にある。2016年3月，習国家主席はチェコを訪問，中東欧国家との交流強化を謳ったが，同時に，EUとの経済交流の拡大，発展への布石も打った。

　2014年の北京APECでFTAAP構築のためのロードマップが構築されたが，中国にとっては，FTAAPより一帯一路FTAの構築のほうに注力しているようである。

　一帯一路FTAの構築に向けた中国の対応は，今後の世界経済の秩序，ルールつくりに大きく影響することは論を待たない。中国には，一帯一路戦略は"世界の公共財"との認識がある。その背景には，一帯一路戦略に同調する国・地域が着実に増えてきている現実がある。世界経済の発展にとって，一帯一路戦略が，"奇貨"となる可能性は高まっている。

第1節　習近平国家主席の中東3国訪問が意味するもの

　習近平国家主席は，実に精力的に外国訪問している。第19-1図は2015年の外国訪問の行程図（訪問先）を示している。その多くが，一帯一路沿線国・地区（図のA〈主に「一帯」〉とB〈主に「一路」〉）に集中している。訪問先での首脳会談などで決まって主要テーマとなるのが一帯一路戦略についてである。一帯一路戦略は，今や，中国の対外発展戦略の要に位置しているといえる。

　2016年1月19日から23日まで，習近平国家主席は中東3国（サウジアラビア，イラン，エジプト）を公式訪問した。この3国訪問は，一帯一路戦略の

行方を見る上で極めて重要な視点を提供している。

　2015年7月，ロシアのウファで上海協力機構（SCO）およびBRICSのダブル首脳会議が開催され，一帯一路戦略が主要課題となり，その推進が正式に認知された。一帯一路戦略が世界デビューしたのがウファ会議であったといえる。習近平国家主席の中東3国訪問には，このウファ会議に準ずる意義が認められる。

第19-1図　2015年習近平国家主席の外交足跡

	訪問先		訪問先
①	4/20-21　パキスタン	⑦	10/19-23　英国
②	4/22-24　インドネシア（バンドン会議）	⑧	11/5-6　ベトナム 11/6-7　シンガポール
③	5/7　カザフスタン 5/8-10　ロシア 5/10-12　ベラルーシ	⑨	11/14-16　トルコ G20
④	7/8-10　ロシア ウファ（BRICS・SCO会議）	⑩	11/17-19　フィリピン（APEC会議）
⑤	9/22-25　米国	⑪	11/29-30　仏パリ気候大会
⑥	9/26-28　（国連）	⑫	12/1-2　ジンバブエ 12/2-5　南ア

（出所）学習中国（2016年2月10日）から筆者加筆作成。

ウファ首脳会議での要点
〇 SCO の 2025 年までの発展戦略を採択
〇 BRICS 経済パートナー戦略を採択
〇中露蒙 3 カ国協力発展中期ロードマップの承認：「一帯」とロシア提唱の「ユーラシア」横断大通路，モンゴル提唱の「草原の道」との連結で合意
〇インドとパキスタンの SCO への正式加盟に向けた手続き開始で合意
〇「BRICS 新開発銀行」の設立準備と緊急時外貨準備金基金の創設

　まず，最初の訪問先となったサウジアラビアでは，両国関係を「全面戦略伙伴関係」（後述）に再構築することを内容とした共同声明が発表されたほか，湾岸協力会議（GCC：1981 年に設立されたペルシャ湾岸 6 産油国で構成する地域協力機構でサウジアラビアが主要国）と FTA 交渉を再開した。GCC と FTA を締結している国はまだ少ないだけに，中国とアラブ・イスラム圏との初の FTA 交渉が締結されることになれば，一帯一路戦略が有機的かつ実質的にアラブ・イスラム圏につながることになり，政治的にも，経済的にも，その国際的意義は決して少なくない。中国共産党の機関誌である人民日報は，"増添和平発展希望的中東行"（平和発展の希望を膨らませる中東行）との見出しで，中東 3 国訪問をこう評した。

　　「今回の訪問では，3 国がそれぞれ "一帯一路" の枠組みで，発展戦略を中国と連動させ，共に発展していくと表明した。同時に，"一帯一路" を中国と共同建設することに関する了解備忘録に署名した。その協力案件は 52 項目で，中国と 3 国との新たな実務協力の機会を開拓した。"一帯一路" の互利合作（ウインウイン）はさらに強靭な動力を手にした」（人民日報 1 月 25 日）。

　サウジアラビアでは，伙伴関係の再構築，GCC とは FTA 交渉の再開などが首脳会談での主要テーマとなったが，イランでは，高速鉄道や港湾建設，石油ビジネス関連，人民元決済が，また，エジプトとは，国際産能合作（後述）やスエズ運河経済協力区などで積極的な協力関係を構築することが主要テーマとなっている[1]。いずれも，一帯一路戦略の主旨に沿った重要事項である。

なお，イランとは全面戦略伙伴関係への再構築に関する共同声明が発表（エジプトとは 2015 年 12 月に全面戦略伙伴関係への再構築で合意済）された。

筆者は，一帯一路戦略の行方をみる視点として，① 一帯一路 FTA の構築，② 沿線国・地区との伙伴関係（パートナーシップ）の構築，③ 沿線国・地区とのインフラ整備の進展の 3 点に集約できると考える。

第 2 節　一帯一路 FTA の構築

65 国・地区が関係し世界最長の経済回廊とされる一帯一路戦略の最大の意義は新たな経済圏の確立にあり，最終的には，一帯一路 FTA の構築にある。

2015 年 12 月，国務院は中国の FTA 戦略のバイブルというべき「FTA 戦略の実施を速めることに関する若干の意見」（以下，『FTA 意見』）を公布している。『FTA 意見』では，一帯一路 FTA の構築に言及するところが多く，その構築にかける中国の意気込みがにじんでいる。

『FTA 意見』における「一帯一路」戦略に関する記述
○一帯一路と国家の対外戦略を密接に結びつけ（口略）周辺国・地区に足場を築き，一帯一路に輻射する世界的高水準の FTA ネットワークを早急に形成させる。
○ FTA など各種区域貿易協力に全面的に参与し，周辺国・地区，一帯一路沿線国・地区および国際産能合作重点国・地区との FTA を重点的に構築する。
○中長期：隣国・地区，一帯一路沿線国および 5 大陸重要国家を含むグローバルな FTA ネットワークを構築する。
○一帯一路 FTA を積極推進する。周辺の FTA 建設と連携させ，かつ国際産能合作（下記）を推進し，積極的に一帯一路沿線国との FTA の構築を図り，一帯一路大市場を形成させ，一帯一路を「自由通行の道」，「ビジネス・交易の道」，「開放の道」とする。

国際産能合作
　中国（企業）が主導ないし先進国（企業）と連携して第 3 国（主に発展途上国）に投資し市場を共同開拓する投資形態。具体的には，中国企業がフランス企業と連携して英国で原子力発電所（Hinkley Point C）の共同建設するプロジェクトな

第 19-2 図　一帯一路位置図

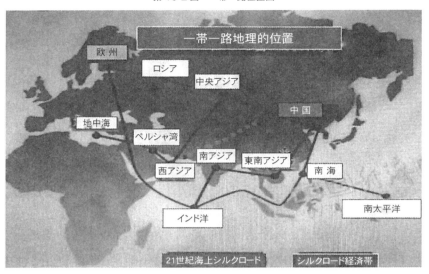

（出所）中国経済網より筆者加筆作成。

ど。李克強総理は、「商品輸出、資本輸出の中間に産業輸出がある。それこそ、"国際産能合作"である」といっている。国際産能合作の重点業界は鉄鋼、非鉄金属、建材、鉄道、電力、化工〈化学工業〉、軽紡〈light and textile industry〉、自動車、通信、工事機械、宇宙・航空、船舶・海洋工事の12業界で、具体的には、高速鉄道、原子力発電、電力網・設備など国際競争力のある業種が中心である。国有企業の得意とする分野・事業が少なくない。国際産能合作に関心を示しているのは、アジア・アフリカ（カザフスタン、インド、インドネシア、エチオピアなど）、ラテンアメリカ（ブラジル、コロンビア、ペルー、チリなど）、欧州（フランス、ベルギーなど）の15カ国とされる[2]。例えば、カザフスタンを例にとると、中国との国際産能合作を、第一期と第二期に分けて実施する予定にある。事業規模は、それぞれ、25プロジェクト（230億ドル）、42プロジェクト（300億ドル）とされる。国際産能合作は、一帯一路での展開が多い。中国経済の国際化（中国企業の海外展開）の新たな形態として注目される。

第3節　一帯一路沿線国・地区との伙伴関係の構築

　習主席が 2013 年 9 月（カザフスタン）と 10 月（インドネシア）で提唱した一帯一路戦略の理念は，合作共贏（ウインウイン）による運命共同体の建設にある。

　一帯一路戦略の概要
　主旨：沿線国・地区のインフラ整備をテコにウインウインの「運命共同体」の建
　　　　設
　範囲：アジア太平洋地域，ユーラシア，欧州，アフリカの一部含む 65 国・地区
　経済規模（2013 年）：GDP：約 21 兆ドル（世界全体の 29％），人口：44 億人（同
　　　　63％）
　中国との貿易総額（2014 年，以下同じ）：1.12 兆ドル（中国の貿易総額の約 26％）
　中国からの直接投資額：125 億ドル（中国の対外直接投資の 10％強）
　中国の対外工事請負営業額：643 億ドル（同営業額の 45％強）
　一帯一路戦略を提唱した中国側の事情：人民元の国際化，外貨準備の有効活用，
　　　　国内過剰設備の軽減など
　その他：改革開放の対外発展版，雁行型経済発展の継続版，新型大国関係構築へ
　　　　の布石
　　　　　欧州への隘路なき通商交易路の確保（欧州との経済交流時間の縮小）な
　　　　ど

　この点，一帯一路 FTA の構築は，運命共同体の建設と不可分ということになる。この運命共同体の建設と FTA の構築をとりもつ「仕掛け」が伙伴関係であると考えられる。
　この伙伴関係は NATO 発の外交用語であったが，中国の"伙伴関係"では経済交流・協力面が強調される傾向にある。その最大の特徴は，首脳の共同声明をもって構築され，当事国の事情，都合をより反映できる融通性があるという点にある。
　2015 年 9 月，難産の末ようやく大筋合意に遥した TPP など，いわゆる FTA はハードルが高く，発展途上国にとって，参加したくてもできない場合

が少なくない。この点，共同声明で当事国の事情，都合に合った経済協力の内容を大筋で決める伙伴関係の構築は，拘束力の強いFTA締結交渉などに比べ，時代の要請にかなっているところが少なくない。特に，一帯一路沿線国・地区は，発展途上国が多く，また，宗教，民族，経済の発展段階の異なる国・地区によって構成されており，利害や価値観の相違が少なくない。こうした状況下では，伙伴関係の構築を入口として，その関係を発展させ，出口をFTA

第 19-1 表　中国が構築している伙伴関係一覧表（2015年12月時点）

伙伴関係の種類	国・地区など
戦略伙伴（17）	ASEAN，アラブ首長国連邦，アンゴラ，ウズベキスタン，タジキスタン，トルクメニスタン，ポーランド，ナイジェリア，カナダ，セルビア，チリ，ウクライナ，アフリカ連合（AU：54カ国，世界最大の地域機関），モンゴル，キルギスタン，カタール，アイルランド
全面戦略伙伴（21）	EU，英国，イタリア，フランス，スペイン，ポルトガル，ギリシャ，デンマーク，ベラルーシ，ブラジル，メキシコ，アルゼンチン，ベネズエラ，カザフスタン，インドネシア，マレーシア，南ア，アルジェリア，オーストラリア，ニュージーランド，ペルー，エジプト
戦略合作伙伴（5）	アフガニスタン，韓国，インド，スリランカ，トルコ
更加緊密的戦略合作伙伴（1）	バングラデシュ
全面戦略合作伙伴（5）	タイ，ベトナム，カンボジア，ラオス，ミャンマー
全面戦略協作伙伴（1）	ロシア
全天候戦略合作伙伴（1）	パキスタン
全方位戦略伙伴（1）	ドイツ
合作伙伴（4）	フィージー（重要合作），アルバニア（伝統合作），トリニダードトバコ，アンティグア・バーブーダ
友好合作伙伴（3）	ハンガリー，モルディブ，セネガル
全面合作伙伴（7）	コンゴ共和国，ネパール，クロアチア，タンザニア，オランダ，東ティモール，エチオピア
全面友好合作伙伴（1）	ルーマニア
全方位友好合作伙伴（1）	ベルギー
友好伙伴（1）	ジャマイカ
伙伴（1）	日中韓

各種伙伴関係の意味（一部）
全面／全方位：協力分野が多く広い。
戦略：政治対話関係，平等に協力し合える国家関係
合作：政策協調（戦略の二字がない場合：経済協力が主）
友好：政治関係が良好
対ロ：高度な信頼関係のもと重大な戦略問題に対しては相互支持
対パ：運命共同体としての関係をさらに強化（2015年4月昇級〈提昇〉）
（出所）各種報道などから筆者作成。

の構築とするということは十分考えられるのではないか。

このところ，伙伴関係の構築が増えてきている。特に，一帯一路関係国との伙伴関係の構築が目立つ。伙伴関係は15種類〔戦略伙伴，全面戦略伙伴，戦略合作伙伴，更加緊密的戦略合作伙伴，全面戦略合作伙伴，全面戦略協作伙伴，全天候戦略合作伙伴，全方位戦略伙伴，合作伙伴，友好合作伙伴，全面合作伙伴，全面友好合作伙伴，全方位友好合作伙伴，友好伙伴，伙伴，第19-1表参照〕ある。どの伙伴関係とするかは，主に，中国と当該国との政治，経済，社会，友好，協力関係が考慮されている。

伙伴関係は，関係がさらに緊密になったり，拡大したりすると再構築される。例えば，韓国とは，現在，"戦略合作伙伴関係"にあるが，これは2003年に構築された全面合作伙伴関係から再構築されたものである。

2015年末時点，米国，日本およびアラビア半島と中南米の一部の国家とは構築されていない（第19-3図の矢印で示されている白色部分）。1998年，江澤民国家主席（当時）が訪日した折，"日中（平和と発展の）友好合作伙伴関係の構築に向け検討したい"との提案があったとされるが，その後，日中関係

第19-3図 "伙伴関係"構築図（2015年12月末時点，矢印は未構築先 種類別にアミ分け）

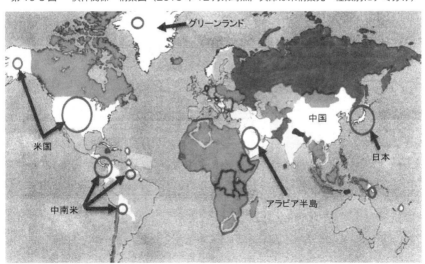

（出所）筆者作成。

が政冷経熱になったことなどもあり，日中伙伴関係は今も構築されていない。

第4節　伙伴関係はFTA構築への入り口

　さて，伙伴関係と一帯一路FTAの関係であるが，中国が国外と締結した初の，そして最大のFTAである中国－ASEAN FTA（ACFTA）を例にとって説明したい。

　2015年11月，ACFTAのアップグレード交渉の成果文書「中華人民共和国とASEANの『ACFTA』およびその一部合意の改正に関する議定書」が署名された。

　同議定書は中国が既存のFTAを基礎として作成したアップグレード文書で，貨物貿易，サービス貿易，投資，経済技術協力などの各分野をカバーしているとされているが，双方の貨物貿易の発展をより一層促進するため，主に，原産地規則と貿易便利化措置のアップグレードを行った。中国は，"議定書の署名により，より密接な中国－ASEAN運命共同体の構築が加速し，2020年までに相互貿易額を1兆ドルに拡大する目標の実現が後押しされるほか，東アジア地域包括的経済連携（RCEP）とアジア太平洋自由貿易圏（FTAAP）の建設も促進される"としている[3]。

　韓国の例にもあるとおり，伙伴関係も再構築される。今後，中国が当該国との伙伴関係を再構築する際，FTA締結を意識した内容を共同声明に織り込むことも提案できる。『FTA意見』で，中国は，"一帯一路FTAを積極推進する"としているが，その具体策として，"伙伴関係の構築を入口にして，その再構築をFTA構築のための出口とする"という出口戦略が考えられるのではないか。

　実際，習主席は，"シン大統領の2014年12月の訪中時に再構築された両国関係（全面戦略伙伴関係）が，今回の訪問によって，シン大統領らエジプトの指導者と両国関係および共通関心事について踏み込んで意見交換することで新局面を切り開くことを期待している"と表明している。エジプトとのFTA締結に向けたロードマップの作成を念頭に置いた発言ともとれる。また，イラン

訪問では，ロウハニ大統領との会談で，両国は全面戦略パートナーを構築し両国関係を新たな段階へと押し上げることで意見の一致をみている。

因みに，中東3国訪問の2カ月後，習近平国家主席はEUの一員であるチェコを訪問，ゼマン大統領との間で，両国関係を戦略伙伴関係に再構築し，新たな段階へ押し上げることで合意している。同合意内容[4]は，伙伴関係の構築を入口に，FTA構築を出口とする中国の対外発展戦略を見る視点を提供しているといえる。

参考までに，伙伴関係の構築を別の視点からみておきたい。第19-2表は，中国と伙伴関係を構築している国・地区を，中国とFTAを構築している国・地区，TPP，RCEP，SCO，BRICS，AIIB別にみたものである。斜体字太字

第19-2表　中国のFTA等地域協力枠組みと伙伴関係（2015年12月末時点）

FTA（中国）	締結済：CEPA，ECFA，ASEAN，シンガポール，ニュージーランド，チリ，ペルー，韓国，パキスタン，アイスランド，オーストラリア，*スイス*，*コスタリカ*， 交渉中：日中韓，スリランカ，RCEP，"ASEAN+1"昇級版，パキスタン"第二段階"海湾合作委員会（GCC），*ノルウェー*， 研究中：インド，イスラエル，コロンビア 研究準備：（5国・地域）：EU，カナダ，BRICS，（一帯一路）
TPP	チリ，ニュージーランド，シンガポール，ブルネイ，ベトナム，オーストラリア，ペルー，マレーシア，カナダ，メキシコ，*米国*，*日本*
RCEP	中国　ASEAN10，韓国，インド，オーストラリア，ニュージーランド，*日本*
SCO	加盟国：中国，ロシア，カザフスタン，タジキスタン，キルギス，ウズベキスタン，インド，パキスタン， オブザーバー国：モンゴル，イラン，アフガニスタン，ベラルーシ， 対話パートナー：スリランカ，トルコ，アゼルバイジャン，アルメニア，カンボジア，ネパール， 加盟申請国：バングラディシュ，モルディブ，エジプト，シリア， 客員参加：トルクメニスタン，ASEAN，CIS，
BRICS	中国　ブラジル，ロシア，インド，南ア，中国
AIIB	中国　オーストラリア，バングラディシュ，ブラジル，カンボジア，デンマーク，フランス，ドイツ，インド，インドネシア，イタリア，カザフスタン，韓国，キルギスタン，ラオス，マレーシア，モルディブ，モンゴル，ミャンマー，ネパール，オランダ，ニュージーランド，ポーランド，ポルトガル，カタール，ロシア，英国，南アフリカ，スペイン，スリランカ，タジキスタン，タイ，トルコ，ウズベキスタン，アラブ首長国連邦，ベトナム，パキスタン，フィリピン，シンガポール，マルタ，ルクセンブルク，アイスランド，スウェーデン，オーストリア，フィンランド，エジプト，ブルネイ，*ノルウェー*，*グルジア*，*アゼルバイジャン*，*サウジアラビア*，*クウェート*，*ヨルダン*，*イラン*，*イスラエル*，*スイス*，*オマーン*，

（出所）筆者作成。

下線付き国が中国と伙伴関係未構築となっている。伙伴関係が地域協力の枠組みのなかに深く広く潜んでいることがわかる。

第5節　一帯一路沿線の地域協力の枠組み

伙伴関係の構築は一帯一路FTAの下地つくりといえるが，一帯一路沿線には，上海協力機構（SCO），BRICS，ロシアが主要メンバーのユーラシア経済連合（EEU），インドが主要メンバーの南アジア地域協力連合（SAARC），湾岸協力会議（GCC），RCEP，日中韓FTA，そして，EUといった地域協力の枠組みがある（第19-4図）。このうち特に注目すべきは，上海協力機構とBRICSである。

前述のロシアのウファでのダブル首脳会議で，インドのSCOへの正式加盟に向けた手続き開始で合意したこと，「一帯」とロシア提唱のユーラシア横断大通路構想との連結で合意したことで，中国は，一帯一路沿線の大国であり，かつ，ライバルでもある2国との協力関係強化の道を手にしたといえる。同時に，欧州への隘路なき通商交易路の確保，欧州との経済交流の時間的縮小およびその拡大に大きく前進したことになる。いうなれば，"手形無しで箱根の関

第19-4図　一帯一路沿線の地域協力枠組み

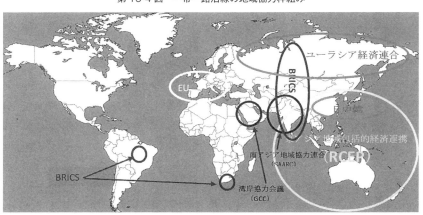

（出所）筆者作成。

所を通って，上方へ行けるようになった"ということである。一帯一路戦略の主目的には，域内の道路，鉄道，港湾などのインフラ整備，直接投資の拡大，そして，EUとの交流の拡大などがあるが，これには，ロシア，インドの2大国との連携強化，意思の疎通，少なくとも，戦略目的の実施に2大国が隘路とならない情況を醸成することが求められるところである。その基盤がウファでのダブル首脳会議で築かれたとみられる。

補足になるが，中国が主導する一帯一路には，第19-4図にはないが，中東欧諸国首脳会議（16+1協力）の枠組み[5]がある。「16+1協力」は，中国とASEANによる「10+1協力」に続き，中国が提案して実現したものである。ASEAN（10国）+1（中国）がACFTAとなったように，「16+1協力」の枠組みが，中・東欧16カ国との既存の伙伴関係を軸に中国－16国FTAに発展する可能性は決して低くない。

第6節　一帯一路戦略は奇貨か

第19-5図は，中国のFTA構築網（締結済，交渉中，研究中，研究準備）である。一帯一路は研究準備となっているが，中国の今後のFTA網の行方は，伙伴関係の構築が大きく影響することは確かである。

2015年には，TPPが大筋合意に達し，中豪FTA，中韓FTAが発効するなど，中国のFTA戦略上，大きな変化があった[6]。2016年は，RCEP，日中韓FTAなどメガFTA構築の行方が焦点となっている。中国の今後のFTA戦略は，次のような対応が考えられるのではないか。

まず，日中韓FTA。日中韓FTAは，アジア太平洋地域における域内の貿易促進効果はTPPより大きく，かつ，TPPの中国への影響を軽減するとの見方をする中国の識者が少なくない。アジア太平洋地域の経済・貿易交流における中国の影響力を維持・向上させる上で，日中韓FTAは最優先となっていると考えられる。

RCEP交渉については，ACFTAの昇級版（アップグレード）の構築を推進するとの視点から，これを積極主導するとの姿勢にある。中国は，RCEPの核

をASEANとしており，2015年11月には，ACFTAのアップグレード交渉の成果文書が署名されている。日中韓FTAとACFTA昇級版の構築をRCEP交渉と同時並行的に進めるが，前2者を先行させたいというのが中国の本音と

第19-5図 中国のFTA構築網（2015年6月時点）

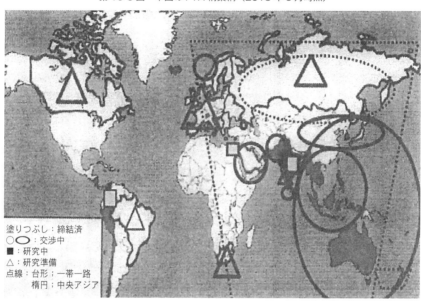

塗りつぶし：締結済
○&○：交渉中
■：研究中
△：研究準備
点線：台形；一帯一路
　　　楕円；中央アジア

（出所）筆者作成。

第19-3表 中国のFTA関係国・地域（2015年12月時点）

・締結済 色塗り表示 （14国・地域）	ASEAN, シンガポール, ニュージーランド, チリ, ペルー, コスタリカ, パキスタン, スイス, アイスランド, 香港／マカオ（CEPA）, 台湾（ECFA）, 韓国, オーストラリア
・交渉中 ○&楕円表示 （7国・地域）	日中韓, スリランカ, 湾岸協力会議（GCC）, ノルウェー, RCEP, "ASEAN+1"昇級版, "パキスタン第二段階"
・研究中 ■表示 （3国・地域）	インド, イスラエル, コロンビア
・研究準備 △表示 （5国・地域）	EU, カナダ, SCO, BRICS, 一帯一路

（出所）筆者作成。

みられる。

　一帯一路戦略についてはすでにみてきたとおりであるが，さらに，TPPの対中圧力を弱める効果と，同戦略の主旨である"合作共贏"（ウインウイン）による運命共同体の構築を強調することで中国のソフトパワー（交流拡大と好感度アップなど）が発揮される効果が期待されていることを補足しておきたい。

　なお，一帯一路戦略については，地域拡大への期待が高まっている。例えば，「一路」ではラテンアメリカ（ブラジル，ペルーなど）が指摘できる。中国はラテンアメリカとの交流に極めて積極的である。中国が一帯一路戦略の柱としているインフラ整備，国際産能合作などとタイアップすることで経済成長効果を期待する現地サイドと一帯一路戦略の空白地帯を埋めようとする中国の思惑が一致したということである。「一帯」においては，BRICSのメンバー国である南アフリカを軸にアフリカとの交流強化が，一帯一路戦略の主旨の下で積極推進されつつある。

　最後に，FTAAPについてであるが，2014年の北京APECでFTAAP構築のためのロードマップが構築されたが，中国にとっては，FTAAPより一帯一路FTAの構築のほうに関心があるとみられる。

　一帯一路FTAの構築に向けた中国の対応は，今後の世界経済の秩序，ルールに大きく影響することは論を待たない。中国には，一帯一路戦略は"世界の公共財"との認識があるが，その背景には，一帯一路戦略に同調する国・地域が着実に増えてきている現実がある。世界経済の発展にとって，一帯一路戦略が，"奇貨"となる可能性は高まっている。

［注］
1）習近平国家主席中東3国訪問時の一帯一路戦略関連発言要旨（一部）
　　○アラブ連盟本部を訪問し，中東，アラブ諸国に向けて重要談話を発表し，中東諸国との実務協力についてのイニシアティブと措置を打ち出す。
　　○イスラム協力機構（OIC）のイヤード事務局長，湾岸協力会議（GCC）のザイヤーニー事務局長とそれぞれ会談し，「一帯一路」の枠組内でイスラム諸国との利益の融合を深化させ，協力強化でウインウインの共同発展を希望する
　　○中東の問題解決において中国が発揮する役割が徐々に明確化している。政治面では，中国は中東の政治秩序再建におけるプラスの力であり，将来の中東の政治の安定・再建のプロセスにお

いて，積極的かつ公正な大国としての役割を果たしていきたいと望んでいる。経済面では，中東諸国とアラブ諸国はいずれも経済の発展と再建を急ぎ必要としており，中国が中東で推進する「一帯一路」は，地域経済の回復と安定に役立つ。
- ○中国側は能力ある企業によるエジプトの大型建設への参加を奨励し支持する。エジプト側とインフラ整備協力を強化し，生産能力協力を引き続き進めたい。
- ○われわれは一帯一路を共同建設し，平和，イノベーション，先導，ガバナンス，融合の行動理念を確立し，中国とアラブという二大民族の復興推進のため，関係をさらに強化する必要がある。中国とアラブが一帯一路を共同構築し，エネルギー協力を主軸，インフラ整備と貿易・投資円滑化を両翼，原子力，宇宙・衛星，新エネルギーの三大ハイテク分野を突破口とする「1+2+3」協力構造はすでに早期収穫を得ており～中略～われわれは今後5年間の肝要な時期をしっかりと捉えて「一帯一路」を共同建設し，中東の平和の建設者，中東の発展の推進者，中東の工業化の推進者，中東の安定の支持者，中東の人心融合の協力パートナーとなる必要がある（習近平国家主席はカイロのアラブ連盟本部での発言）

2）国家発展改革委員会と外交部が実施した調査で，60余カ国が国際産能合作に関心を示し協力の意向にあることが判明したとされる（中国投資 2015年10月号など）
3）人民網（2015年11月24日）
4）中国とチェコとの戦略伙伴の構築における合意内容（主に経済協力分野）の概要は以下のとおり。
- ○一帯一路戦略の枠組みにおいては，政府間の戦略対話メカニズムを構築すること，
- ○一帯一路戦略と両国の発展戦略の協調性を強化すること，
- ○双方の投資における公平・透明性・便宜の提供を確保すること，
- ○市場参入や法規面での問題解決に努力すること，
- ○知的財産権を保護すること，
- ○双方は自動車，航空機，機械等製造における産能協力を強化し，ナノ技術，医薬，バイオ技術などハイテク分野における協力を発展させ，第三国との協力による民生用核エネルギー分野での協力の道を探ること，
- ○中小企業の協力を強化し，第三国との連携を探ること，
- ○金融協力を強化し，平等・互恵のもと支店を開設すること，など。

5）中東欧諸国首脳会議（16+1協力）の概要

主旨	①政治的相互信頼の深化，②経済・貿易分野の実務協力の強化，③人的・文化交流の強化（特に，青年・メディア交流），④中国・欧州関係の発展に対する新たな活力の注入
参加国 （中東欧16カ国）	アルバニア，ボスニア・ヘルツェゴビナ，ブルガリア，クロアチア，チェコ，エストニア，ハンガリー，ラトビア，リトアニア，マケドニア，モンテネグロ，ポーランド，ルーマニア，セルビア，スロバキア，スロベニア 2015年の第4回会議には，オーストリアとギリシャが初めてオブザーバー国として参加 一帯一路の60余カ国の沿線諸国・地区のうち，中欧・東欧諸国は4分の1を占める
第4回会議における李克強総理の指摘（要点）	○中国と中東欧協力は，中国と欧州協力の新たな道を切り開いた。「16+1協力」は拡大し，深化し，経済，貿易，投資，インフラ，金融，観光，教育，農業，人，文化，地方協力など多くの分野をカバーし，日増しに豊かになり，成熟し，参加国およびその国民に恩恵をもたらしている。 ○「16+1協力」は，中国・欧州協力の大局と同時進行し，中国，中東欧諸国およびEUの三者のウィンウィンの実現に尽力し，異なる地域，異なる制度の国との間の実務協力の新たなモデルを踏み出している」 ○「16+1」は，開放・包摂，互恵・ウィンウィンの新型の伙伴関係の構築と6大重点（下記）の実現に共同で尽力することを主目的とする。

	(1) 協力のロードマップを推進する。 (2) 発展戦略を連結し，コネクティビティを強化する。 (3) 産能合作の新たなモデルを構築する。 (4) 投資協力方式を革新する。 (5) 貿易・投資のダブル成長を促進する。 (6) 人的・文化・社会交流を拡大する。

(出所) 人民網日本語版（2015年11月25日）などから作成。

6) 第19-2表にはないが，2015年11月には，中国－シンガポールFTA昇級版の交渉準備が，また，2016年2月，ジョージア（旧グルジア）と同国トビリシで第1回FTA交渉が始まるなど，中国のFTA戦略は新たな展開をみせつつある。

[参考文献]

金立群・林毅夫ほか（2015），『"一帯一路"引領中国』中国文史出版社。

石川幸一・馬田啓一・渡邊頼純（2014），『TPP交渉の論点と日本―国益をめぐる攻防―』文眞堂，第4章。

石川幸一・馬田啓一・高橋俊樹編著（2015），『メガFTA時代の新通商戦略―現状と課題―』文眞堂，第10章。

江原規由（2015a），「中国のFTA戦略の中心へ～一帯一路（シルクロード）FTA構想」『季刊 国際貿易と投資』No. 101，国際貿易投資研究所。

江原規由（2015b），「21世紀海上シルクロード建設の意義とアジア太平洋地域の共同発展」『季刊 国際貿易と投資』No. 99，国際貿易投資研究所。

江原規由（2015c），「中国の新たな発展戦略――帯一路発展戦略と伙伴関係の構築」『Think Asia―アジア理解講座』（霞山会）第6回講演記録。

（江原規由）

第20章

ポストTPPとアジア太平洋のFTA

はじめに

　2016年2月，環太平洋パートナーシップ（TPP）協定の調印が参加12カ国の間で行われた。これによって，アジア太平洋の新たな通商秩序の構築は，今後，TPPを軸に進展しそうである。一方，米主導のTPPに警戒を強める中国も，TPPへの対抗策として，東アジア地域包括的経済連携（RCEP）とそのテコとなる日中韓FTAの実現に向けた動きを強めている。

　アジア太平洋地域におけるメガFTAの潮流をどう読み解くか。米中の角逐が強まる中，TPPとRCEPの関係は補完的か，それとも競争的か。両者が将来，より広範なアジア太平洋自由貿易圏（FTAAP）に収斂する可能性はあるのだろうか。あるとすれば，それはどのような道筋を辿るのか。

　本章では，TPPとRCEPを中心にアジア太平洋の新たな通商秩序の構築に向けたメガFTAの動きを取り上げ，対立が深まる米中関係について鳥瞰したい。

第1節　メガFTAの潮流とTPP

　メガFTA締結が世界の潮流となった。WTO（世界貿易機関）のドーハ・ラウンドが停滞する中で，主要国の通商政策の軸足は広域で多国間のメガFTAに加速的にシフトしている。WTO離れは止まりそうもない。

　TPPをはじめとするメガFTA締結に向けた動きの背景には，加速するサプライチェーン（供給網）のグローバル化がある。企業による生産拠点の海外

移転が進むなか，今や原材料の調達から生産と販売まで，グローバル・サプライチェーンの効率化が企業の競争力を左右する。これが21世紀型貿易の特徴である[1]。企業の国際生産ネットワークの結びつきを妨げる政策や制度は，すべて貿易障壁となった。ルールの重点は，関税のような国境措置（on the border）から国内措置（behind the border）へシフトしている。

他方，サプライチェーンのグローバル化に伴い，二国間FTAの限界も明らかとなった。二国間FTAでは，サプライチェーンが展開される国の一部しかカバーされない。サプライチェーンをカバーするために複数の二国間FTAを締結しても，FTAごとにルール（例えば，原産地規則）が異なれば，企業にとっては煩雑で使い勝手が悪いものとなる。

サプライチェーン全体をカバーするには，メガFTAが必要だ。域内産と認定し関税をゼロにする条件を定めた「原産地規則」が，メガFTAによって統一され，かつ，現地調達比率において域内での「累積方式」が認められれば，原産地証明がかなり容易となる。グローバルなサプライチェーンの効率化という点からみると，メガFTAによって「地域主義のマルチ化」が進み，ルールが収斂・統一されていくことのメリットは大きい。

このように，企業による国際生産ネットワークの拡大とそのサプライチェーンのグローバル化に伴い，これまでの枠を超えた21世紀型の貿易ルールが求められている。そのルールづくりの主役はWTOでなく，メガFTAである。新通商秩序の力学は，TPP，RCEP，日中韓FTA，日欧FTA，さらに米欧間のTTIP（環大西洋貿易投資パートナーシップ）などのメガFTAを中心に動き始めている。

そうした中，メガFTA交渉のうち最も先行しているのがTPPである。交渉を主導した米国は，TPPを「21世紀型のFTA」と位置付けて，高いレベルの包括的なFTAを目指した。TPP交渉は，関税撤廃よりも，非関税障壁の撤廃につながる「WTOプラス」のルールづくりに大きな意義を見出すことができる。

TPP交渉の対象21分野（条文は全30章から成る）には，米国が特に重視した投資，知的財産権，国有企業，政府調達，環境，労働などのほか，従来のFTAにはない分野横断的事項（中小企業，規制の整合性など）も盛り込まれ

た。

第2節　土壇場のTPP交渉妥結

　妥結か漂流か，その行方が注目されたTPP交渉が，2015年10月，米アトランタでの閣僚会合で大筋合意に達した。5年半ぶりの決着である。最後まで難航した分野は，物品市場アクセス（関税撤廃），知的財産権，国有企業，投資など，各国の国内事情で譲歩が難しいセンシティブなものばかりであった。

　TPP交渉の潮目が変わったのは，2014年11月の米議会中間選挙後である。上下両院とも自由貿易に前向きな野党の共和党が勝利したことで，レームダック（死に体）に陥りそうなオバマ政権であるが，皮肉にも，TPPに後ろ向きな与党民主党に代わって共和党の協力を取り付けた。

　TPP交渉に不可欠とされた通商交渉の権限を大統領に委ねるTPA（貿易促進権限）法案を，2015年6月下旬に上下両院とも薄氷の採決であったが可決，成立させた。これによりTPP交渉の合意内容が米議会によって修正される恐れがなくなり，交渉参加国は最後のカードを切ることができるようになった。

　TPA法案の成立を追い風に，農産物5項目（コメ，麦，砂糖，牛・豚肉，乳製品）と自動車で難航した日米関税協議も決着の見通しがつき，TPP交渉妥結への機運が高まるなか，2015年7月下旬，参加12カ国はハワイで閣僚会合を開き，大筋合意を目指した。しかし，想定外の「伏兵」の登場で，医薬品のデータ保護期間や乳製品の関税撤廃などをめぐり参加国間の溝は埋まらず，交渉は物別れに終わった[2]。

　しかし，米国の政治日程を考えれば，2016年の米大統領選の予備選が本格化する前に，TPP交渉を決着させる必要があった。レガシー（政治的業績）が欲しいオバマ大統領にとっては，アトランタ閣僚会合が最後のチャンスであった。

　漂流の懸念も高まるなか，TPP交渉は，医薬品データの保護と乳製品の関税に加え，自動車・部品の原産地規則をめぐって縺れに縺れたが，度重なる日程延長の末，土壇場で大筋合意にこぎつけた。TPP交渉が漂流すれば，中国

が一帯一路構想とアジアインフラ投資銀行（AIIB）をテコにアジア太平洋地域の覇権争いで勢い付いてしまうとの警戒心が，米国を大筋合意へと突き動かした。

参加国は大筋合意を受けて，TPP 協定の発効に向けた国内手続きに入ったが，米議会の対応に焦点が集まっている。オバマ大統領はできるだけ早くTPP 法案の議会審議に入りたい考えだ。しかし，共和党の一部からは米政府が譲歩し過ぎたと不満が出ており，TPP 法案が議会に提出されれば大統領選への影響も避けられない。このため，法案の審議入りを選挙後に先延ばしする案も浮上するなど，TPP 法案の議会審議の行方は予断を許さない[3]。

第 3 節　中国は TPP に参加するか

TPP が大筋合意したことに中国が焦らない筈はない。米国はポスト TPP を睨み，将来的には中国も含めて TPP 参加国を APEC 全体に広げ，FTAAP を実現しようとしている。投資や競争政策，知的財産権，政府調達などで問題の多い中国に対して，TPP への参加条件として，政府が国有企業を通じて市場に介入する「国家資本主義」[4]からの転換とルール遵守を迫るというのが，米国の描くシナリオである。

もちろん，中国がハードルの高い TPP に今すぐ参加する可能性は低い。しかし，韓国，台湾，タイ，フィリピン，インドネシアなど，APEC 加盟国が次々と TPP に参加し，中国の孤立が現実味を帯びるようになれば，中国は参加を決断するだろう。TPP への不参加が中国に及ぼす不利益（貿易転換効果と呼ぶ）を無視できないからだ。しかも，第 20-1 表が示すように，FTAAPの実現によって最も大きな利益を受けるのは，皮肉にもこれを提唱した米国ではなく中国なのである。

2013 年 9 月上海に設立された「中国自由貿易試験区」は，中国が選択肢の一つとして将来の TPP 参加の可能性を強く意識し始めていることの表れだろう[5]。さらに，2008 年から交渉中で最終合意が近いとされる米中投資協定（BIT）も，中国にとっては TPP 参加のための布石と言える。米国がどこまで

第 20-1 表　TPP, RCEP, FTAAP の経済効果

(2025 年の GDP 増加額，カッコ内は増加率，単位 10 億ドル，%，07 年基準)

	TPP12	TPP16	RCEP	FTAAP
米国	76.6 (0.38)	108.2 (0.53)	-0.1 (0.00)	295.2 (1.46)
日本	104.6 (1.96)	128.8 (2.41)	95.8 (1.79)	227.9 (4.27)
中国	-34.8 (-0.20)	-82.4 (-0.48)	249.7 (1.45)	699.9 (4.06)
韓国	-2.8 (-0.13)	50.2 (2.37)	82.0 (3.87)	131.8 (6.23)
ASEAN	62.2 (1.67)	217.8 (5.86)	77.5 (2.08)	230.7 (6.20)
シンガポール	7.9 (1.90)	12.3 (2.97)	2.4 (0.58)	18.1 (4.37)
ベトナム	35.7 (10.52)	48.7 (14.34)	17.3 (5.10)	75.3 (22.15)
マレーシア	24.2 (5.61)	30.1 (6.98)	14.2 (3.29)	43.5 (10.09)
タイ	-2.4 (-0.44)	42.5 (7.61)	15.5 (2.79)	30.0 (5.38)
フィリピン	-0.8 (-0.24)	22.1 (6.88)	7.6 (2.35)	17.4 (5.42)
インドネシア	-2.2 (-0.14)	62.2 (4.02)	17.7 (1.14)	41.3 (2.67)
豪州	6.6 (0.46)	9.8 (0.68)	19.8 (1.38)	30.1 (2.10)
NZ	4.1 (2.02)	4.7 (2.36)	1.9 (0.92)	6.4 (3.16)
インド	-2.7 (-0.05)	-6.9 (-0.13)	91.3 (1.74)	226.2 (4.32)

(注) TPP12 は現在の交渉参加国，TPP16 は韓国，タイ，フィリピン，インドネシアが参加。
(出所) Petri, P. A. and M. G. Plummer (2014), *ASEAN Centrality and ASEAN-US Economic Relationship*, East-West Center より筆者作成。

譲歩するのか，BIT を通じて探りを入れているように見える。

第 4 節　TPP と RCEP をめぐる米中の角逐

しかし，その一方で，TPP による中国包囲網の形成に警戒を強める中国は，対抗策として RCEP の実現に動いている。RCEP は TPP に比べると自由化のレベルは低いが，中国やインドを含むルールづくりの枠組みとして大きな意義を持つ。ASEAN 経済共同体 (AEC) や日中韓 FTA の交渉とも連動しながら，RCEP の交渉が行われている。

2011 年 11 月の ASEAN 首脳会議で ASEAN が打ち出したのが，RCEP 構想である。ASEAN は，同年 8 月の日中共同提案を受けて，膠着状態にあった ASEAN+3 と ASEAN+6 の 2 構想を RCEP に収斂させ，ASEAN 主導で東アジア広域 FTA の交渉を進めようとしている。

中国は，そうした ASEAN の野心を承知の上で，ASEAN を RCEP の議長

に据え，ASEAN+6の枠組みにも柔軟な姿勢をみせた。米国が「アジア回帰」を打ち出し，安全保障と経済の両面でアジア太平洋地域への関与を強める中で，米国に対抗するにはASEANを自陣営につなぎ留めておくことが欠かせないと考えたからだ。もちろん，中国の本音は，黒子としてRCEPの操縦桿を握るつもりである。

2012年11月の東アジアサミットで，RCEPの交渉開始が合意された。これを受けて，RCEP交渉は2013年5月に開始，2015年末までの妥結を目指した。しかし，RCEPは同床異夢の感が拭えず，関税撤廃も自由化率の目標設定という入口で躓くなど，交渉はまだまだ紆余曲折がありそうだ[6]。

米中の角逐が強まる中で，TPPとRCEPの動きが同時並行的に進行しつつ

第20-1図　アジア太平洋地域における経済連携の重層関係

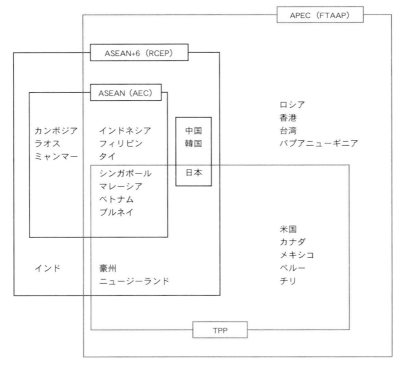

（資料）筆者作成。

あるが，注意しなければならない点は，その背景に「市場経済対国家資本主義」という対立の構図が存在していることである。中国は，TPP交渉を横目で見ながら，国家資本主義の体制を維持しながらRCEPの交渉を進めようとしている。

第5節　ASEANの憂鬱：TPPは危険な誘惑か

　補完的かそれとも競争（代替）的か，米国内ではTPPとRCEPの関係に注目が集まっている。今後のTPP拡大にとってASEAN諸国の参加は必要条件だが，RCEPを警戒する見方は米産業界に多い。RCEPがTPPと比べ参加国に求める自由化レベルが低いため，ASEAN諸国がTPPよりも楽なRCEPの方に流れてしまうのではないかと懸念している。このため，米国では，中国包囲網の完成のためTPPへのASEAN諸国の取り込み（一本釣り）に腐心している[7]。TPPへの誘惑はASEANにとって危険か。

　ASEANは，「ASEAN中心性（centrality）」を確保することによって，東アジア広域FTAの中にASEANが埋没しないようにしてきた。AECの実現を打ち出す一方，「ASEAN+1」FTAを周辺6カ国との間で締結したのも，ハブ＆スポーク・システムのハブ（軸）としての地位を固めることによって，東アジア広域FTAの構築においてASEANが「運転席に座る」ことを目指したためであった。

　ところが，TPPの浮上によって，経済連携の力学が大きく変わりつつある。広域FTAの重心が東アジアからアジア太平洋地域にシフトし，米国主導の流れが強まっている。このため，TPPの実現で経済連携の主導権を米国に奪われ，ASEANは「周辺化」してしまうのではないかと警戒し始めている。

　さらに，ASEAN諸国の一部によるTPP参加で，ASEANの求心力が弱まると危惧する声も上がっている。ASEANではすでにシンガポール，ブルネイ，ベトナム，マレーシアがTPPに参加しているが，TPP大筋合意後，タイやフィリピン，インドネシアも参加の意思を表明した。ASEAN諸国のTPP参加は，対米輸出における自由化のメリットや，生産ネットワークを拡げる外

国企業の誘致のほか，対中依存からの脱却，米国との関係強化といった政治的理由も背景にある。

他方，APEC に加盟していないミャンマー，ラオス，カンボジアは，すべての TPP 参加国が APEC 非加盟国の参加を認めなければ TPP に参加できない。ASEAN 事務局は，TPP によって ASEAN が参加組と非参加組に二分されることの影響を懸念している。

このため，ASEAN 中心性の崩壊と求心力の低下を恐れた ASEAN は，2015年末の AEC 発足に向けた取組みを強化するとともに，東アジアの広域 FTA として自らが主導する RCEP を提案した。RCEP には ASEAN10 カ国が全部揃って参加する。

第 6 節　APEC の新たな争点：FTAAP への道筋

APEC は，2010 年の首脳宣言「横浜ビジョン」によって将来的に FTAAP の実現を目指すことで一致しているが，TPP ルートかそれとも RCEP ルートか，さらに，両ルートが融合する可能性があるのか否か，FTAAP への具体的な道筋についてはいまだ明らかでない。

このため，2014 年 11 月の APEC 北京会合では，FTAAP 実現に向けた APEC の貢献のための「北京ロードマップ」策定が主要課題となった[8]。議長国の中国は，首脳宣言に FTAAP 実現の目標時期を 2025 年と明記し，具体化に向けた作業部会の設置も盛り込むよう主張した。

しかし，FTAAP を TPP の延長線に捉えている日米などが TPP 交渉への影響を懸念し強く反対したため，FTAAP の「可能な限り早期」の実現を目指すと明記するにとどまり，具体的な目標時期の設定は見送られた。

他方，作業部会については，TPP や RCEP など複数の経済連携を踏まえ FTAAP への望ましい道筋についてフィージビリティ・スタディ（実現可能性の研究）を行い，その成果を 2016 年末までに報告することとなった[9]。ただし，研究報告の後すぐに APEC 加盟国が FTAAP 交渉に入るわけではない。研究とその後の交渉は別というのが，日米の立場である。

習近平国家首席は，北京ロードマップを「歴史的一歩」と自賛した。しかし，米国の横車によって，ロードマップはすっかり骨抜きにされた感は否めない。FTAAPのロードマップ策定についての提案は，中国の焦りの裏返しと見ることができる。TPP交渉に揺さぶりをかけるのが真の狙いだったようだ。TPP交渉が妥結すれば，FTAAP実現の主導権を米国に握られ，中国は孤立する恐れもある。そこで，TPP参加が難しい中国は，TPP以外の選択肢もあることを示し，ASEANの「TPP離れ」を誘うなど，TPPを牽制した。

FTAAPへの具体的な道筋について，中国としては米国が参加していないRCEPルートをFTAAP実現のベースにしたいのが本音だ。どのルートかでFTAAPのあり方も変わってくる。中国がFTAAP実現を主導するかぎり，国家資本主義と相容れない高いレベルの包括的なメガFTAは望めそうもない。

第7節　一帯一路構想とAIIB：中国のもう一つの狙い

APEC北京会合以降の中国の動きを見ると，対外戦略の重点は，FTAAP実現の主導性確保よりも「一帯一路構想」に移っている。中国が提唱する一帯一路の構想とは，現代版シルクロードと呼ばれ，中国から中央アジアを経由して欧州につながる「シルクロード経済ベルト」と，東南アジアやインド洋を経由する「21世紀海上シルクロード」の二つで構成され，前者を一帯（one belt），後者を一路（one road）と呼ぶ。

中国の狙いは，アジアから欧州に至る広大な地域の覇権を握ることにあるが，一帯一路構想は，少なくとも現時点では，TPPのように明確なルールや規定を持った経済連携とは異なり，具体性を欠いた「曖昧なビジョン」にとどまっている。

しかし，米国は，中国がこの構想をTPPに対抗する新たな手段に位置付けていることに警戒を強めている。なぜなら，一帯一路の東方拡大，すなわち，RCEPをベースにアジア太平洋地域にまで拡がる可能性があるからだ。実際，習近平国家主席はAPEC北京会合で「亜太夢（Asia-Pacific Dream）」を掲げ，APECの加盟国と協力して一帯一路の建設を推進していきたいと呼びか

けた。

　さらには，2013年6月の米中首脳会談で，習近平国家主席が「太平洋は米中を収納するのに十分な大きさだ」と語り，アジア太平洋地域を米中両国で分割統治しようと暗に持ちかけたことも，オバマ大統領は忘れていない。だからこそ，オバマ大統領はTPP大筋合意直後の声明で，「中国にはルールをつくらせない」と，アジア太平洋地域のルールづくりを主導した意義を強調し，中国を強く牽制したのである。中国にはアジア太平洋地域の主導権を譲るつもりも，分かち合うつもりも毛頭ない。

　一方，一帯一路構想の資金源として，目下注目を集めているのがAIIBである。創設メンバーに57カ国が参加，2015年6月に設立協定を結び，16年1月，本格的に業務を開始した。AIIBについては，「中国による中国のための中国の銀行」だとして懐疑論も多い。米国がAIIBの問題点として批判しているのは，組織の運営に関わるガバナンスの問題である。世銀やADBとは異なり，本部に常駐の理事を置くことなく運営するとしている。常設理事会なしで運営のチェックができるのか。インフラ融資の優先度に関して合理的な判断ができるかは怪しい。

　FTAAPの実現を睨みながら，アジア太平洋における経済連携の動きは，米中による陣取り合戦の様相を呈している。FTAAPへの道筋については，21世紀型のFTAとされるTPPにRCEPが吸収される形が最も有効かつ現実的だろう。TPPとRCEPの両方に参加している国は日本を含め7カ国だが，RCEPの中からTPPにも参加する国は今後さらに増える見通しである。そのカギを握るのがRCEPの議長であるASEANだ。

　米国によるASEANの取り込みが活発化する中で[10]，中国は一帯一路構想とAIIBによるインフラ開発を餌にして，ASEANを引き留めようとしている。米国によるAIIBのガバナンス批判は，今後益々強まりそうだ。

第8節　日本の役割：アジア太平洋の懸け橋

　2015年11月マニラでAPEC首脳会議が開催された。「北京ロードマップ」

の採択からちょうど1年，TPPかRCEPか，FTAAPへの道筋をめぐる米中の主導権争いが再び繰り広げられた。

首脳宣言ではFTAAP実現に向けた取り組みの強化が確認されたものの，TPP大筋合意によるTPP参加の流れを止めたい中国が，TPPの文言を盛り込むことに反対，その是非をめぐり激しい応酬があった。結局，「TPP交渉の大筋合意を含む域内FTAの進展と，RCEP交渉の早期妥結を促す」といったTPPとRCEPの両方に言及する形で決着した。

FTAAPの実現を視野に入れながら，当面はTPPとRCEPの二つのメガFTAがしのぎを削る形となろう[11]。FTAAP構想をめぐり米中が対立する中で，日本はどのように対応すべきか。

まず，中国をTPPから締め出すことのないように気をつけなければならない。中国がTPPに参加しない場合には，米中の間に緊張が生まれ，安全保障上のリスクも高まることが懸念される。中国をどのようにTPPに取り込むかが大きな課題だ。TPP参加のドミノ効果で外堀を埋めるしかない。

また，地政学的なリスクだけでなく，グローバルなサプライチェーンの効率化を進める日本企業にとっても，TPPとRCEPとの間で各分野のルールが異なるというのでは困る。太めの麺が絡むような「スパゲティ・ボウル」と呼ばれる貿易システムの分極化は放置できない。TPPとRCEPの間でルールの調和が不可欠である。

FTAAPのインキュベーター（孵卵器）であるAPECをその調整の場として活用することは可能である[12]。日本は，アジア太平洋地域において重層的な経済連携を展開している。APECにおいてTPPをひな型にして分野ごとにルールの調和を図り，それを通じてTPPとRCEPをFTAAPに収斂させることができる立場にある。日本は「アジア太平洋の懸け橋」としての役割を目指すべきだ。

TPPとRCEPが融合してFTAAPが実現すれば，サプライチェーンの効率化と国際生産ネットワークの拡大が進み，アジア太平洋地域に新たな成長力が生まれる。日本に求められているのは，アジア太平洋地域における新たな通商秩序の構築に向けてイニシアティブを発揮することである。

[注]
1) Baldwin (2011).
2) 誤算は，ニュージーランドが医薬品での譲歩と引き換えに，日米やカナダに乳製品の大幅な輸入拡大を要求し，強硬姿勢を崩さなかったことだ。
3) 上院共和党のマコネル院内総務は，ワシントンポスト紙とのインタビューで，米大統領選前にTPP法案の承認はしないとの考えを示した。「日本経済新聞」2015年12月12日付。
4) 市場原理を導入しつつも，政府が国有企業を通じて積極的に市場に介入するのが国家資本主義。米国は，中国政府が自国の国有企業に民間企業よりも有利な競争条件を与え，公正な競争を阻害していると厳しく批判している。
5) 自由貿易試験区は2015年には広東省，福建省，天津市など4カ所に拡大している。
6) 一時，自由化に消極的なインドを外す先行合意案も浮上した。
7) ASEANのTPP参加を促すための支援の枠組みとして，2012年11月，米ASEAN首脳会議で，米・ASEAN拡大経済対話 (Expanded Economic Engagement) イニシアティブ（別名，E3イニシアティブ）が採択された。
8) APEC (2014).
9) 2016年のAPECペルー会合でFTAAPに関する研究成果が報告されるが，米中が共同議長を務めるような報告書に，明確な道筋の提示は期待できないだろう。
10) 2016年2月に米国カリフォルニアで米ASEAN首脳会議を開催したが，オバマ政権にはTPPにASEANの非参加組を取り込む狙いもあった。
11) Petri and Plummer (2012) は，今後，FTAAPの雛型となるルールをめぐるTPPとRCEPの競争 (contest of templates) が激しくなると見ている。
12) 山澤 (2012) は，FTAAPへのロードマップにおいてTPPとRCEPを収斂させるためにAPECが果たしうる役割を強調している。

[参考文献]
石川幸一・馬田啓一・国際貿易投資研究会編著 (2015), 『FTA戦略の潮流：課題と展望』文眞堂。
馬田啓一 (2013), 「TPPと新たな通商秩序：変わる力学」石川幸一・馬田啓一・木村福成・渡邊頼純編著『TPPと日本の決断』文眞堂。
馬田啓一 (2014), 「TPP交渉とアジア太平洋の通商秩序」日本国際問題研究所『国際問題』No. 632。
馬田啓一 (2015a), 「TPPとアジア太平洋の新通商秩序：課題と展望」石川幸一・馬田啓一・高橋俊樹編著『メガFTA時代の新通商戦略：現状と課題』文眞堂。
馬田啓一 (2015b), 「ポストTPPの米中関係と世界経済秩序の行方」国際貿易投資研究所『フラッシュ』No. 253。
木村福成 (2012), 「TPPと21世紀型地域主義」馬田啓一・浦田秀次郎・木村福成編著『日本のTPP戦略：課題と展望』文眞堂。
菅原淳一 (2013), 「アジア太平洋の経済統合とTPP」山澤逸平・馬田啓一・国際貿易投資研究会編著『アジア太平洋の新通商秩序：TPPと東アジアの経済連携』勁草書房。
山澤逸平 (2012), 「APECの新自由化プログラムとFTAAP」山澤逸平・馬田啓一編著『通商政策の潮流と日本』勁草書房。
渡邊頼純 (2014), 「メガFTAの潮流と日本の対応」石川幸一・馬田啓一・渡邊頼純編著『TPP交渉の論点と日本』文眞堂。
APEC (2010), *Pathways to FTAAP*, 14 November 2010.（外務省「FTAAPへの道筋」2010年11月14日）
APEC (2014), *The Beijing Roadmap for APEC's Contribution to the Realization of the FTAAP*.（外務省「FTAAPの実現に向けたAPECの貢献のための北京ロードマップ」2014年11月11日）

Baldwin, R. (2011), "21st Century Regionalism: Filling the Gap between 21st Century Trade and the 20th Century Rules," Centre for Economic Policy Research, *Policy Insight*, No. 56.
Petri, A. P. and M. G. Plummer (2012), "The Trans-Pacific Partnership and Asia-pacific Integration: Policy Implications," Peterson Institute for International Economics, Policy Brief, No. PB12-16, June.

(馬田啓一)

第21章

TPP ルールと WTO

はじめに

　ポスト TPP の通商秩序を構想するに当たっては，1990年代以降に世界貿易・投資のガバナンス構造[1]に生じた変化を踏まえる必要がある。今日の世界貿易・投資ガバナンスの基本的な枠組は第二次世界大戦後にブレトンウッズ・ガット体制として構築された。それから70年を経て，世界貿易・投資ガバナンスの構造に大きな変化が生じつつある。WTO ではガットの時代と比べ加盟国の構成が変化し，新興国の発言力が増した。このため，2001年に開始された多角的貿易交渉（ドーハ開発アジェンダ）は長期にわたって停滞している。他方で，主要貿易国は二国間あるいは複数国間の自由貿易協定（FTA）と二国間の投資協定（BIT）の交渉に通商政策の軸足を移した。中でも，TPP を初めとする広域 FTA は21世紀の世界貿易・投資ガバナンスに必要な多くのルールを盛り込んでいる。ポスト TPP の通商秩序構想では，TPP ルールをWTO に移植し，WTO の制度的なインフラストラクチャーを活用してルールの普遍的な実施を目指すことが重要な課題となる。本章は，この課題達成のためにいかなる方策が必要か，そして，日本はこの課題達成のためにいかなる貢献ができるかを検討する。以下ではまず，世界貿易・投資ガバナンスに生じつつある構造変化を説明し，次いで，構造変化を促した要因を分析する。最後に，世界貿易・投資ガバナンスの構造変化を踏まえて，TPP ルールを WTO に移植し，WTO を再活性化するための方策とその課題をまとめる。

第1節　WTOの機能不全

第二次世界大戦後の通商秩序の構想を主導した米英は，貿易，完全雇用，経済開発，制限的商慣行の規制などをカバーする国際貿易機関（International Trade Organization：ITO）の設立を提唱したが，国内産業保護政策に対する制約を嫌った米国議会がITO憲章の批准を拒否したことなどのため，ITOは挫折した。代わって成立したガット（関税と貿易に関する一般協定）は，永続的な国際機関としての制度的基盤を欠いていたものの，累次の関税引下げ交渉（ラウンド）を通じて貿易の自由化を推進し，ケネディ・ラウンド以降は非関税障壁である基準・認証制度の規律や貿易救済措置の規律にも踏み込んだ。ウルグアイ・ラウンドはサービス貿易の自由化，知的財産権の保護も交渉対象に加え，交渉の結果1995年にWTOが発足した（第21-1図参照）。

WTO設立協定第3条が掲げたWTOの任務は以下の5つである。第1に，WTO諸協定の実施・運用。第2に，対象事項に関する加盟国の交渉の場の提供。第3に，加盟国間の紛争解決。第4に，貿易政策検討制度の運用。第5に，IMF，世界銀行との協力。設立以来21年，交渉の場を提供するという任務を除けば，WTOはこれらの任務をよく果たしてきた。WTO諸協定の実施

第21-1図　多角的貿易体制の発展　GATTからWTOへ

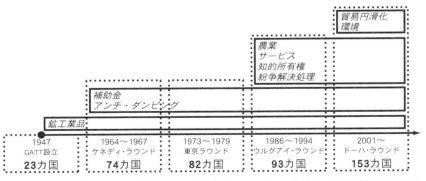

（出所）外務省「わかる！国際情勢　Vol.5 WTOドーハ・ラウンド交渉～自由貿易体制の共通インフラ強化～」[http://www.mofa.go.jp/mofaj/press/pr/wakaru/topics/vol5/]。

と運用に当たって重要な役割を果たしているのは，個々の協定毎に設けられ，すべての加盟国が参加できる委員会，理事会などの機関，そしてこれらの機関の活動を支える WTO 事務局である。これらの機関は，対象とする協定の加盟国による実施状況をモニターし，協定の実施をめぐる加盟国間の論議の場を提供するプラットフォームとして機能している[2]。WTO の紛争解決手続はガットの紛争解決手続に比べると司法化の方向で改善された。紛争解決小委員会（パネル）の設置や小委員会報告，上級委員会報告の採択に当たってネガティブ・コンセンサス方式が採用され，実際上これらの手続が自動化された。上級委員会が設置され，上訴審として機能することになった。WTO の紛争解決手続はよく利用されており，2016 年 3 月末現在でこの手続に付託された紛争案件の総数は 504 件に上る[3]。貿易政策検討制度は加盟国の貿易政策一般について定期的に審査する仕組みである。貿易政策の透明性の向上と他国の貿易政策に対する加盟国の理解を深め，多角的な貿易体制の円滑な機能を促している[4]。2008 年のリーマンショックをきっかけとする世界金融危機に際しては，加盟国が危機対応のために保護主義的な措置を発動することに対する懸念が生まれた。これに対処するため，WTO は加盟国による保護主義的な措置の発動状況のモニタリングを始めるとともに，OECD（経済協力開発機構），UNCTAD（国連貿易開発機関）と協力して G20 を構成する加盟国による保護主義的な措置の発動状況のモニタリングを始めた。これは WTO が当初予定していた任務ではないが，世界金融危機への対処として取り組んだ新たなモニタリングの任務である[5]。最後に，IMF，世界銀行との協力について，WTO は設立後にこれらの機関と協定を締結し，互いに会議にオブザーバーとして参加すること，情報を交換することなどの協力関係を結んだ。

　これに対して，加盟国の交渉の場を提供するという任務について，WTO は重大な欠陥を露呈している。2001 年 11 月に開始された WTO の最初の多角的貿易交渉であるドーハ開発アジェンダは，開始から 14 年余り経ったが長く停滞しており，妥結の見通しは立っていない。この間，2013 年 12 月には貿易円滑化協定の交渉がようやくまとまり，この協定は現在加盟国による批准手続に委ねられている[6]。2015 年 12 月の第 10 回閣僚会議（ナイロビ）では途上加盟国による農産物特別セーフガードメカニズム，農産物輸出補助金の削減を含

む輸出競争，後発途上国（LDC）特恵原産地規則など，いくつかの交渉テーマについて合意が得られたものの[7]，主要な交渉テーマである農産物貿易自由化，非農産物貿易自由化（NAMA），サービス貿易自由化やWTOルールなどについての交渉は停滞したままである。

　ドーハ開発アジェンダが長期にわたって停滞するに至った最大の原因は，ガットの時代とは加盟国のパワーバランスが変化したことである。ガットの時代は主要先進国（米国，EU，日本，カナダ）が合意すればその内容をコンセンサスで採択して多角的貿易交渉を取りまとめることができた。しかし，WTOでは途上加盟国，特に新興国の発言力が増大した。米国，EUに加えてインド，中国，ブラジルが合意しない限りコンセンサスによる交渉の妥結は望めなくなっている。交渉テーマの多くについて米国・EUとこれらの有力な新興国の立場が対立し，交渉が行き詰まった。2015年12月の閣僚会議では，ドーハ交渉の終了を宣言しようとする先進国とこれに反対する新興国・途上国の立場が対立し，閣僚宣言はドーハ交渉の終了と継続の両論を併記することになった[8]。

第2節　FTAとBITの急増

　ドーハ交渉が長期にわたり停滞する中で，主要貿易国はFTAとBITを通じた貿易・投資の自由化・円滑化とルール形成に通商政策の軸足を移している。第21-2図は発効済みのFTAの数の推移をまとめたものである。

　1990年代以降FTAの数が急増した。同様に，BITの数も1990年代以降に急増した[9]。WTOのドーハ交渉がスタートする以前，さらに言えばWTOが発足する前からこの傾向が始まっていたことが重要である。その背景を探る上で見落とせないのはFTAの内容である。第21-3図に1990年から2011年にかけて締結された90のFTAの内容を掲げた。図中でWTO＋はWTO協定の規律対象についてFTAが追加的な規律を設ける場合を，WTO-XはWTO協定の規律対象外の事項についてFTAが規律を設ける場合を指す。法的拘束力がある規定で協定の紛争解決手続の適用がある場合を1，適用がない場合を

第21章　TPPルールとWTO　　291

0.5として集計した。

このデータから明らかなように，最近のFTAはWTOよりも高水準・広範

第21-2図　発効済みのFTAの推移

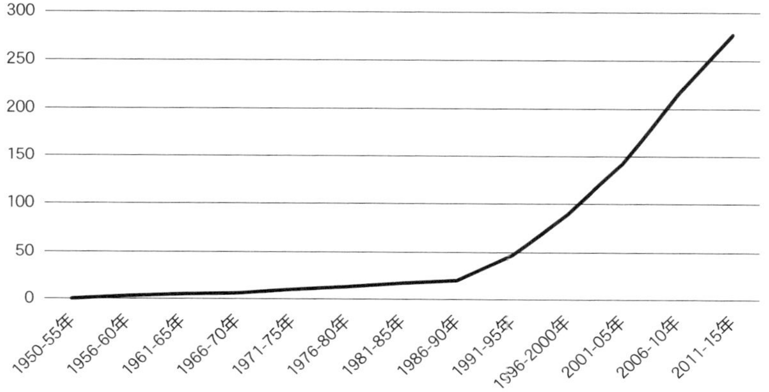

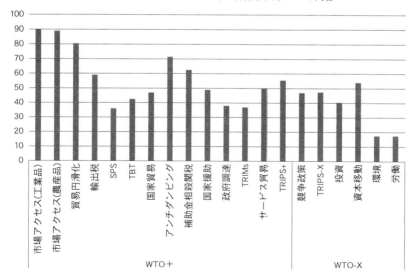

(出所) JETRO「世界と日本のFTA一覧」2015年11月に基づいて作成。

第21-3図　1990年～2011年に締結されたFTAの内容

(出所) WTO, Updated dataset on the content of PTAs [https://www.wto.org/english/res_e/publications_e/wtr11_dataset_e.htm] に基づいて作成。

囲の規律を盛り込むようになっている。全体として見れば，最近の FTA は締約国の企業が貿易・投資に従事する際の競争条件や規制環境の改善と整備，言い換えれば「深い統合（deep integration）[10]」を目指している。このことは，1990 年代以降に投資の自由化と投資の保護を目的とする BIT の数が急増していることとも符合する。

第3節　サプライチェーン（供給網）のグローバル化

　1990 年代以降，深い統合を目指す FTA や BIT が急増したのはなぜか。これを理解する鍵は 1990 年代以降に産品やサービスの調達から生産，流通に至る工程が最適立地に応じて国境を越えて展開するサプライチェーン（供給網）のグローバル化が急速に進行したことである[11]。その技術的な背景として，情報通信技術や輸送技術の革新により，各工程間の通信費用や輸送費用が大幅に下がったことがある。重要なことは，供給網のグローバル化に必要な政策手段が伝統的な国際分業の場合と異なることである。伝統的な国際分業で求められるのは生産された産品を消費国に輸送して販売する際の政策的な障壁を引き下げることである。これは主に関税や非関税障壁の削減を通じて達成される。これに対して，供給網のグローバル化では供給網の最適立地と効率的な運営を可能とする政策環境の実現が求められる。木村福成の整理に倣って，これを① 各工程をつなぐサービスリンク費用の削減に関わる政策，② 各工程の生産費用の削減に関わる政策に分類して整理した（第 21-1 表）。

　この表から明らかなように，供給網のグローバル化のためには，貿易自由化・円滑化や知的財産権保護など，WTO がカバーする分野の政策だけでなく，投資の自由化・円滑化，資本移動の自由の保証，企業活動に関わる広範囲の規制・制度（民法，会社法，証券取引法，倒産法，民事訴訟法，労働法，環境法，業態別の規制など）の調和や透明性の向上，さらに人的資源開発や産業集積の形成など，広範囲の政策が求められる。これらの中には，人的資源開発や産業集積の形成のように，各国が独自に実施すべき政策も含まれるが，投資の自由化・円滑化，規制・制度の調和など，国際協定上の約束・ルールを通じ

第 21-1 表　供給網のグローバル化に必要な政策

①サービスリンク費用の削減に関わる政策	<u>関税撤廃</u>, <u>貿易円滑化</u>, ロジスティクスのインフラ整備, <u>商用関係者の移動の自由化・円滑化</u>, <u>電子商取引の自由化</u>, <u>資本移動の自由の保証</u>, <u>規制・制度の調和</u>
②各工程の生産費用の削減に関わる政策	税制, 人的資源開発, 製造・輸送・流通関連インフラの整備, <u>金融などの生産支持サービスの充実</u>, <u>投資の自由化・円滑化</u>, 政府調達市場アクセス, <u>知的財産権保護</u>, <u>規制・制度の調和</u>, 下請け産業の強化, 産業集積の形成

（出所）木村福成（2012, 9 頁, 第 1-1 表）に基づき作成。

て実施するのが効率的で望ましい政策も多数含まれ，最近の FTA や BIT はその多くをカバーしている。表で下線を引いたものがそれに当たる。つまり，1990 年代以降，供給網のグローバル化が進み，それに伴い広範囲にわたる新たな政策体系の実施が求められるようになった。WTO はこの要請にタイムリーかつ適切に応えられなかったので，それに代わって FTA や BIT が締結されるようになった。これが 1990 年代以降にこれらが急増した背景である。

第 4 節　TPP の可能性

　供給網グローバル化を支える政策手段として見た場合，FTA や BIT には限界がある。大半の FTA や BIT は二国間条約なので供給網が展開される国の一部しかカバーしない。供給網全体をカバーするためには多数の FTA・BIT を結ぶ必要があるが，これには時間と行政費用がかかる。仮に供給網全体をカバーする FTA・BIT のネットワークが完成したとしても，個々の FTA や BIT の間でルールの不整合が起きる可能性が高い[12]。つまり，供給網のグローバル化の推進という政策目的とそれを実現する手段としての FTA・BIT の間にはミスマッチがある。TPP はこのミスマッチをかなりの程度解消することが期待できる。第 1 に，TPP にはアジア太平洋の供給網を構成する 12 の国が参加する。TPP には加入条項が設けられており，今後さらに締約国が増えてアジア太平洋全域，さらにはそれよりも広い範囲をカバーする可能性がある。第 2 に，TPP には「21 世紀の FTA のモデル」にふさわしい高水準で広範囲の貿易・投資の自由化とルールが盛り込まれている。第 3 に，TPP の他に米

国とEUとの環大西洋貿易投資パートナーシップ（TTIP），東アジア地域包括的経済連携（RCEP），日EU経済連携協定（EPA）などの広域FTAの交渉が進められており，最初に交渉がまとまったTPPの内容が他の広域FTAの交

第21-2表　供給網のグローバル化を支えるTPPルール

	供給網のグローバル化に必要な政策	関連するTPPルール	TPPルールの貢献度
サービスリンク費用の削減に関わる政策	関税引下げ	物品市場アクセス	強い
	貿易円滑化	原産地規則，貿易円滑化 透明性及び腐敗防止	強い ルールの強度による・漸進的
	非関税障壁の撤廃	SPS，TBT，国有企業 ビジネス円滑化，規制の整合性	ルールがカバーする領域では強い 漸進的
	ロジスティクスのハードインフラの整備	政府調達，電気通信サービス	市場アクセスの進展に依存
	ロジスティクスのインフラサービスの供給	サービス市場アクセス（金融・電気通信を含む）	市場アクセスの進展に依存
	ビジネス関係者の移動の自由化・円滑化	ビジネス関係者の一時的入国	強い
	法制・経済制度の調和	電子商取引，投資，環境，労働，知的財産，国有企業	ルールがカバーする領域では強い
各工程の生産費用の削減に関わる政策	税制（法人税減免など）	ビジネス円滑化	限定的
	人的資源開発	サービス市場アクセス（教育，職業訓練など）協力及びキャパシティ・ビルディング	限定的 支援の質・量による
	金融などの生産支持サービスの充実	金融サービス 電子商取引	市場アクセスの進展に依存 強い
	投資の自由化・円滑化	投資 ビジネス円滑化 規制の整合性	市場アクセスの進展に依存 漸進的 漸進的
	許認可の迅速化・透明性向上	透明性及び腐敗防止	ルールの強度による・漸進的
	政府調達市場アクセス	政府調達，電気通信サービス	市場アクセスの進展に依存
	知的財産権保護	知的財産権	強い
	競争政策	競争，国有企業	強い
	ロジスティクスのハードインフラの整備	政府調達，電気通信サービス	市場アクセスの進展に依存
	ロジスティクスのインフラサービスの供給	サービス市場アクセス（金融・電気通信を含む）	市場アクセスの進展に依存
	下請け産業の強化	投資，ビジネス円滑化	市場アクセスの進展に依存 地場産業の強化には限定的か
	産業集積の形成	投資，ビジネス円滑化	市場アクセスの進展に依存 地場産業の強化には限定的か
	法制・経済制度の調和	電子商取引，投資，環境，労働，知的財産，国有企業	ルールがカバーする領域では強い

（出所）筆者作成。

渉で参照され，事実上のグローバルスタンダードが形成される可能性がある。第21-2表に供給網のグローバル化を支えるTPPルールの内容を整理した。

第5節　WTO再活性化の方策と課題

　ポストTPPの通商秩序を構想するに当たっては，供給網のグローバル化を支える先進的なTPPルールをWTOに移植し，普遍的な貿易・投資ルールとしてその実施を図ることが目標となる。

　供給網のグローバル化を進める企業は，供給網の分散・展開先を経済合理性の観点から厳しく選別する。その結果，多くの国はグローバルな供給網には加われないことになる。その大半はLDC（後発途上国）や政情の不安定な破綻国家・準破綻国家だろう。供給網のグローバル化とともに供給網に加われる国と加われない国との分断が進む。加われない諸国の低開発と貧困が深刻化し，飢餓やテロリズムなどのリスクが高まるだろう。それは豊かな国にも波及し，社会不安が世界に広がる。世界の繁栄と持続的な成長は遠のくだろう。供給網のグローバル化が惹き起こすこのような負の帰結を回避するためには，現状ではグローバルな供給網に加われないLDCや破綻国家・準破綻国家を支援して，これらの国がグローバルな供給網に加わるために必要な政策を実施できるようにする必要がある。そのためには，TPPルールが事実上のグローバルスタンダードになることでは足りない。TPPルールをLDCや破綻国家・準破綻国家を含めた世界の大多数の国に適用される公式のグローバルルールにすることが必要である。そのためには，TPPルールをWTOに移植することがもっともふさわしい。

　経済の発展段階が異なる多数の国が加盟するWTOは，ルールの策定と策定されたルールの国内実施を加盟国の能力に応じて確実に進めるための様々な制度的な仕組みを備えている。大半のWTO協定に盛り込まれた途上国に対する特別かつ異なる待遇（S&D）[13]，途上国によるWTO協定の実施を支援するキャパシティ・ビルディング[14]，WTO体制の下で拡大した貿易機会を途上国が活用する能力を伸ばすための援助（Aid-for-Trade）[15]などがそれだ。第

1節で触れたWTO諸協定の実施・運用をモニターする仕組み，加盟国の貿易政策を審査する仕組みや紛争解決手続もよく利用されている。これらは多角的貿易機構としてのWTOが備えている重要な制度的インフラストラクチャーである。

供給網のグローバル化という21世紀の世界経済の新しい傾向を踏まえてWTOの役割を見直し，供給網のグローバル化を支えるTPPルールをWTOに移植し，WTOの制度的インフラストラクチャーを活用してすべての加盟国がそれを確実に国内実施できるようにする必要がある。そのためにはどのような方策が考えられるだろうか。

TPPルールを直ちにWTOの全加盟国を拘束するルールとして策定しようとするのは現実的ではないだろう。先進国と新興国の対立によってドーハ開発アジェンダが行き詰まったことを踏まえると，WTOが新たな多角的貿易交渉でTPPルールを早期に取り込むというシナリオの実現可能性は低いだろう。そこで，供給網のグローバル化を支えるルールの策定とその国内実施に同意する一部の加盟国だけで交渉を進める方式が提案されている。一つはWTO設立協定附属書4に盛り込まれる複数国間協定（plurilateral agreements：PAs）を追加するという方式，もう一つは交渉対象となった産品やサービスの貿易で圧倒的な世界シェアを構成する加盟国が交渉し，交渉結果は最恵国待遇に基づいてすべての加盟国に適用するという方式（クリティカルマス方式）である[16]。

しかし，両方式にはいずれも難点がある。複数国間協定方式の難点は，交渉結果を附属書4に追加するにはWTOの全加盟国のコンセンサスが必要なことである（WTO設立協定第10条9項）。複数国間協定は締約国だけを拘束し，その効力は非締約国である加盟国には及ばない。しかし，協定から排除される非締約国を含めてすべてのWTO加盟国が協定の追加に反対しない（コンセンサス）というハードルは高い。クリティカルマス方式は関心を持つ一部の国で交渉し，交渉結果を全加盟国に適用する。これまでにこの方式で合意されたのは産品やサービスの貿易の自由化だった[17]。この方式は一部の加盟国の間で合意した貿易自由化の約束を交渉に参加していない他の加盟国にも適用し，後者のフリーライドを認める。しかし，ルールの策定の場合，策定されたルール

を交渉に参加していない加盟国にも適用することはフリーライドではない。交渉に参加していない国がルールを受け入れることは期待できない。

以上を踏まえると、複数国間協定方式、クリティカルマス方式のいずれもTPPルールをWTOに移植する方式として採用することは難しい。全加盟国を拘束する多角的貿易協定（WTO設立協定第10条1項）の締結を目指すという正攻法をとるのが妥当である。ドーハ開発アジェンダの一環として交渉され、2013年12月に採択された貿易円滑化協定が良い先例となる。この協定は、先進国には発効と同時の実施が求められるが、途上国には実施のための移行期間が認められ、また、実施が難しい措置について先進国や国際機関から支援を受ける仕組みが盛り込まれている（協定第2部）。TPPルールをWTOに移植するに当たっても、同様の途上国配慮を盛り込むことで多角的貿易協定として取りまとめることが可能になるだろう。具体的な候補としては、TPPの投資章（第9章）、電子商取引章（第14章）、国有企業および指定独占章（第17章）、透明性および腐敗行為の防止章（第26章）などが挙げられる。これらはいずれも供給網のグローバル化を支える規律として重要であり、WTOに移植してLDCその他の途上加盟国を含めて普遍的な実施を目指す意義が大きい。新興国代表の一角を占めるインドやブラジルを初めとして、これらのルールをWTOに移植することに対して抵抗感を持つ途上加盟国は多いだろう。しかし、これらのルールを実施しなければその国がグローバルな供給網に加わる可能性は開けない。そのことを丁寧に説明し、理解を求めてゆく必要がある。

おわりに

ポストTPPの通商秩序を構想する上で、供給網のグローバル化が進む世界経済の現状を踏まえることが重要である。加盟国のパワーバランスが変化し、交渉の場を提供するというWTOの機能が低下した。それに代わってFTA・BITを通じた貿易・投資の自由化とルール形成が進むという状況は当分の間続くだろう。しかし、このような世界貿易・投資ガバナンスの構造変化は貿易・投資ルールの断片化をもたらす恐れがある。さらに深刻なのは供給網のグ

ローバル化に伴い選別と分断，LDC の排除が進む恐れである。これに対処するため，本章は TPP に盛り込まれた供給網のグローバル化を支えるルールを WTO に移植し，多角的貿易協定としてすべての加盟国がそれを実施できるようにすることを提唱した。WTO が供給網のグローバル化にふさわしいルールを取り込み，世界貿易・投資ガバナンスの要として再び活性化すること，これこそがポスト TPP の通商秩序の最終目標にふさわしい。

[注]
1）本章では国際貿易と投資を支える国際取り決め・制度・プロセスの総体を世界貿易・投資ガバナンスと呼ぶ。Deere Birkbeck と Botwright はこれをグローバル貿易・投資アーキテクチャー（Global Trade and Investment Architecture）と名づけている。参照, Deere Birkbeck and Botwright (2015, p. vii)。
2）加盟国による協定実施の通報と審査の手続について，参照，中川（2013, 136-139 頁）。
3）参照，WTO, Chronological List of Cases. Available at [https://www.wto.org/english/tratop_e/dispu_e/dispu_status_e.htm]。
4）参照，WTO, Trade Policy Reviews. Available at [https://www.wto.org/english/tratop_e/tpr_e/tpr_e.htm]。
5）参照，WTO, Trade Monitoring. Available at [https://www.wto.org/english/tratop_e/tpr_e/trade_monitoring_e.htm]。
6）貿易円滑化協定の発効には WTO 加盟国の 3 分の 2 の批准が必要である。2016 年 3 月末現在で批准書を付託したのは 43 の加盟国と EU に留まっており，協定の発効の目処はまだ立っていない。参照，WTO, Members accepting the Protocol of Amendment to insert the WTO Trade Facilitation Agreement into Annex 1A of the WTO Agreement. Available at [https://www.wto.org/english/tratop_e/tradfa_e/tradfa_agreeacc_e.htm]。
7）参照，WTO, Nairobi Package. Available at [https://www.wto.org/english/thewto_e/minist_e/mc10_e/nairobipackage_e.htm]。
8）参照，WTO, Nairobi Ministerial Declaration, adopted 19 December 2015, WT/MIN (15)/DEC, paras. 30 and 34.
9）参照，UNCTAD (2015, p. 106)。
10）参照，Lawrence (1996)。
11）参照，Baldwin (2012)。
12）このことは従来から特恵原産地規則について指摘されてきた。参照，Baldwin and Kawai (2013)。しかし，FTA・BIT のネットワークを構成する協定の間でルールが不整合なために不都合が生じるのはこれ以外の多くの事項についても同様である。例えば FTA の締約国によって工業製品の規格や認証制度が異なれば，メーカーは製品のスペックを統一できず，規模の経済を達成できない。通関手続が FTA のネットワーク全体で統一されていなければスムースな通関が滞るボトルネックが発生する。
13）参照，WTO, Special and differential treatment provisions. Available at [https://www.wto.org/english/tratop_e/devel_e/dev_special_differential_provisions_e.htm]。
14）参照，WTO, Building Trade Capacity. Available at [https://www.wto.org/english/tratop_e/devel_e/build_tr_capa_e.htm]。

15) 参照，WTO, Aid for Trade. Available at [https://www.wto.org/english/tratop_e/devel_e/a4t_e/aid4trade_e.htm]
16) 参照，Hoekman and Mavroidis (2015).
17) 例えば，1996年に合意された情報技術協定（Information Technology Agreement），GATSの金融サービスに関する第2議定書（1996年），第5議定書（1999年），基本電気通信に関する第4議定書など。

[参考文献]

木村福成 (2012)，「TPPと21世紀型地域主義」馬田啓一他編『日本のTPP戦略　課題と展望』文眞堂，3-17頁。

中川淳司 (2013)，『WTO　貿易自由化を超えて』岩波書店。

Baldwin, Richard (2012), "Global Supply Chain: Whey They Emerged, Why They Matter, and Where They Are Going," *CEPR Discussion Paper 9300*, London: Centre for Economic Policy Research.

Baldwin, Richard and Kawai Masahiro (2013), "Multilateralizing Asian Regionalism," *ADBI Working Paper No. 431*, Tokyo: Asian Development Bank Institute.

Deere Birkbeck, Carolyn and Botwright, Kimberley (2015), *The Future of the Global Trade and Investment Architecture: Pursuing Sustainable Development in the Global Economy—Overview of Issues, Challenges and Debates*, Geneva: International Centre for Trade and Sustainable Development, ICTSD and World Economic Forum. Available at [http://e15initiative.org/wp-content/uploads/2015/09/E15-GTIA-overview-FINAL.pdf]

Hoekman, Bernard and Mavroidis, Petros C. (2015), "Embracing Diversity: Plurilateral Agreements and the Trading System," *World Trade Review*, Vol. 14, Issue 1, pp. 101-116.

Lawrence, Robert Z. (1996), *Regionalism, Multilateralism, and Deeper Integration*, Washington, D.C.: Brookings Institution.

UNCTAD (2015), *World Investment Report 2015*, Geneva: UNCTAD. Available at [http://unctad.org/en/PublicationsLibrary/wir2015_en.pdf]

（中川淳司）

索　引

【数字・アルファベット】

21 世紀型 FTA　4, 275
6 次産業化　88
ACFTA　97, 266
AEC　16, 192, 196, 278
　──ブループリント　192
AFTA　81, 97, 192
AIIB　240, 277, 283
APEC　5, 79, 81, 254, 281
ASEAN+1FTA　280
ASEAN2025　197
ASEAN 経済共同体（AEC）　16, 191, 192, 278
ASEAN 自由貿易地域（AFTA）　192
ASEAN シングル・ウインドウ（ASW）　196
ASEAN 中心性　198, 280
ASEAN 連結性マスタープラン　192
ASEM　237
BIT　287, 290
BRICS　259
CEPEA　193, 223
CGE モデル　63
CLMV 諸国　196
EAFTA　193, 223
EPA（経済連携協定）　50, 232
FBI 戦略　58
FTA（自由貿易協定）　50, 220, 287, 290
FTAAP　5, 81, 227, 254, 274, 281
GPA　20, 85, 135
GVCs　14
ICSID　118
ISDS　19, 118, 239, 252
MEA　181
MFN 税率　97, 100
NAFTA　81, 248
P4　81
RCEP　3, 94, 97, 194, 227, 237, 254, 274, 278
S&D　295
SCO　259
SOE　148
　──規律　149
TAA　247
TPA　246
TPP　3, 94, 97, 246, 253, 254, 274
　──大筋合意　195
　──協定　81
　──ルール　295
TRIPS　23
　──協定　171
TTIP　3, 238, 246, 253
WTO　3, 80, 135, 274, 288, 295
　── -X　290
　──エクストラ　11
　──プラス　11, 275

【ア行】

アジアインフラ投資銀行（AIIB）　240, 277
アジア欧州会合（ASEM）　237
アジア回帰　279
アジア太平洋経済協力会議（APEC）　5
アジア太平洋自由貿易圏（FTAAP）　5, 274
アベノミクス　73
アーリー・ハーベスト　220
生きている協定　9, 254
一帯一路構想　277, 282
一帯一路戦略　257, 258, 263
遺伝子組換え産品　184
遺伝子資源　179
イノヴェーション・ハブ　15
インキュベーター　284
ウファ会議　259
ウルグアイ・ラウンド　3

オバマケア　167
オランダ型農業　60

【カ行】

カルタヘナ議定書　184
為替操作国　249
環境 NGO　177
関税削減効果　97
関税撤廃率　7, 16, 50, 83, 96
関税等価率　67
関税率差　97
間接収用　116
完全累積　201, 203
　──制度　84
環大西洋貿易投資パートナーシップ（TTIP）　3
環太平洋パートナーシップ（TPP）　3, 191, 274
技術移転　45
偽装的な貿易制限　181
キャパシティ・ビルディング　295
牛肉ホルモン紛争　185
強制規格　139
漁業フレンズ　179, 186
漁業補助金　178
クラスター　60
クリティカル・マス　234
　──方式　296
グリーン・ペーパー　177, 181
グローバリゼーション　78
グローバル・ヴァリュー・チェーン　14
グローバル・スタンダード　254, 295
経済効果分析　62
経済成長メカニズム　87
健康保険制度　171
原産地規則　17, 84, 110, 196, 201, 275
現代版シルクロード　282
公正衡平待遇　114
構造改革　86
後発薬　164
　──企業　171
高齢化　75
国際規格　139
国際産能合作　261
国内措置　275

国民皆保険制度　170
国有企業（SOE）　21, 85, 148, 196, 201
　──規律　252
国家資本主義　277, 280
国家貿易制度　52
国境措置　57, 275
ゴールド・スタンダード　6
コンビネーション輸入　55

【サ行】

最恵国待遇　67, 114, 125, 138, 231
再審査制度　167
差額関税制度　53, 235
サービス貿易　18, 125
サービス・リンク　15
　──・コスト　133
サプライチェーン（供給網）　78, 84, 200, 203, 274, 292
サポーティング・インダストリー　133
産業集積　15, 17, 60
三中全会　226
三本の矢戦略　73
ジェネリック薬　164
市場経済　222, 280
指定独占企業　150
上海協力機構（SCO）　259
従価税　100
自由化率　51, 96, 208, 279
自由貿易協定（FTA）　80, 287
収用　115
重要5項目　51, 86, 240
重要品目　235
従量税　100
譲許表　97
人口減少　75
スパゲティ・ボウル　284
生産ネットワーク　14, 27, 44, 78, 232
制度的インフラストラクチャー　296
政府調達　8, 20, 135, 196, 201
　──協定（GPA）　20, 85, 135
生物多様性条約　180
世界貿易機関（WTO）　3, 274
セーフガード　53
センシティブ品目　7, 210, 235

全要素生産性　76
創薬企業　171

【タ行】

対外直接投資　78
対内直接投資　78
多数国間環境協定（MEA）　181
多数国間（プルリ）協定　20
ただ乗り効果　70
タリフライン　70
知財保護　22
知的財産権　85
　　──の貿易関連の側面に関する協定（TRIPS）　23
　　──保護　46, 163
中国 ASEAN FTA（ACFTA）　266
中国自由貿易試験区　277
中国包囲網　278
直接収用　116
著作権　162
ティア構造　14
データ保護期間　9, 164
糖価調整制度　54
投資家対国家の紛争解決（ISDS）条項　19, 84, 239, 252
投資財産　112
投資紛争解決国際センター（ICSID）　118
投資保護　116
途上国に対する特別かつ異なる待遇（S&D）　295
特許期間延長制度　163
特許リンケージ制度　163
ドーハ開発アジェンダ　233, 290, 297
ドーハ・ラウンド　80, 178, 233, 274
　　──交渉　233

【ナ行】

内外価格差　59
内国民待遇　114, 125, 136, 231
二国間の投資協定（BIT）　287
日 EUEPA 交渉　239
日中韓 FTA　94, 97, 278
日本経済再生　82
任意規格　139

ネガティブ・リスト　144
　　──方式　18, 125
農業版アベノミクス　58
農産物5項目　276
ノックダウン　101
ノーマルトラック品目　209

【ハ行】

バイオ医薬品　164, 171
バイオシミラー　164, 174
ハブ＆スポーク・システム　280
バリュー・チェーン　232
東アジア自由貿易地域（EAFTA）　193
東アジア地域包括的経済連携（RCEP）　3, 274
東アジア包括的経済連携（CEPEA）　193
非関税措置　67
非商業的援助　152, 201
非親告罪化　162
非適合措置　125
ひな形　10
非貿易的関心事項　186
伙伴関係　257, 265
複数国間協定方式　296
フードバレー構想　60
ブミプトラ企業　9, 143
ブミプトラ政策　9, 142, 201
フラグメンテーション戦略　84
プラザ合意　232
プラチナ・スタンダード　6
北京ロードマップ　281, 283
ベースライン　225
ベースレート　100, 104
ベネット・ハッチ・カーパー修正条項　247, 250
貿易円滑化　17, 83
貿易コスト　44
貿易シェア　27
貿易自由化　83
貿易制限指数　67
貿易創造効果　236
貿易促進権限法（TPA）　246
貿易調整支援（TAA）　88
　　──法　247
貿易転換効果　216, 225, 236, 277

貿易摩擦　231
北米自由貿易協定（NAFTA）　248
ホクマン指数　131
ポジティブ・リスト　131, 146
　　──方式　18
ボリュームゾーン　58

【マ行】

メガ FTA　3, 94, 246, 253
　　──構想　81

【ヤ行】

ヤーン・フォワード　202

──・ルール　110
横浜ビジョン　254, 281
予防原則　184, 241

【ラ行】

リバランス攻策　246
累積原産地規則　212
累積方式　275
レームダック会期　249
労働生産性　76

【ワ】

ワシントン条約　182

執筆者紹介 （執筆順）

菅原　淳一	みずほ総合研究所政策調査部上席主任研究員	第 1 章
木村　福成	慶応義塾大学経済学部教授	第 2 章
前野　高章	敬愛大学経済学部専任講師	第 3 章
本間　正義	東京大学大学院農学生命科学研究科教授	第 4 章
川﨑　研一	政策研究大学院大学政策研究院シニアフェロー	第 5 章
浦田秀次郎	早稲田大学大学院アジア太平洋研究科教授	第 6 章
高橋　俊樹	国際貿易投資研究所研究主幹	第 7 章
濵本正太郎	京都大学大学院法学研究科教授	第 8 章
石戸　　光	千葉大学法経学部教授	第 9 章
石川　幸一	亜細亜大学アジア研究所教授	第 10 章
川瀬　剛志	上智大学法学部教授	第 11 章
増田耕太郎	国際貿易投資研究所客員研究員	第 12 章
岩田　伸人	青山学院大学経営学部教授	第 13 章
清水　一史	九州大学大学院経済学研究院教授	第 14 章
高安　雄一	大東文化大学経済学部教授	第 15 章
中島　朋義	環日本海経済研究所調査研究部主任研究員	第 16 章
渡邊　頼純	慶應義塾大学総合政策学部教授	第 17 章
滝井　光夫	桜美林大学名誉教授	第 18 章
江原　規由	国際貿易投資研究所研究主幹	第 19 章
馬田　啓一	杏林大学名誉教授	第 20 章
中川　淳司	東京大学社会科学研究所教授	第 21 章

編著者紹介

馬田　啓一（うまだ けいいち）

1949 年生まれ。慶應義塾大学経済学部卒業，同大学大学院経済学研究科博士課程修了。杏林大学総合政策学部・大学院国際協力研究科教授，客員教授を経て，現在，名誉教授。国際貿易投資研究所理事・客員研究員。主要著書に，『通商政策の潮流と日本』（共編著，勁草書房，2012 年），『アジア太平洋の新通商秩序』（共編著，勁草書房，2013 年），『TPP 交渉の論点と日本』（共編著，文眞堂，2014 年），『FTA 戦略の潮流』（共編著，文眞堂，2015 年），『メガ FTA 時代の新通商戦略』（共編著，文眞堂，2015 年）など。

浦田秀次郎（うらた しゅうじろう）

1950 年生まれ。慶應義塾大学経済学部卒業，スタンフォード大学経済学部大学院博士課程修了（Ph.D.）。世界銀行エコノミストを経て，現在，早稲田大学大学院アジア太平洋研究科教授。日本経済研究センター特任研究員。主要著書に，『FTA の政治経済分析』（共編著，文眞堂，2010 年），『新興国からの挑戦』（共編著，日本経済新聞社，2011 年），『日本の TPP 戦略』（共編著，文眞堂，2012 年），『日本経済の復活と成長へのロードマップ』（共編著，文眞堂，2012 年），『ASEAN 経済統合の実態』（共編著，文眞堂，2015 年）など。

木村　福成（きむら ふくなり）

1958 年生まれ。東京大学法学部卒業。ウィスコンシン大学経済学部大学院博士課程修了（Ph.D.）。現在，慶應義塾大学経済学部教授，研究科委員長。東アジア・アセアン経済研究センター（ERIA）チーフエコノミスト。主要著書に，『日本の新通商戦略』（共編著，文眞堂，2005 年），『検証・東アジアの地域主義と日本』（共編著，文眞堂，2008 年），『日本通商政策論』（共編著，文眞堂，2011 年），『通商戦略の論点』（共編著　文眞堂，2014 年），『東アジア生産ネットワークと経済統合』（共著，慶應義塾大学出版会，2016 年）など。

TPP の期待と課題
──アジア太平洋の新通商秩序──

2016 年 10 月 5 日　第 1 版第 1 刷発行　　　　　　　　　　　　検印省略

編著者　馬　田　啓　一
　　　　浦　田　秀次郎
　　　　木　村　福　成

発行者　前　野　　　隆

発行所　株式会社　文　眞　堂
東京都新宿区早稲田鶴巻町 533
電　話 03（3202）8480
Ｆ Ａ Ｘ 03（3203）2638
http://www.bunshin-do.co.jp/
〒162-0041 振替00120-2-96437

印刷・モリモト印刷／製本・イマキ製本所
©2016
定価はカバー裏に表示してあります
ISBN978-4-8309-4911-1　C3033

好評既刊【TPP・FTA 関連】

メガ FTA，今後の展望をも図る最新版！
メガ FTA 時代の新通商戦略 現状と課題
石川幸一・馬田啓一・高橋俊樹 編著
ISBN978-4-8309-4870-1／C3033／A5判／276頁／定価2900円＋税

メガ FTA 時代に日本企業の強みをどう活かしていくか。本書は，メガ FTA によって変容する通商秩序の行方を見据えながら，グローバル化するサプライチェーンの実態と，東アジアの FTA が日本の経済と企業に与える影響を検証しつつ，メガ FTA 時代の新たな通商戦略の現状と課題を様々な視点から考察。今後の展望をも図る最新版。

今後の通商秩序を展望。FTA 分析の最新版！
FTA 戦略の潮流 課題と展望
石川幸一・馬田啓一・国際貿易投資研究会 編著
ISBN978-4-8309-4858-9／C3033／A5判／234頁／定価2650円＋税

ドーハ・ラウンドの停滞によって，メガ FTA 締結が今や世界の潮流となった。新たな通商ルールづくりの主役は WTO でなく，TPP，RCEP，日 EU・FTA，日中韓 FTA，TTIP などのメガ FTA である。本書は，メガ FTA 交渉と主要国の FTA 戦略の現状と課題を検証し，今後の通商秩序を展望。FTA 分析の最新版。

TPP で来るべきアジア FTA 新時代に備える必携の一冊！
日本企業のアジア FTA 活用戦略 TPP 時代の FTA 活用に向けた指針
助川成也・高橋俊樹 編著
ISBN978-4-8309-4888-6／C3033／A5判／235頁／定価2400円＋税

アジアは自由貿易協定（FTA）を構築する時代から企業戦略に生かす時代に入った。21 世紀型新通商ルールを持つ TPP の発効を控え，企業の知恵比べが始まっており，FTA に対する理解度は，海外事業展開の「成否」に直結する。FTA の研究者，利用者，実務者，各々の視点から制度，実態，事例，問題点を多角的に洗い出した必携の一冊。

何故に政策大転換が為されたのか。元農水省国際交渉官が真実に迫る！
日本の TPP 交渉参加の真実 その政策過程の解明
作山 巧 著
ISBN978-4-8309-4874-9／C3031／A5判／262頁／定価2800円＋税

国論を二分した TPP 交渉への参加が実現した。しかし関心は交渉の進捗やその帰趨に移り，交渉参加に至った過程の検証は全く為されていない。交渉参加は農産品の関税維持に腐心してきた政府にとり大きな方針転換であった。何故に政策大転換が為されたのか。TPP 参加協議にも従事した元農水省国際交渉官の著者が歴代 7 内閣の政策要因・背景を実証的に解明する。

好評既刊【ASEAN関連】

ASEAN経済圏を分野別に分析・展望！

現代ASEAN経済論

石川幸一・朽木昭文・清水一史 編著

ISBN978-4-8309-4875-6／C3033／A5判／360頁／定価2500円＋税

現代世界経済で最も重要な成長センターであるASEANは，経済統合を推進し，AEC（ASEAN経済共同体）を実現する。実現すれば，AECは中国やインドにも対抗する経済圏となり，日本，そして日本企業にとっても最重要な地域となる。急速な経済発展を続ける現代のASEAN経済を各分野の専門家が分析。現代ASEAN経済を学ぶための必読書。

国別の経済・地域の課題を展望！

ASEAN経済新時代と日本 各国経済と地域の新展開

トラン・ヴァン・トゥ 編著

ISBN978-4-8309-4897-8／C3033／A5判／390頁／定価2800円＋税

ASEAN経済共同体（AEC）創設，加盟各国が中所得以上に発展したASEAN新時代が到来。高所得国シンガポール，高位中所得国マレーシアとタイ，低位中所得国インドネシア，フィリピン，ベトナムとラオス，低位中所得国の仲間に入りつつあるカンボジアとミャンマーの現段階と持続的発展の条件を分析し，AEC，対中・対日関係，メコン河流域開発，平和環境の今後を展望。

ASEAN経済共同体の実像と将来。

ASEAN大市場（メガ）統合と日本 TPP時代を日本企業が生き抜くには

深沢淳一・助川成也 著

ISBN978-4-8309-4838-1／C3033／A5判／292頁／定価2200円＋税

2000年代，日本，中国，韓国，そしてインド，アメリカ，豪NZがASEANを巡りFTAの主導権争いが展開された。通商環境が激変する中，日本企業に東アジア戦略の舵をどう切り，今後どう展開していくべきなのかを分析。ASEAN経済共同体（AEC）の死角から東アジア大統合の展望まで全てわかる。ビジネス関係者，学生，研究者から政府関係者まで必読の1冊。

2015年，世界の成長センターASEANが巨大統合市場に！

ASEAN経済共同体と日本 巨大統合市場の誕生

石川幸一・清水一史・助川成也 編著

ISBN978-4-8309-4778-0／C3033／A5判／238頁／定価2600円＋税

2015年，ASEAN経済共同体（AEC）が創設される。完成すれば中国やインドにも対抗する経済圏となり，日本と日本企業にとっても最重要な地域となる。日本とASEANとの関係は40年を迎え，ASEANとの経済関係を戦略的に見直す時期に来ている。各分野の専門家が統合への進展状況，課題，実現への展望などを検討，2015年末のASEANの姿を描く。

2016年度新刊

日中の第一線の研究者が，中国の構造改革の実像に迫る！

2020年に挑む中国 超大国のゆくえ

厳　善平・湯浅健司・日本経済研究センター　編
ISBN978-4-8309-4909-8／C3033／A5判／269頁／定価2800円＋税

短期的な経済の動向だけでは中国の実力は判断できず，中国指導部が目指す方向を見誤ると，将来は予想できない。本書は日中の第一線の研究者がテーマ別に分析，2020年の「100年目標」達成に向けて現在，中国の指導部が何を考え，どのような方向に導こうとしているのかを明らかにする。

日本の国際競争力を再検討し，新たな成長戦略を提言！

国際競争力

松本和幸　著
ISBN978-4-8309-4908-1／C3033／A5判／144頁／定価2000円＋税

日本経済は，その規模が10数年前を下回るほどに衰退している。それが国民の雇用や所得に悪影響を与え，また国の財政を危機的状態に追いやっている。本書は，日本の国際競争力を再検討し，「過度の市場主義からの脱却」や「企業の収益最大化を国のGDP最大化と一致させること」などの新たな成長戦略を提言する。

中国がアジアを変えるのか，アジアが中国を変えるのか！

新・アジア経済論 中国とアジア・コンセンサスの模索

平川　均・石川幸一・山本博史・矢野修一・小原篤次・小林尚朗　編著
ISBN978-4-8309-4896-1／C3033／A5判／239頁／定価2800円＋税

驚異的な経済成長に伴い，人民元の国際化から軍事費の増大，一帯一路戦略，AIIBなど，世界は中国の拡大に関心を高めている。「ワシントン・コンセンサス」と「北京コンセンサス」の限界を分析，「アジア・コンセンサス」と呼ぶ新たなアジアの開発協力モデルを気鋭の研究者が提示する。

直面する焦眉の課題に鋭く切り込む羅針盤！

現代日本経済の論点 岐路に立つニッポン

馬田啓一・大川昌利　編著
ISBN978-4-8309-4890-9／C3033／A5判／254頁／定価2800円＋税

日本経済は岐路に立たされている。期待と不安が交錯するアベノミクスもいよいよ正念場，第2ステージに移った。追加金融緩和の是非，増税と社会保障の憂鬱，円安神話の崩壊，的外れの「第3の矢」，ポストTPPの農政改革，メガFTA時代の通商戦略，日米中関係の将来など，日本経済が直面する焦眉の課題を取り上げ，問題の核心に鋭く切り込んだ。